中国职业技术教育学会
智慧文旅职业教育专业委员会推荐用书

专家指导委员会 主 任 / 韩玉灵
副主任 / 邓 宁
总主编 / 杜兰晓

| 智慧旅游技术应用系列教材 |

旅游大数据及其应用

LüYOU DASHUJU
JIQI YINGYONG

主 编 王国栋
副主编 孟晓龙 陈 亮 黄 昇 施蓓琦

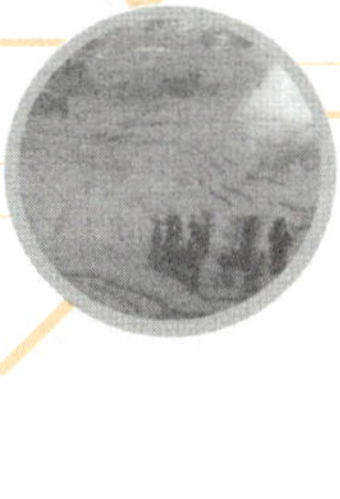

立体化教学资源

北京·旅游教育出版社

图书在版编目（CIP）数据

旅游大数据及其应用 / 王国栋主编. -- 北京 : 旅游教育出版社, 2022.8（2024.6重印）
智慧旅游技术应用系列教材
ISBN 978-7-5637-4421-3

Ⅰ. ①旅… Ⅱ. ①王… Ⅲ. ①旅游业—数据处理—高等职业教育—教材 Ⅳ. ①F59-39

中国版本图书馆CIP数据核字(2022)第110400号

智慧旅游技术应用系列教材

旅游大数据及其应用

王国栋　主编

孟晓龙　陈　亮　黄　昇　施蓓琦　副主编

总 策 划	丁海秀
执行策划	陈凤玲
责任编辑	陈凤玲
出版单位	旅游教育出版社
地　　址	北京市朝阳区定福庄南里 1 号
邮　　编	100024
发行电话	（010）65778403　65728372　65767462（传真）
本社网址	www.tepcb.com
E - mail	tepfx@163.com
排版单位	北京旅教文化传播有限公司
印刷单位	北京柏力行彩印有限公司
经销单位	新华书店
开　　本	710毫米×1000毫米　1/16
印　　张	17
字　　数	258 千字
版　　次	2022 年 8 月第 1 版
印　　次	2024 年 6 月第 2 次印刷
定　　价	59.80 元

（图书如有装订差错请与发行部联系）

智慧旅游技术应用系列教材
专家指导委员会、编委会

专家指导委员会

主　　任：韩玉灵

副 主 任：邓　宁

委　　员：康　年　魏　凯　卓德保　丁海秀

编委会

总 主 编：杜兰晓

执行总主编：韦小良　郭　一

委　　员（按姓氏笔画顺序排列）：

丁原祖　王亚丽　王国栋　王莹莹　王新宇　邓　进　邓莎莎
叶冬梅　田　超　邢剑飞　伍　欣　刘　凯　孙　晶　李　云
李　俊　李雪丽　李　想　李　霞　杨　栋　杨　强　杨　璐
汪早荣　汪敏倩　沙子凯　张伟国　张　洁　张　萍　张梦雨
张　翊　陈志伟　陈　亮　陈晓华　陈克明　陈　超　邵　阳
罗婵玉　孟凤娇　孟晓龙　胡　卉　施蓓琦　姚梅芳　俞志兴
袁　芬　钱天宇　徐汗青　黄东梅　黄　昇　康传德　彭士平
韩　玮　韩黄英　程　琪　焦金英　谢仲文　阚玉丽　潘　宁
潘贵忠　魏　健

《旅游大数据及其应用》
编委会

主　　编：王国栋

副 主 编：孟晓龙　陈　亮　黄　昇　施蓓琦

委　　员：李　云　陈志伟　程　琪　袁　芬　王新宇　张　萍　陈克明
潘贵忠　韩　玮

总序 PREFACE

随着信息技术的快速发展并在旅游领域的深入应用，旅游业发生了前所未有的变革。《“十四五”文化和旅游发展规划》指出：积极发展智慧旅游，深化“互联网＋旅游”，加快推进以数字化、网络化、智能化为特征的智慧旅游发展。如何利用信息技术发展智慧旅游，实现旅游服务、旅游管理、旅游营销和旅游体验的智能化，促进旅游业全面转型升级和高质量发展，为把旅游业建设成为人民群众更加满意的现代服务业提供智力支持和人才保障，是当下旅游高等教育亟待解决的重要课题。

浙江旅游职业学院一直秉持着“依托行业、产学结合、接轨国际”的办学理念，借着浙江数字经济转型的东风，工学结合、校企合作，紧紧围绕智慧旅游教育领域积极探索，并开设了智慧旅游等一系列平台课程。2021 年 3 月，教育部全面修订新版职业教育专业目录。本人很荣幸地受教育部委托，作为组长牵头旅游大类中高本一体化专业目录修（制）订工作。在此过程中，由浙江旅游职业学院牵头申报了智慧旅游技术应用这个新专业并得到批准。自此，智慧旅游技术应用成为高职院校独立的专业，并于 2021 年 9 月正式开始招生。2021 年 8 月，本人再次受教育部委托，作为组长牵头带领团队完成了智慧旅游技术应用专业教学标准和专业简介的研制工作。

智慧旅游技术应用作为新专业，亟需一套与之相匹配的专业教材。在旅游教育出版社的邀请和大力支持下，我们开始筹划全国首套智慧旅游技术应用专业系列教材的编写与出版工作。2021 年 6 月，浙江旅游职业学院承办了智慧旅游技术应用专业系列教材论证会，牵头组织了国内14所旅游院校、10余家旅游行业企业专家参与系列教材的编写工作。

该系列教材一共5册，分别是《智慧旅游技术概论》《旅游大数据及其应用》《旅游新媒体运营》《智慧旅游运营实务》《智慧旅游产品创新与创业》。该系列教材的编撰，紧扣智慧旅游技术应用专业标准，注重学生理论知识的提炼与实践能力的提升，从智慧旅游基础知识、旅游行业、实践运营、案例分析等多维度，围绕市场调研与商务数据分析、旅游大数据应用、旅游新媒体运营、智慧旅游产品应用以及智慧旅游运营逻辑主线而精心编撰，优选了国内外大量的智慧旅游相关案例，具有较强的针对性和实用性。

在此，要衷心感谢北京第二外国语学院、上海师范大学、上海旅游高等专科学校、青岛酒店管理职业技术学院、郑州旅游职业学院、太原旅游职业学院、泰山学院、江西婺源茶业职业学院、淄博职业学院、山西职业技术学院、长沙商贸旅游职业学院、南充文化旅游职业学院、上海师范大学天华学院、南京旅游职业学院等单位和编写团队的倾情付出。同时，也诚挚感谢以韩玉灵教授为主任、邓宁为副主任的专家指导委员会的悉心指导和帮助，以旅游教育出版社丁海秀副社长为首的工作团队的全力支持与配合。

本套教材既可作为中高职旅游类专业教学用书，也可作为职业本科旅游类专业教学参考用书，同时还可作为工具书供从事旅游服务与管理的企事业单位专业人员和社会人士借鉴与参考。

本套教材虽凝聚多方心血而成，但基于智慧旅游技术应用是新专业，且应用领域十分广泛，作为全国首套智慧旅游技术应用专业系列教材，肯定还存在诸多不足和遗漏之处，恳请读者不吝批评和指正，我们将在今后再版过程中予以完善与修正。

总主编：

2022年8月

前言 FOREWORD

随着信息技术的快速发展，旅游产业发生前所未有的变革，全新的旅游观念和模式既为游客带来前所未有的旅游体验，又为旅游相关部门、景区及企业的规划和决策提供新的路径，智慧旅游应运而生。在智慧旅游大背景下，旅游人才的培养模式也应与时俱进，不断创新，才能适应新时代发展的新要求。

作为智慧旅游的关键技术，大数据及其应用是智慧旅游人才培养的核心能力。本教材结合院校旅游大数据研究和旅游企业行业应用实践相关成果，将新型理论方法、前沿思想和实践案例应用充实到教材中，注重理论知识讲解和实践操作技能的融会贯通，提供符合社会发展和旅游行业需求的教学内容，为智慧旅游技术应用、旅游管理等旅游类本、专科相关专业提供教学资源，同时也为相关企业人员和从业者自学提供相应的学习参考。

全教材共分五章。第一章介绍旅游数据概述、旅游数据统计，以及常用数据分析软件、常用旅游数据分析方法；第二章介绍大数据发展、定义及行业应用，主要侧重旅游大数据来源（如用户数据、设备数据、运营数据），旅游大数据行业应用（如智慧景区、智慧旅行社、智慧酒店、智慧酒店、智能餐饮）和数据挖掘技术概念介绍；第三章介绍数据采集标注与存储、数据预处理、数据建模与分析、数据可视化等旅游数据应用流程；第四章介绍旅游大数据应用场景与实践，如基于RFM理论的用户细分分析、基于深度学习酒店评论情感分析等；第五章介绍数据伦理、数据素养、数据隐私与安全、数字鸿沟和数据伦理问题应对等。

本教材由王国栋任主编，负责教材的整体设计和统稿。第一章主要由李云编写，第二章主要由黄昇、程琪、孟晓龙编写，第三章主要由黄昇、王国栋编写，第四章主要由孟晓龙、黄昇、施蓓琦及其研究生束鑫萍、瞿雯等编写，第五章主要由陈志伟、王国栋编写。在教材编写过程中，来自旅游企业的陈亮、潘贵忠、韩玮为本教材提供了大量大数据应用实践案例和素材。张萍、袁芬、王新宇等为本教材提供了部分素材、图片，并参与教材最终统稿工作。

在此，诚挚感谢国内外智慧旅游、大数据及其应用相关专著、教材、高水平论文及报告的作者们。他们的成果为我们编写本教材提供了丰富的参考，使我们受益匪浅。衷心感谢上海师范大学、北京第二外国语学院、上海旅游高等专科学校、浙江旅游职业学院、上海师范大学天华学院、太原旅游职业学院、南京旅游职业学院、上海金棕榈教育科技有限公司、旅游教育出版社相关领导、专家的大力支持和悉心指导，他们为本教材的撰写和出版付出了辛勤的劳动，提出了很多建设性的修改建议。

由于水平有限，加之智慧旅游、大数据及其应用行业发展很快，教材中难免有一些不足之处，欢迎使用本教材的读者提出宝贵意见。

编者
2022 年 8 月

目录 CONTENTS

第一章　旅游数据概论

本章导读

江山千古秀，祖国万年春。面对祖国的大好河山，你是否想领略一下那“大漠孤烟直，长河落日圆”的塞外风光，抑或是“日出江花红胜火，春来江水绿如蓝”的江南风景？在你背上行囊准备出门旅游之前是否会为如何规划行程路线，如何安排游玩时间犯难？旅途中你是否担心道路拥堵？是否担心景区排队等待时间过长？别急，这些问题都可以让旅游数据分析来帮我们解答。

学习目标

1. 了解我国旅游信息化发展历程。

2. 理解旅游数据的特点。

3. 了解旅游数据的应用领域。

4. 了解旅游数据统计的标准与规范。

5. 熟练掌握利用 Excel 进行数据分析的方法。

6. 熟练掌握利用 SPSS 分析软件进行描述性统计、回归分析、因子分析、聚类分析和词频分析的方法。

思维导图

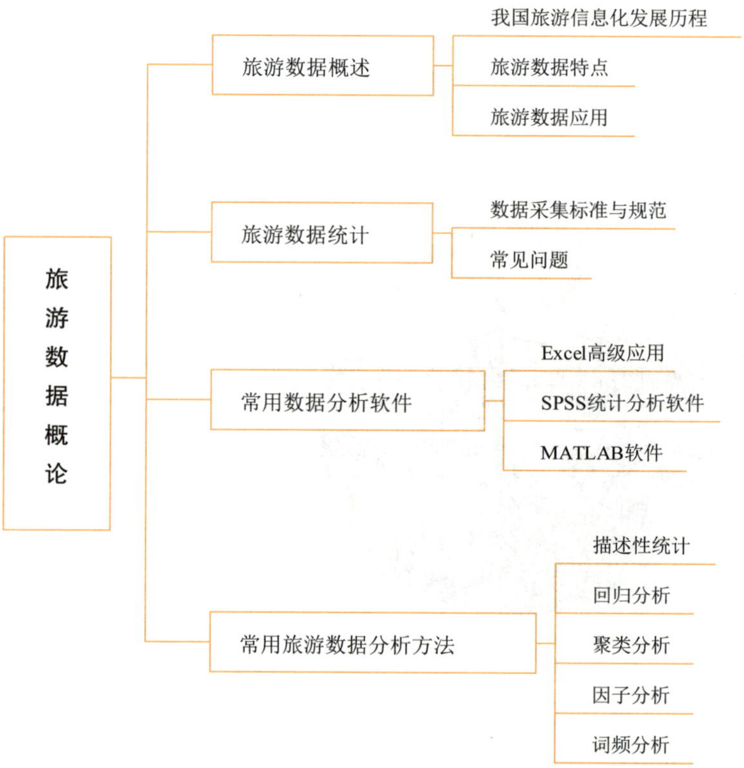

第一节　旅游数据概述

旅游业作为一个新兴产业，伴随着工业化、全球化和信息化的进程而不断发展壮大，它既是经济社会发展进步的产物，也是经济社会发展进步的标志。随着我国经济的快速发展，人们经济收入水平也在不断地提高，旅游逐渐成为人们放松身心、开阔眼界、缓解压力的重要方式。

旅游产业是一个高度复合型产业，除了涉及吃、住、行、游、购、娱等旅游内部的核心行业，还涉及交通运输、信息服务等十多个相关行业。在旅游行业的各项工作中，无论是产品、渠道、价格还是顾客，可以说每一项工作都与数据的采集和分析息息相关。

随着大数据时代的到来，人们对数据信息的重要性认识更加深刻——旅游数据的获取对旅游行业的健康、高质量发展会产生积极影响。据不完全统计，目前游客每次出行都要经过 35~55 次的互联网检索，游客游前、游中、游后的数据都会被全程记录。对旅游数据的研究和分析，可以在消费者洞察、游客行为分析、品牌竞争力分析、营销策略与评估等方面为旅游企业提供精确的建议和指导。

一、我国旅游信息化发展历程

（一）准备阶段（1981—1993 年）

1981 年，中国国际旅行社引进美国 PRIME550 型超级小型计算机系统，用于旅游团数据处理、财务管理和数据统计，掀开了我国旅游信息化的发展篇章。这一时期，以推动电子信息技术，特别是大规模集成电路（LSI）与计算机技术应用为主线，从过去的以研制计算机硬件设备为中心转向以普遍应用为重点，带动研发、生产、销售、应用、服务等全生产链发展，为国家信息化建设做好了思想与认识、技术与产业的准备。

（二）启动阶段（1993—1997 年）

以“三金工程”（“金桥”“金卡”“金关”工程）的启动为标志，正式拉开了我国国民经济信息化的序幕，随即确立了“推动信息化工程实施，以信息化带动产业发展”的指导思想，在各领域、各地区、各部门相继形成了推进信息化发展的浪潮。

（三）展开阶段（1997—2000 年）

以 1997 年 4 月首次“全国信息化工作会议”的召开为标志，界定了国家信息化的含义和国家信息化体系六要素，提出了符合国情的信息化发展总体思路，充实和丰富了我国信息化建设的内涵。会上通过的《国家信息化“九五”规划和 2010 年远景目标（纲要）》成为我国信息化建设发展的里程碑。全国的信息化工作从解决应急性的热点问题步入有组织、有计划的国民经济发展和社会进步的正常轨道。

（四）发展阶段（2000—2010 年）

进入 21 世纪，互联网进入快速发展阶段。大数据产业在国内逐渐受到关注，典型大数据产品及服务纷纷上线，互联网企业大数据率先应用落地，大数据概念开始普及，以旅行社和酒店为首的旅游企业建立了内部管理系统和信息发布、在线预订的电子商务模式，智慧旅游受到旅游业内不断关注。

（五）推动阶段（2010—2013 年）

移动互联网的出现，使得以旅游目的地和目的地管理机构为代表的个体着手开发和推广手机终端应用，电子商务平台的出现，也加快了旅游资源和信息互动性发展。国家部委和地方政府陆续出台大数据规划等相关政策，各级旅游部门开始着手落地大数据相关项目。

（六）高速发展阶段（2014 年至今）

市场产品化、同质化，各大 OTA（Online Travel Agency，在线酒店、旅游、票务等预订系统平台统称）、社交媒体纷纷发布自己的旅游数据报告，基本围绕游客画像。各省市开始密集建设旅游产业运行监测中心、大数据中心、大数据平台等项目。

2021 年 4 月，文化和旅游部发布《“十四五”文化和旅游发展规划》。规划提出要积极发展智慧旅游，加强旅游信息基础设施建设，深化“互联网＋旅游”，加快推进以数字化、网络化、智能化为特征的智慧旅游发展。加强智慧旅游相关标准建设，打造一批智慧旅游目的地，培育一批智慧旅游创新企业和示范项目。推进预约、错峰、限量常态化，建设景区监测设施和大数据平台。以提升便利度和改善服务体验为导向，推动智慧旅游公共服务模式创新。培育云旅游、云直播，发展线上数字化体验产品。鼓励定制、体验、智能、互动等消费新模式发展，打造沉浸式旅游体验新场景。

二、旅游数据特点

在大数据时代背景下，云计算、物联网、移动互联网和“互联网 +”等技术促进了旅游业的发展，推动了旅游信息化的开展。随着旅游信息化的发展，旅游业产生的大数据生动地展示了如下特点：

（一）数据海量

旅游数据是旅游企业、游客、旅游环境等主体信息在虚拟空间客观真实的映射，具有典型的大数据特征。这些数据包括文本、图片和视频，例如旅游景点航拍照片、现场及传感器采集的监测数据等。在旅游活动中，游客可以随时使用移动互联网生成的数据，如上传到微博和空间的食物和图片、住宿环境和价格的文本评估等。旅游监控数据也是重要的来源，如对危险场所、景区客流的实时监控系统，酒店大堂和走廊监控系统，这些视频数据量每天都在以惊人的速度增长着。此外，随着在线电子商务的兴起，所产生的数据量不容忽视，在线机票、旅行社、酒店、景点门票信息查询、预订和评论以及商务统计，都充分体现了旅游数据的海量特性。

图 1–1　在户外也可随时上网查看相关旅游信息

（二）数据多源性

旅游业涉及政府部门、旅游景点、旅游者和旅游电子商务等部门和组织，旅游数据来源非常广泛。例如旅行社可以收集游客的机票订单、旅游路线等，酒店可以登记游客的入住情况，旅游景点可以通过纸质票和电子票的方式获取每天的游客数量，交通运输部门可以从旅游巴士票、火车票、车辆轨迹等方式掌握游客在这段时间内的数量和趋势。

互联网，特别是移动互联网，也是旅游数据的重要来源。旅游前，游客会在网络上搜集有关景点的信息。网络旅游的发展，使得预订门票、机票、酒店等变得十分方便。游客在游玩期间也会在微博、微信、QQ 空间上发布他们的食物、景点和住宿环境信息。

（三）数据类型复杂

在互联网时代，旅游数据的类型非常复杂，包括结构化数据和非结构化数据。比如景区中用于人流量统计、景区接驳车辆识别和巡检人员签到的RFID射频识别和智能传感器等设备产生的大多为结构化数据，而旅游者在社交网站上发布的图片、视频和旅游笔记等数据则属非结构化数据，不能以结构化数据的格式存储，这些复杂的旅游数据难以管理、挖掘和分析。

三、旅游数据应用

在信息化、大数据时代，旅游数据发展带动了旅游产业的全面升级，通过大数据可以深入挖掘游客的心理研究分析及旅游产品体验，一切以游客的需求为关注点，通过数据分析反映旅游客源地域及哪些产品是消费者关注的，关注些什么，可以从中提取新的深刻见解，为旅游目的地的品牌提升、营销推广和舆情监测等提供可视化的数据服务。

（一）全域旅游营销方面

全域旅游是新时期旅游发展理念的重要革新。在全域旅游的背景下，以景点为核心的旅游方式已经发展为多种途径、最大限度满足游客需求的方式。政府对旅游市场的管理范围从简单的景区、酒店、旅行社开始转变到全域、全方位管理，旅游场域中涉及的旅游要素也成倍增加。旅游数据分析可以从游客画像、游客行为分析、市场需求分析、市场供给分析、营销效果分析、客源价值分析等方面帮助旅游目的地积极推动全域旅游营销。

1. 游客画像

全面分析景区游客特征，画像维度包括性别、年龄、出行时间等基本信息以及出游偏好、方式选择等个性化特征，以帮助目的地建立精确的游客认知。

图 1–2　通过旅游相关数据可精确认知游客特征

2. 游客行为分析

按行前、行中、行后全面分析游客在出游前后的行为，包括行前喜欢上什么网站预订、行中喜欢哪些应用、行后是否喜欢分享等。

3. 市场需求分析

基于用户偏好、网络搜索热度、网络舆情等数据分析市场旅游产品需求。

4. 市场供给分析

通过大数据分析目的地旅游产品的市场供给情况，包括线路产品、酒店产品等。

5. 营销效果分析

对传统营销渠道、在线OTA、团购网站等营销渠道的订单及转换率等数据进行分析，从而评估出各渠道的营销效果。

6. 客源地价值分析

基于客源地收入、旅游偏好、消费偏好、消费支出等进行客源地价值分析。

（二）旅游公共信息服务方面

从整体上来看，游客对地方旅游公共信息服务的需求基本上都集中在“吃住行游购娱”方面。而具体分析，游客会因旅游目的地的不同，对公共信息的服务需求有所不同。因此，对于地方旅游公共信息服务而言，了解游客的信息需求特点和信息服务偏好，为其提供更加准确的服务，是改进地方旅游公共信息服务的关键。

1. 目的地舒适度预测

提前预测未来三至七天内目的地的舒适度指数，包括自然环境指数、人文环境指数、人均资源指数、社会安全指数等，方便游客安排出行。

2. 行程智能规划

基于用户的旅游偏好及时间安排和预算等信息，结合目的地资源，智能规划行程、推荐线路。

3. 酒店智能推荐

基于用户对酒店的偏好，从酒店设施、餐饮、床位、环境位置、交通可达性等方面向游客智能推荐酒店。

4. 导游自动匹配

基于用户偏好，结合导游大数据库中导游的基本属性信息和动态信息，向游客智能推荐导游。

5. 自由行小助手

根据目的地情况和游客的行程规划，结合游客自身状况及偏好，推荐出行备用包方案，并同时生成物品清单。

（三）旅游行业管理方面

通过对旅游数据进行监测，可以对旅游行业的经济运行状况和可能出现的潜在风险进行实时监测并提出警示性建议，从而实现快速信息反馈、科学把握行业整体发展情况，为产业宏观决策提供数据支撑。

1. 预测预警

根据游客数据信息，分析出哪里人群密度高、哪里有大量的游客快速聚集、哪里存在安全隐患，并根据不同情况给出相应的应急预案。

2. 旅游舆情监控分析

实时监测社交媒体、博客、论坛、新闻站点等平台，第一时间发现有关旅游行业的话题和新闻，判断相关信息是正面的还是负面的，负面话题的发展趋势是否能接受，并给出相应的建议和措施，处理好相关的负面信息来避免网络舆情危机。

3. 区域旅游竞争力分析

结合区域旅游竞争力的实际情况，从区域旅游资源整合能力、国际旅游、区域旅游交通、区域旅游发展整体水平、区域政策支撑度等方面进行数据分析，得出影响区域旅游竞争力的相关因素，并按重要性进行排序，从而提出相关区域旅游的竞争力提升策略。

（四）消费者体验提升方面

伴随着服务型消费升级和技术发展，旅游消费市场近年发生了不小的变化。价格型消费向价值型消费转变，出行人群越来越年轻，需求越来越个性，他们已经不再满足于在垂直品类中单纯地买机票、订酒店、买门票，或者租车自驾等，其需求是基于无缝式衔接、场景化体验的全过程。自助游、深度游、慢旅游等旅游的新形式也日益红火，越来越多的人将网络作为获取旅游信息、规划旅游行程的主要参考助手。

依托旅游数据的支撑，游客利用智慧旅游提供的终端衔接工具，可以充分获取旅游目的地的交通、住宿、天气、旅游项目是否存在同质化、旅游服务质量及评价状况等内容，以安排自身的行程，定制私人旅游线路。

第二节　旅游数据统计

旅游数据是政府部门对旅游行业研究、管理、监督、引导和控制的信息基础，是各种旅游企事业单位和机构从事业务管理和决策的信息依据。借助这些信息，政府部门可以科学地制定行业发展政策，引导行业发展方向，研究行业运行机制，把握行业发展脉搏。

一、数据采集标准与规范

数据采集的标准化是数据存储、交易、加工及数据服务等一系列数据治理的前提。数据的治理涉及政府机关、运营企业、人工智能公司、用户等方方面面，要想规范交易使用，充分利用沉睡的数据资源，必须先从数据采集的源头来做标准化和规范化。采集标准化的最大价值是解决数据采集重复建设的问题，比如各地有不同的采集标准，每个地方的关注点、区域特色、数据分布都不一样，对数据的诉求不一样，采集的数据也不一样，这直接导致数据的不完备、噪声大，影响数据效能的释放。

对旅游数据进行采集时，什么数据能采集，什么数据不能采集；如何对隐私数据进行规避；如何正确采集数据（比如在采集游客的行为数据时必须把脸部模糊）；如何平衡数据的有效和去隐私都需要有一个标准来规范。

（一）制定旅游数据采集标准的依据

制定旅游数据采集标准时要依据的标准主要有国家标准 GB/T1.1—2009《标准化工作导则》和 GB/T 15532—2008《计算机软件测试规范》，另外还有旅游行业标准 LB/T 080—2020《旅游信息资源交换系统设计规范》和 LB/T 079—2020《旅游基础信息资源规范》等。

（二）旅游数据采集标准与规范的内容

制定旅游数据采集标准与规范时，应包含以下主要内容：

1. 数据采集内容

指所采集数据的具体内容，包括基础数据、运行数据、综合数据以及资源描述数据四类。

2. 数据采集方式

指所采集数据的获取方式，包括手工填报、自动获取和数据接口等。

3. 数据采集范围

指所采集数据的获取范围，包括传统基础数据采集和云端数据采集两大范围。

4. 数据采集要求

指所获取数据的具体采集要求，包括文字资料、指南信息、多媒体信息、图片信息等各种类信息的具体采集和保存要求。

5. 数据入库流程

指获取数据的具体过程，包括确定数据源、采集方案设计、方案审核、数据采集、数据整理、数据录入、数据格式化、数据转换入库、入库校验、数据共享等主要数据采集过程。

6. 数据更新标准

指对所获取信息进行数据更新，更新内容分为动态信息和静态信息两部分。其中，动态信息包括交通、天气、价格、促销、展会等随时或较短时间内会发生变化的旅游信息，还包括热点新闻、重大活动、旅游市场动态等信息。静态信息包括法律法规、企业名称地址、简介设施等随时间变化不频繁的信息。动态信息需要即时更新，静态信息根据实际情况设定更新周期。

二、常见问题

（一）OTA 数据存在一定的局限性

不同 OTA 的用户数据之间缺少关联，比如携程只有携程的数据，淘宝只有淘宝的数据。OTA 数据存在割裂性，不同 OTA 的用户数据没有比对，比如在百度搜索了景区信息，又在淘宝上购买了景区门票，而二者的信息却没有进行连接。OTA 数据存在封闭性，很少有互联网公司愿意开放自己的数据，很难做到数据共享。

（二）客流量统计方法选择不准

根据社会公众的普遍反映和有关部门调查，对于当前名胜景点的客流量统计方法存在一些问题。特别是免费旅游景点的客流量统计一直以来都受到社会公众的质疑。对于外围没有围墙的开放式景点客流量监测存在着很明显的问题就是对游客和非游客的界定，客流量随机性非常强，部分免费景区的游客数据量统计是预估出来的，这导致了数据存在一定的误差，需要和其他数据相互验证才能使用。

（三）数据收集分析难

旅游业最需要数据支持，如何获取数据及收集数据一直是旅游数据研究的难点。目前，人们对数据的价值有了更深的理解，认为数据是金钱，许多公司开始买卖数据。这是因为有许多数据来源，例如不同系统的网络和内部部门，他们是独立的，数据是独一无二的，其他人只能得到少量的免费数据，对于旅游数据分析等研究，数据量还远远不够。

第三节 常用数据分析软件

一、Excel 高级应用

在旅游数据分析应用中，Excel 电子表格是一款最简单易用的软件。它是 Office 软件组的核心应用程序之一，功能强大、操作简单、适用范围广，普遍应用于报表处理、数学运算、工程计算、财务处理、统计分析等方面。

Excel 内部集成了非常实用的分析工具库，利用这些分析工具，可以对相关旅游数据进行数据的集中趋势分析、离散程度以及分布情况分析、抽样推断统计分析、相关分析、回归分析和时间序列预测分析等统计分析操作。

【案例 1–1】

利用 Excel 移动平均法预测旅游人数发展趋势

现有某旅游目的地今年 2021 年 1 月至 11 月的旅游人数数据，如图 1–3 所示。请根据现有数据发展趋势预测该地区 12 月可能达到的旅游人数。

旅游人数发展趋势预测表

月份	人数（万人）	第一次移动平均（N=2）	第二次移动平均（N=2）	a_t	b_t	预测人数（万人）
1月	128					
2月	131					
3月	145					
4月	155					
5月	320					
6月	210					
7月	198					
8月	186					
9月	183					
10月	410					
11月	220					
12月						
第5个周期到第11个周期的观测值相差						
第6个周期到第12个周期的预测值相差						
总体变化幅度相差						

图 1–3 创建表格并输入数据

该数据是典型的呈线性趋势的时间序列数据，可以用“移动平均法”建立预测目标的线性时间关系数学模型，求得预测值。但是运用一次移动平均法求得的移动平均值存在滞后偏差，导致移动平均值总是落后于观察值数据的变化，而采用二次移动平均法可以较好地纠正这一滞后偏差。

移动平均法是一种用一组最近的实际数据值来预测未来一期或几期内的未来数据值的常用方法，是对一系列变化的数据按照指定的数据数量依次求取平均值，并以此作为数据变化的趋势供分析人员参考。移动平均法适用于即期预测，即近期预测或短时间内的预测。

【操作步骤】

操作视频 1-1

（1）安装分析工具库

Excel 在默认状态下不会自动加载分析工具库，需要使用者自己加载安装，其操作步骤如下：

第一步，单击“文件—选项”菜单项。

第二步，在弹出的“Excel 选项”对话框中，单击左侧导航“加载项”，在“非活动应用程序加载项”列表中选择“分析工具库”，在“管理”下拉列表框中，选择“加载项”后，单击“转到”。

第三步，在弹出的“加载项”对话框中，勾选“分析工具库”复选框，单击“确定”即可完成安装。此时，在“数据”选项的“分析”功能组中，系统便会自动添加“数据分析”按钮。

（2）创建表格并输入数据

在工作表中创建如图 1–3 所示的表格并输入相关数据。

（3）第一次移动平均

第一步，选择“数据”选项卡，单击“分析—数据分析—移动平均—确定”。

第二步，在“移动平均”对话框中，设置“输入区域”为“$B$3:$B$13”；“间隔”为 2；“输出区域”为“$C$3”。

第三步，单击“移动平均”对话框中的“确定”按钮，即可得出第一次移动平均结果。

（4）第二次移动平均

第一步，再次打开“移动平均”对话框，设置“输入区域”为“$C$4:$C$13”；“间隔”为 2；“输出区域”为“$D$4”；并启用“图表输出”复选框。

第二步，单击“移动平均”对话框中的“确定”按钮，即可得出第二次移动平均结果。

（5）计算二次平均移动模型中的参数 a_t 和 b_t

a_t 为截距，即第 t 期现象的基础水平；b_t 为斜率，即第 t 期现象的单位时间变化量。

第一步，选择 E5 单元格，输入“=2*C5–D5”公式，并复制该公式至此列的其他单元格中。

第二步，选择 F5 单元格，输入“=C5–D5”公式，并复制该公式至此列的其他单元格。

（6）计算预测数值

使用 $Y_{t+1}=a_t+b_t*T$ 预测每月的旅游人数。选择 G6 单元格，输入“=E5+F5*1”公式，并复制该公式至此列的其他单元格，得出 12 月的预测旅游人数为 333.5 万人。

（7）计算总体变化幅度

选择 E15 至 E17 单元格区域，分别输入“=B13–B7”“=G14–G8”和“=E15–E16”公式，得出总体变化幅度，见图 1–4 所示。

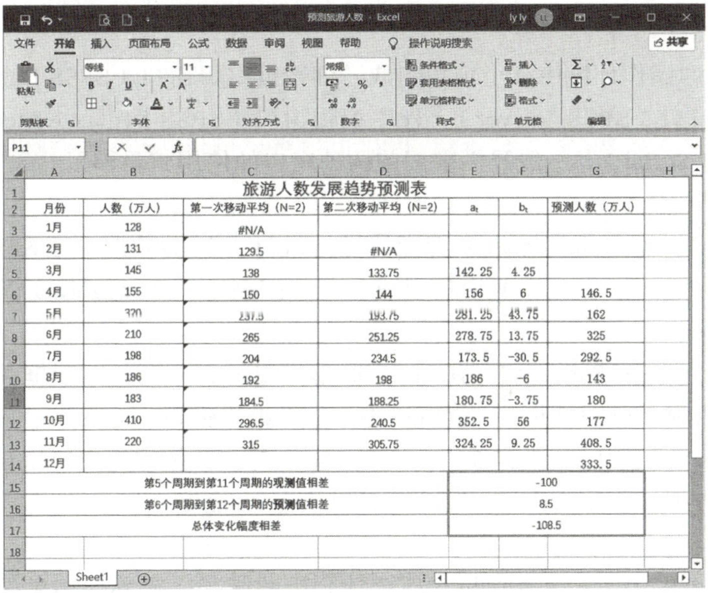

旅游人数发展趋势预测表

月份	人数（万人）	第一次移动平均（N=2）	第二次移动平均（N=2）	a_t	b_t	预测人数（万人）
1月	128	#N/A				
2月	131	129.5	#N/A			
3月	145	138	133.75	142.25	4.25	
4月	155	150	144	156	6	146.5
5月	320	237.5	193.75	281.25	43.75	162
6月	210	265	251.25	278.75	13.75	325
7月	198	204	234.5	173.5	-30.5	292.5
8月	186	192	198	186	-6	143
9月	183	184.5	188.25	180.75	-3.75	180
10月	410	296.5	240.5	352.5	56	177
11月	220	315	305.75	324.25	9.25	408.5
12月						333.5
第5个周期到第11个周期的观测值相差				-100		
第6个周期到第12个周期的预测值相差				8.5		
总体变化幅度相差				-108.5		

图 1–4　计算总体变化幅度

二、SPSS 统计分析软件

SPSS 即统计产品与服务解决方案，为 Statistical Product and Service Solutions 的缩写，是目前流行的综合统计分析软件。它是 IBM 公司推出的一系列用于统计学分析运算、数据挖掘、预测分析和决策支持任务的软件产品及相关服务的总称。

SPSS 是世界上最早采用图形菜单驱动界面的统计软件，其最突出的特点就是操作界面极为友好、输出结果美观漂亮，几乎所有的功能都以统一、规范的界面展现出来，方便用户使用。

由于其操作简单，已经在我国的社会科学、自然科学等各个领域发挥了巨大作用。该软件还可以应用于经济学、数学、统计学、物流管理、生物学、心理学、地理学、医疗卫生等领域。

（一）SPSS 的安装

可从 SPSS 官方网站上下载 SPSS 26.0 软件的安装程序，现有 Windows 和 MAC OS X 等版本，按照自身操作系统版本下载支持的安装包。将压缩包解压到任意盘中，系统会自动弹出 SPSS 26.0 的安装对话框，根据安装对话框提示即可完成安装。

（二）SPSS 的操作环境

SPSS 的操作环境由 4 个窗口组成，即数据编辑窗口（SPSS Data Editor）、结果输出窗口（SPSS Viewer）、程序编辑窗口（SPSS Syntax Editor）及脚本编辑窗口（Script）。一般我们掌握前两种窗口的使用就足够了。

1. 数据编辑窗口

数据编辑窗口负责输入和管理待进行统计分析的数据，是 SPSS 中最基本的界面。它由两个基本的窗口组成，即数据视图（Data View）及变量视图（Variable View）。

启动打开 SPSS 后，将“IBM SPSS Statistics 26”初始对话框关闭，或者选中“不再显示此对话框”，就可以进入数据编辑窗口，它提供了一种类似电子表格的方法，用以产生和编辑 SPSS 数据文件。数据视图主要用于查看、录入和修改数据；变量视图用于定义和修改变量的定义。

2. 结果输出窗口

结果输出窗口负责接收和管理统计分析的结果，也称为结果视图或者结果浏览器。结果输出窗口左边是输出大纲视图，可以单击统计过程名称左边的“+”和“−”展开或收缩输出大纲，也可以拖动输出内容项目改变位置。右边则显示具体的输出内容，一般通过文字、表格、图形显示统计计算结果。

（三）SPSS 基本数据录入

SPSS 基本数据录入的方法有多种，可以直接录入，也可以直接读取其他格式的数据文件，如 Excel、数据库和 SAS 等数据文件，下面以表 1–1“旅游收入影响因素”表为例，介绍如何在 SPSS 中直接录入数据。

1. 定义变量

输入数据前要先定义变量，单击 SPSS“数据编辑窗口”左下角的“变量视图”，可以看到每个变量有名称、类型、宽度、小数位数、标签、值、缺失等属性。

（1）变量名称。即变量名，SPSS 默认的变量名为 VAR00001、VAR00002 等，变量名不区分大小写且必须唯一，变量名可以由字母、数字及一些特殊符号组成，不能使用空白字符。此处我们在“名称”列依次输入“年份”“游客人数（亿人）”“旅行社数（家）”“星级酒店数（家）”“铁路客运量（亿人）”“民用航空客运量（亿人）”“旅游收入（万亿元）”。

表 1–1　旅游收入影响因素表

年份	游客人数（亿人）	旅行社数（家）	星级酒店数（家）	铁路客运量（亿人）	民用航空客运量（亿人）	旅游收入（万亿元）
2020	28.79	40682	8423	22.03	4.18	2.23
2019	60.06	38943	10003	36.6	6.6	5.73
2018	55.39	37794	10249	33.75	6.12	5.13
2017	50.01	25835	9566	30.84	5.5	4.57
2016	44.35	26508	9861	28.14	4.88	3.94
2015	39.9	27621	12327	25.35	4.36	3.42
2014	36.11	26005	11180	23.05	3.92	3.03
2013	32.62	26054	11687	21.06	3.54	2.63
2012	29.57	24944	11367	18.93	3.19	2.27
2011	26.41	23690	11676	18.62	2.93	1.93

注：表格中相关数据分别来自中华人民共和国文化和旅游部网站、国家铁路局网站、中国民用航空局网站的相关统计公报。

（2）变量类型。SPSS 的变量类型包括数值型、字符串型、日期型。其中，数值型又包括“数值”“逗号”“点”“科学记数法”“美元”“定制货币”“受限数字”。单击“类型”相应单元格中的按钮，可以弹出“变量类型”对话框，在对话框中选择合适的变量类型，并根据不同的数据类型设置数据宽度和小数位数。

（3）变量标签。变量标签是对变量名的进一步描述，可以增强变量及输出结果的可读性。变量标签可以设置也可以不设置，如果变量名是英文，则最好加上变量标签。在“标签”列依次为每一个变量录入标签，如图 1–5 所示。

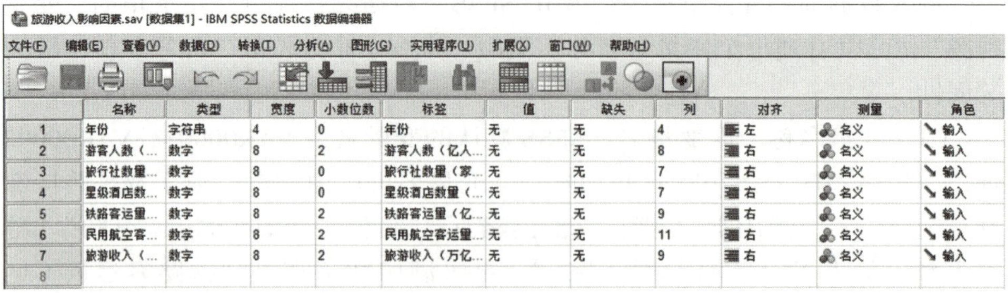

图 1–5　输入标签

（4）变量值。变量值标签是对变量每一个可能取值的进一步描述，尤其是当一个变量对应多个可重复值的时候，就需要为变量中的单个值赋予值标签。例如“性别”变量，取值经常设置为“1= 男”“2= 女”，具体操作为：单击“值”相应单元格右侧的按钮，打开“值标签”对话框，在值中输入“1”，在标签中输入“男”，再在值中输入“2”，在标签中输入“女”，单击“确定”，完成值标签的设置。

（5）变量缺失。数据中有明显错误及漏填的数据都可以看作缺失值。例如，问卷调查中，某个人的出生年份是 1893 年，这显然不符合实际。为避免不正确的值参与到之后的运算中对结果造成影响，用户可以通过指定缺失值来通知 SPSS，这样在后续统计分析中，可以将缺失值与正常的数据区分开来。

2. 数据录入

变量定义完成后，单击左下方“数据视图”窗口切换按钮，可以看到数据视图中已经显示出之前定义好的变量列，依次在每个单元格中输入具体数据即可。

三、MATLAB 软件

MATLAB 是美国 MathWorks 公司出品的商业数学软件，用于数据分析、无线通信、深度学习、图像处理与计算机视觉、信号处理、量化金融与风险管理、机器人、控制系统等领域。

（一）MATLAB 的优势特点

1. 具有高效的数值计算及符号计算功能，能使用户从繁杂的数学运算分析中解脱出来。

2. 具有完备的图形处理功能，能实现计算结果和编程的可视化。

3. 友好的用户界面及接近数学表达式的自然化语言，易于学习和掌握。

4. 功能丰富的应用工具箱（如信号处理工具箱、通信工具箱等），为用户提供了大量方便实用的处理工具。

（二）MATLAB 工具箱

MATLAB 中包括了被称作工具箱（TOOLBOX）的各类应用问题的求解工具。工具箱实际上是对MATLAB进行扩展应用的一系列MATLAB函数（称为 M 文件），可用来求解各类学科的问题，包括信号处理、图像处理、控制、系统辨识、神经网络等，MATLAB 常用工具箱如表 1–2 所示。随着 MATLAB 版本的不断升级，其所含的工具箱功能也越来越丰富，因此应用范围也越来越广泛，成为涉及数值分析的各类工程师不可不用的工具。

表 1–2　MATLAB 常用工具箱

Matlab Main Toolbox——matlab 主工具箱	Neural Network Toolbox——神经网络工具箱
Control System Toolbox——控制系统工具箱	Optimization Toolbox——优化工具箱
Communication Toolbox——通信工具箱	Partial Differential Toolbox——偏微分方程工具箱
Financial Toolbox——财政金融工具箱	Robust Control Toolbox——鲁棒控制工具箱
System Identification Toolbox——系统辨识工具箱	Signal Processing Toolbox——信号处理工具箱
Fuzzy Logic Toolbox——模糊逻辑工具箱	Spline Toolbox——样条工具箱
Higher–Order Spectral Analysis Toolbox——高阶谱分析工具箱	Statistics Toolbox——统计工具箱
Image Processing Toolbox——图像处理工具箱	Symbolic Math Toolbox——符号数学工具箱
Computer Vision System Toolbox——计算机视觉工具箱	Simulink Toolbox——动态仿真工具箱
LMI Control Toolbox——线性矩阵不等式工具箱	Wavelet Toolbox——小波工具箱
Model Predictive Control Toolbox——模型预测控制工具箱	DSP System Toolbox——DSP 处理工具箱
μ–Analysis and Synthesis Toolbox——μ 分析工具箱	

第四节　常用旅游数据分析方法

一、描述性统计

描述性统计，是指运用制表和分类、图形以及计算概括性数据来描述数据特征的各项活动。描述性统计分析要对调查总体所有变量的有关数据进行统计性描述，主要包括数据的频率分析、描述分析、探索分析、交叉表分析、TURF 分析、比率分析、P–P 图分析和 Q–Q 图分析。

（一）频率分析

频率分析主要通过频数分布表、条形图、直方图，以及集中趋势和离散趋势的各种统计量来描述数据分布特征，以便对数据的分布特征形成初步的认识，发现隐含在数据背后的信息，为后续数据分析提供方向和依据。在问卷分析中，频率分析是最基础的分析，主要是针对性别、年龄、职业等分类变量进行。例如，在问卷调查结果中统计男性有多少人，女性有多少人，占比是多少等。

【案例 1–2】

利用 SPSS 软件对“毕业旅行意向表 .sav”进行频率分析

【操作步骤】

操作视频 1–2

（1）打开“毕业旅行意向表 .sav”。选择菜单“分析”→“描述统计”→“频率”，打开“频率”对话框。

（2）在左侧变量清单中依次选择要分析的变量：“性别”“年级”“参加旅游的次数”“了解毕业旅行的程度”“是否赞同毕业旅行”“对于旅游是否有计划”“旅行偏爱方式”“旅行时间段”，将它们移动到右侧“变量”栏。

（3）单击“统计”，选择“频率统计”项，百分位值选择“四分位数”，集中趋势的 4 个选项都选上，离散选择“标准差”“方差”“最小值”“最大值”。

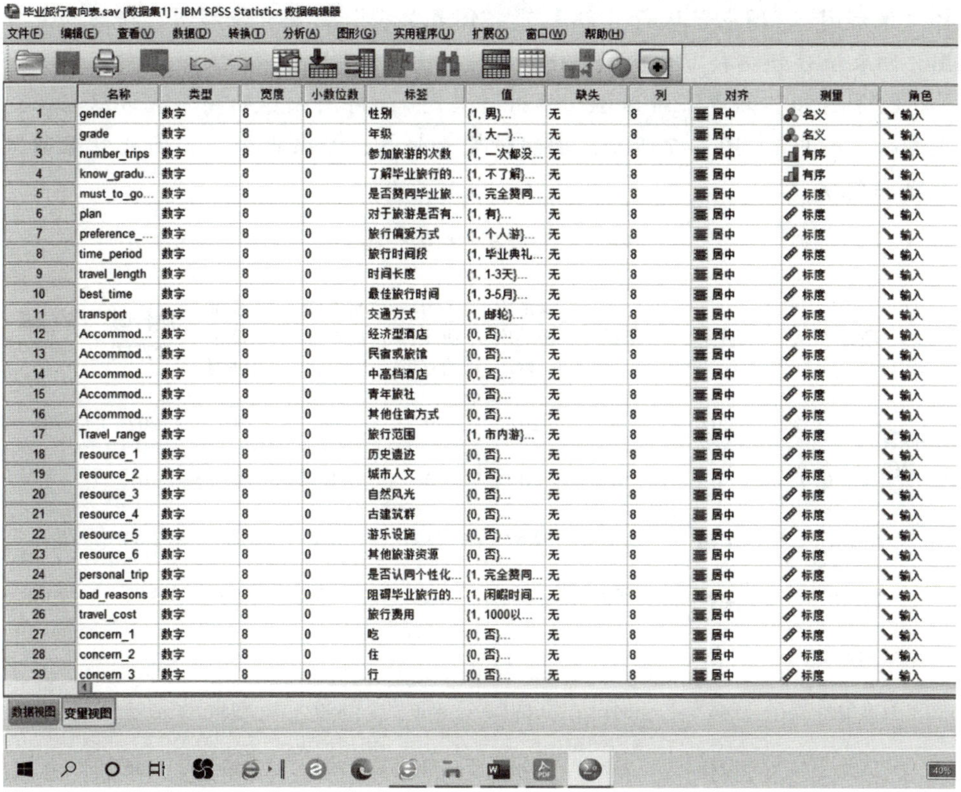

	名称	类型	宽度	小数位数	标签	值	缺失	列	对齐	测量	角色
1	gender	数字	8	0	性别	{1, 男}...	无	8	居中	名义	输入
2	grade	数字	8	0	年级	{1, 大一}...	无	8	居中	名义	输入
3	number_trips	数字	8	0	参加旅游的次数	{1, 一次都没...	无	8	居中	有序	输入
4	know_gradu...	数字	8	0	了解毕业旅行的...	{1, 不了解}...	无	8	居中	有序	输入
5	must_to_go...	数字	8	0	是否赞同毕业旅...	{1, 完全赞同...	无	8	居中	标度	输入
6	plan	数字	8	0	对于旅游是否有...	{1, 有}...	无	8	居中	标度	输入
7	preference_...	数字	8	0	旅行偏爱方式	{1, 个人游}...	无	8	居中	标度	输入
8	time_period	数字	8	0	旅行时间段	{1, 毕业典礼...	无	8	居中	标度	输入
9	travel_length	数字	8	0	时间长度	{1, 1-3天}...	无	8	居中	标度	输入
10	best_time	数字	8	0	最佳旅行时间	{1, 3-5月}...	无	8	居中	标度	输入
11	transport	数字	8	0	交通方式	{1, 邮轮}...	无	8	居中	标度	输入
12	Accommod...	数字	8	0	经济型酒店	{0, 否}...	无	8	居中	标度	输入
13	Accommod...	数字	8	0	民宿或旅馆	{0, 否}...	无	8	居中	标度	输入
14	Accommod...	数字	8	0	中高档酒店	{0, 否}...	无	8	居中	标度	输入
15	Accommod...	数字	8	0	青年旅社	{0, 否}...	无	8	居中	标度	输入
16	Accommod...	数字	8	0	其他住宿方式	{0, 否}...	无	8	居中	标度	输入
17	Travel_range	数字	8	0	旅行范围	{1, 市内游}...	无	8	居中	标度	输入
18	resource_1	数字	8	0	历史遗迹	{0, 否}...	无	8	居中	标度	输入
19	resource_2	数字	8	0	城市人文	{0, 否}...	无	8	居中	标度	输入
20	resource_3	数字	8	0	自然风光	{0, 否}...	无	8	居中	标度	输入
21	resource_4	数字	8	0	古建筑群	{0, 否}...	无	8	居中	标度	输入
22	resource_5	数字	8	0	游乐设施	{0, 否}...	无	8	居中	标度	输入
23	resource_6	数字	8	0	其他旅游资源	{0, 否}...	无	8	居中	标度	输入
24	personal_trip	数字	8	0	是否认同个性化...	{1, 完全赞同...	无	8	居中	标度	输入
25	bad_reasons	数字	8	0	阻碍毕业旅行的...	{1, 闲暇时间...	无	8	居中	标度	输入
26	travel_cost	数字	8	0	旅行费用	{1, 1000以...	无	8	居中	标度	输入
27	concern_1	数字	8	0	吃	{0, 否}...	无	8	居中	标度	输入
28	concern_2	数字	8	0	住	{0, 否}...	无	8	居中	标度	输入
29	concern_3	数字	8	0	行	{0, 否}...	无	8	居中	标度	输入

图 1-6　毕业旅行意向表

注：关于百分位值、集中趋势和离散的解释

①百分位值：分位数是用于衡量数据位置的量度，它所衡量的不一定是中心位置。百分位数提供了有关各数据项如何在最小值与最大值之间分布的信息。四分位数也称四分位点，是指把所有数值由小到大排列并分成四等份，分别处于 25%（称为下四分位数）、50%（称为中位数）、75%（称为上四分位数）三个分割点位置的数值。

②集中趋势：指一组数据向某一中心值靠拢的程度，反映了一组数据中心点的位置所在，主要通过算术平均值、中位数和众数来表示。

③离散：描述数据偏离中心位置的程度，反映了所有数据偏离中心的分布情况，主要通过标准差、方差、最大值和最小值来表示。

集中趋势和离散是频率分析的两个主要特征。在进行频率分析时，经常会碰到平均数相同的两组数据其离散程度可以是不同的情况。一组数据的分布可能比较集中、差异较小，则平均数的代表性较好。另一组数据可能比较分散、差异较大，则平均数的代表性就较差。因此，仅用集中趋势或离散来描述数据的分布特征是不够的，只有把两者结合起来，才能全面地认识事物。

（4）返回“频率”对话框，单击“图表”，打开图表对话框，图表类型选择“案形图”，图表值选择“频率”。“图表类型”主要有条形图、饼图和直方图，图表值分频率和百分比。

（5）返回“频率”对话框，单击“确定”，得到相应的频率统计结果，如表 1–3、表 1–4、图 1–7 所示，因统计变量较多，结果也较多，因此结果图只截取一部分。

表 1–3　频率分析统计结果

项目		性别	年级	参加旅游的次数	了解毕业旅行的程度	是否赞同毕业旅行	对于旅游是否有计划	旅行偏爱方式	旅行时间段
个案数	有效	207	206	207	207	206	207	207	206
	缺失	0	1	0	0	1	0	0	1
平均值		1.68	3.18	2.69	2.42	2.18	1.85	2.63	2.06
中位数		2.00	3.00	3.00	3.00	2.00	2.00	3.00	2.00
众数		2	3	2	3	2	2	3	2
标准偏差		.467	.841	1.001	.860	.890	.593	.732	.699
方差		.218	.707	1.003	.740	.792	.351	.536	.489
最小值		1	1	1	1	1	1	1	1
最大值		2	4	4	4	4	3	3	3
总和		348	656	556	501	449	383	544	425
百分位数	25	1.00	3.00	2.00	2.00	1.75	1.00	3.00	2.00
	50	2.00	3.00	3.00	3.00	2.00	2.00	3.00	2.00
	75	2.00	4.00	4.00	3.00	3.00	2.00	3.00	3.00

【分析统计结果】

（1）由表 1–3 可知有三个选项“年级”“是否赞同毕业旅行”“旅行时间段”的有效选项为 206 个，缺失选项 1 个，其余选项的有效值均为 207 个，数据个案均可用于统计，数据质量较高。从“平均值”“中位数”“众数”的统计值可以看出各项数据的集中趋势，从“标准偏差”“方差”“最大值”“最小值”的统计值中可以看出各项数据的离散程度。

（2）从表 1–4 年级中可以看出每个变量的值及所占的百分比，以“年级”变量为例，“大一”总共出现 11 次，占比 5.3%；“大二”总共出现 24 次，占比 11.6%；“大三”总共出现 87 次，占比 42%，“大四及以上”总共出现 84 次，占比 40.6%。由此可以得出参与调查的人中年级以“大三”和“大四及以上”居多，“大一”和“大二”较少。其他变量的分析与之类似。

表 1–4　年级

项目		频率	百分比	有效百分比	累积百分比
有效	大一	11	5.3	5.3	5.3
	大二	24	11.6	11.7	17.0
	大三	87	42.0	42.2	59.2
	大四及以上	84	40.6	40.8	100.0
	总计	206	99.5	100.0	
缺失	系统	1	.5		
总计		207	100.0		

注：关于百分比、有效百分比和累积百分比的解释

①百分比：计算每类别有效值和缺失值个数占总体的比列。

②有效百分比：仅计算每类别有效值个数占总体的比例，这里面的总体是剔除了缺失值等过滤因素的总体。

③累积百分比：是按照各类别有效百分比的数值从上而下的累积，累积到最后一项时，就是 100。

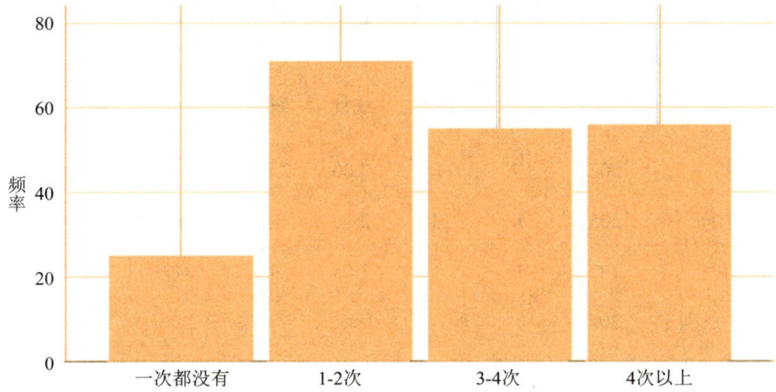

图 1–7　参加旅游的次数

（二）描述分析

描述分析主要用于对连续变量的描述性分析，可以输出平均值、众数、标准差等多种统计量，还可以将原始数据转换成 Z 分数（标准分数）。所谓连续变量，即在一定区间内可以任意取值的变量，其数值是连续不断的，相邻两个数值可作无限分割，即可取无限个数值。例如“毕业旅行意向表 .sav”中的变量“旅行费用”就是连续变量，它的值可以是“1000 以下”“1000~2000”“2000~3000”或“3000 以上”的任意值。同样，该表中的变量“时间长度”和“最佳旅行时间”也是连续变量。

【案例 1-3】

利用 SPSS 软件对“毕业旅行意向表 .sav”进行描述分析

【操作步骤】

操作视频 1-3

（1）打开“毕业旅行意向表 .sav”，选择菜单“分析”→“描述统计”→“描述”，打开“描述”对话框。

（2）在左侧变量清单中依次选择要分析的变量“时间长度”“最佳旅行时间”“旅行费用”，将它们移到右侧“变量”栏。

（3）单击“选项”，打开“选项对话框”，选择要统计的项目。

（4）单击“继续”返回“描述”对话框，单击“确定”，得到相应的描述统计结果，如表 1-5 所示。

表 1-5　描述分析统计结果

项目	N	最小值	最大值	均值	标准偏差	方差	峰度	
	统计	统计	统计	统计	统计	统计	统计	标准错误
时间长度	207	–2	41	3.00	2.809	7.888	164.420	.337
最佳旅行时间	205	1	4	2.16	.872	.760	–.969	.338
旅行费用	207	1	4	3.05	.920	.847	–.802	.337
有效个案数（成列）	205							

【描述分析与频率分析的区别】

描述分析与频率分析中都包含了平均值、总和、方差、最大值、最小值等统计信息，那么两者在使用上有什么不同呢？

（1）可分析的变量范围不同。频率分析主要针对分类变量，而描述分析只可分析连续变量。

（2）可提供的图表分析功能不同。频率分析提供多种图表的可视化分析功能，而描述分析无图表分析功能。

（3）可提供的标准化功能不同。描述分析可对变量进行标准化并将其另存为变量，而频率分析无标准化功能。

（4）分析的统计数值有差异。频率分析中的统计数值会更丰富，而描述分析则集中于离散程度的分析。

（三）探索分析

探索分析是对变量进行深入和详尽的描述性统计分析，它在一般描述性统计指标的基础上，增加了关于数据其他特征的文字与图形描述，使分析结果更加细致与全面，有助于对数据做进一步分析。当我们不清楚数据中包含什么模型或者隐含什么关系时，可以尝试探索发现数据中可能存在的关系。

探索分析能够生成关于所有个案或不同分组个案的综合统计量及图形，可以进行数据筛选工作，例如检测异常值、极端值、数据缺口等，还可以进行假设检验。通过探索性分析，能够帮助我们决定选择用何种统计方法进行数据建模，判断是否需要把数据转换成正态分布以及是否需要做非参数统计。

探索分析适用于对数值型的变量（连续型或比率型）进行分析，因素变量应该是取有限个离散值的分类变量（用于对数据进行分组）。

【案例 1-4】

利用 SPSS 软件对“毕业旅行意向表 .sav”进行探索分析

【操作步骤】

（1）打开“毕业旅行意向表 .sav”，选择菜单“分析”→“描述统计”→“探索”，打开“探索”对话框。

（2）在左侧变量清单中依次选择要分析的变量。将“时间长度”移到右侧“因变量列表”栏，将“性别”移到右侧“因子列表”栏。

操作视频 1-4

（3）打开“统计”对话框，选择要统计的项目。

（4）单击“继续”返回“探索”对话框，单击“图”，选择箱图和描述图相关选项。

（5）单击“继续”返回“探索”对话框，单击“确定”，得到相应的探索分析统计结果，如表 1–6、表 1–7、图 1–8 所示。

表 1–6 个案处理摘要

项目	性别	个案					
		有效		缺失		总计	
		N	百分比	N	百分比	N	百分比
时间长度	男	66	100.0	0	0.0	66	100.0
	女	141	100.0	0	0.0	141	100.0

表 1–7 描述分析统计结果

项目	性别			统计	标准误差
时间长度	男	平均值		2.94	.103
		平均值的 95% 置信区间	下限	2.73	
			上限	3.15	
		5% 剪除后平均值		2.99	
		中位数		3.00	
		方差		.704	
		标准偏差		.839	
		最小值		1	
		最大值		4	
		范围		3	
		四分位距		2	
		偏度		–.528	.295
		峰度		–.140	.582

续表

项目	性别			统计	标准误差
时间长度	女	平均值		2.99	.080
		平均值的 95% 置信区间	下限	2.83	
			上限	3.14	
		5% 剪除后平均值		3.04	
		中位数		3.00	
		方差		.900	
		标准偏差		.949	
		最小值		1	
		最大值		4	
		范围		3	
		四分位距		2	
		偏度		-.379	.204
		峰度		-1.046	.406

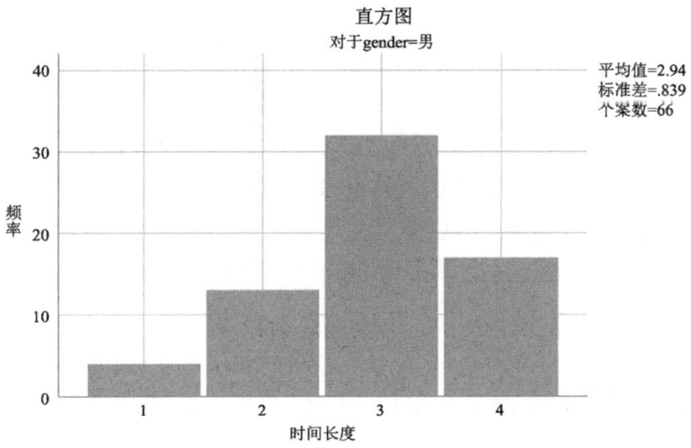

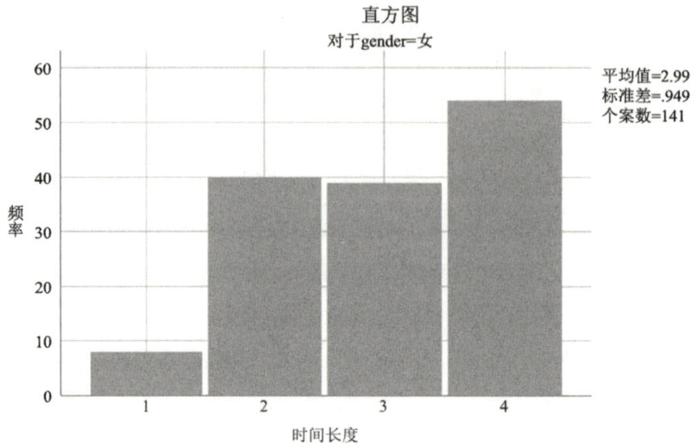

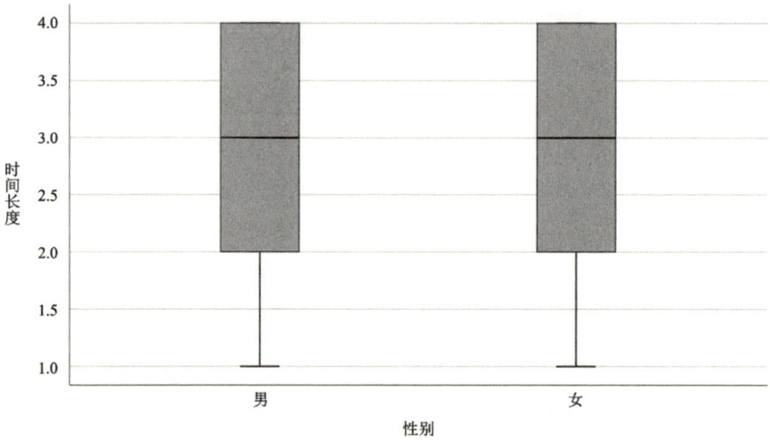

图 1-8 探索分析直方图和箱图结果

【分析统计结果】

由表 1-6 可知“性别”为“男”的个案有 66 个，“性别”为“女”的个案为 141 个，数据 100% 有效。从图 1-8 可知，男生的旅行时间长度以选项 3“5~7 天”为主，女生的旅行时间长度以选项 4“7 天以上”为主。

（四）交叉表分析

交叉表分析主要用来检验两个变量之间是否存在关系，或者说是否独立，其零假设为两个变量之间没有关系。在实际的工作中，我们经常用交叉表来分析比例是否相等。

【案例 1-5】

利用交叉表分析不同性别对“旅行偏爱方式”和“是否赞同毕业旅行”的选择

【操作步骤】

操作视频 1-5

（1）打开“毕业旅行意向表.sav”，选择菜单“分析”→“描述统计”→“交叉表”，打开“交叉表”对话框。

（2）在左侧变量清单中依次选择要分析的变量，将“性别”移到右侧“行”变量栏，将“旅行偏爱方式”“是否赞同毕业旅行”2 个变量分别移到右侧“列”变量栏。

（3）单击“统计”，打开“统计对话框”，选择要交叉统计的方式。

（4）单击“继续”返回“交叉表”对话框，单击“单元格”，选择单元格中要显示的数据形式。

（5）单击“继续”返回“交叉表”对话框，单击“确定”，得到相应的交叉表统计结果，如表 1-8、表 1-9、表 1-10 所示。

表 1-8　个案处理摘要

项目	个案					
	有效		缺失		总计	
	N	百分比	N	百分比	N	百分比
性别 * 旅行偏爱方式	207	100.0	0	.0	207	100.0
性别 * 是否赞同毕业旅行	206	99.5	1	.5	207	100.0

表 1-9　旅行偏爱方式交叉表

项目			旅行偏爱方式			总计
			个人游	跟团游	结伴旅游	
性别	男	计数	15	10	41	66
		占性别的百分比	22.7%	15.2%	62.1%	100.0%
		占旅行偏爱方式的百分比	48.4%	66.7%	25.5%	31.9%
		占总计的百分比	7.2%	4.8%	19.8%	31.9%

续表

项目			旅行偏爱方式			总计
			个人游	跟团游	结伴旅游	
性别	女	计数	16	5	120	141
		占性别的百分比	11.3%	3.6%	85.1%	100.0%
		占旅行偏爱方式的百分比	51.6%	33.3%	74.5%	68.1%
		占总计的百分比	7.7%	2.4%	58.0%	68.1%
总计		计数	31	15	161	207
		占性别的百分比	15.0%	7.2%	77.8%	100.0%
		占旅行偏爱方式的百分比	100.0%	100.0%	100.0%	100.0%
		占总计的百分比	15.0%	7.2%	77.8%	100.0%

表 1-10　是否赞同毕业旅行交叉表

项目			是否赞同毕业旅行				总计
			完全赞同	大致赞同	有些赞同	完全不赞同	
性别	男	计数	12	25	19	9	65
		占性别的百分比	18.5%	38.5%	29.2%	13.8%	100.0%
		占是否赞同毕业旅行的百分比	23.5%	30.5%	32.8%	60.0%	31.6%
		占总计的百分比	5.8%	12.1%	9.2%	4.4%	31.6%
	女	计数	39	57	39	6	141
		占性别的百分比	27.7%	40.4%	27.7%	4.2%	100.0%
		占是否赞同毕业旅行的百分比	76.5%	69.5%	67.2%	40.0%	68.4%
性别	女	占总计的百分比	18.9%	27.7%	18.9%	2.9%	68.4%

续表

项目		是否赞同毕业旅行				总计
		完全赞同	大致赞同	有些赞同	完全不赞同	
总计	计数	51	82	58	15	206
	占性别的百分比	24.8%	39.8%	28.1%	7.3%	100.0%
	占是否赞同毕业旅行的百分比	100.0%	100.0%	100.0%	100.0%	100.0%
	占总计的百分比	24.8%	39.8%	28.1%	7.3%	100.0%

【分析统计结果】

（1）由表 1–8 可知“旅行偏爱方式”个案有效值为 207 个，没有缺失项，“是否赞同毕业旅行”个案有效值为 206 个，缺失 1 项，数据个案都可用于数据统计。

（2）由表 1–9 可知，男生有 15 人偏爱“个人游”，占男生总数的 22.7%；10 人偏爱“跟团游”，占男生总数的 15.2%；41 人偏爱“结伴旅游”，占男生总数的 62.1%。女生有 16 人偏爱“个人游”，占女生总数的 11.3%；5 人偏爱“跟团游”，占女生总数的 3.6%；120 人偏爱“结伴旅游”，占女生总数的 85.1%。由此可见，不论是男生还是女生都更偏爱“结伴旅游”。

（3）由表 1–10 可知，男生有 12 人“完全赞同”毕业旅行，占男生总数的 18.5%；25 人“大致赞同”毕业旅行，占男生总数的 38.5%；19 人“有些赞同”毕业旅行，占男生总数的 29.2%；9 人“完全不赞同”毕业旅行，占男生总数的 13.8%。女生有 39 人“完全赞同”毕业旅行，占女生总数的 27.7%；57 人“大致赞同”毕业旅行，占女生总数的 40.4%；39 人“有些赞同”毕业旅行，占女生总数的 27.7%；6 人“完全不赞同”毕业旅行，占女生总数的 4.2%。由此可见，不论是男生还是女生都“大致赞同”毕业旅行。

二、回归分析

回归分析是一种确定两种或两种以上变量间相互依赖的定量关系的统计分析方法。它将一系列影响因素和结果进行一个拟合，拟合出一个方程，然后通过将这个方程应用到其他同类事件中，找出哪些因素对结果有影响的规律。回归分析按照涉及的变量多少，分为一元回归和多元回归分析；按照因变量的多少，可分为简单回归分析和多重回归分析；按照自变量和因变量之间的关系类型，可分为线性回归分析和非线性回归分析。

在旅游数据分析中，回归分析是一种预测性的建模技术，研究的是因变量（目标）和自变量（预测器）之间的关系。这种技术通常用于预测分析、时间序列建模以及发现变量之间的因果关系。例如，要分析“旅游收入影响因素 .sav”中游客人数与旅游收入之间的关系，最好的研究方法就是回归分析。

（一）一元线性回归分析

在线性回归分析中，若只包含一个自变量和一个因变量，且两者的关系可以用一条直线近似表示，则称这种回归分析为一元线性回归分析。一元线性回归模型的一般形式为：$y=\beta x+\varepsilon$

其中，y 是因变量，x 是自变量，β 是模型的参数，ε 是误差项。误差项反映了除 x 和 y 的线性关系外的随机因素对 y 的影响，表示的是不能由 x 与 y 的线性关系所解释的变异性。

对于一组样本中若干个观测值所产生的误差项 ε_i 需要满足以下 4 个基本假设：

（1）ε_i 为期望值为 0 的随机变量。

（2）ε_i 服从均值为 0，方差为 σ^2 的正态分布。

（3）ε_i 之间相互独立。

（4）ε_i 所有的方差都相同。

【案例 1-6】

利用 SPSS 软件对“旅游收入影响因素 .sav”进行线性回归分析

【操作步骤】

操作视频 1-6

（1）通过散点图了解自变量与因变量之间的相关关系

打开“旅游收入影响因素 .sav”，选择菜单“图形”→“旧对话框”→“散点图 / 点图”，打开“散点图 / 点图”对话框。

单击“简单散点图”→“定义”，打开“简单散点图”对话框，在左侧变量清单中依次选择要分析的变量，将“旅客人数（亿人）”移到右侧“X 轴”栏，将“旅游收入（万亿元）”移到右侧“Y 轴”栏。

单击“确定”，得到相应的散点图，如图 1-9 所示，可以看出“游客人数”与“旅游收入”两个变量之间存在明显的线性关系。

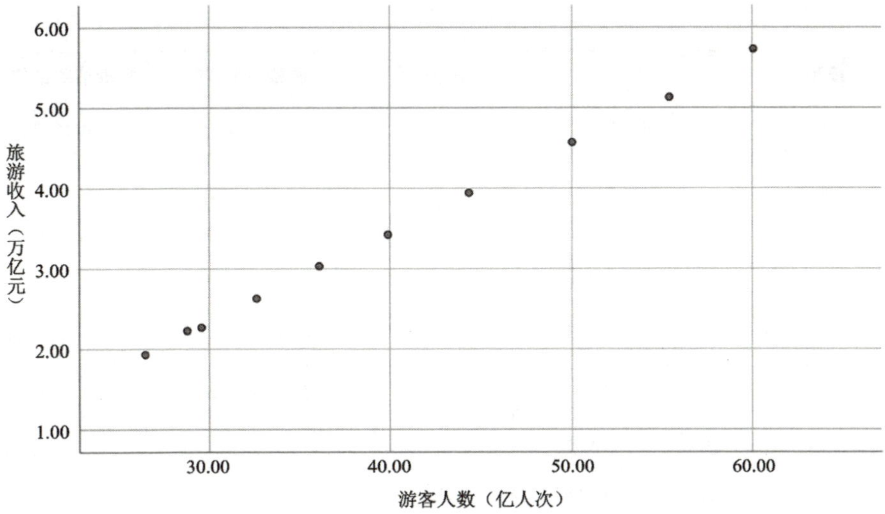

图 1-9 游客人数与旅游收入之间的线性关系

（2）建立一元线性回归模型

选择菜单“分析”→“回归”→“线性”，打开“线性回归”对话框，在左侧变量清单中依次选择要分析的变量，将“旅游收入（万亿元）”移到右侧“因变量”栏，将“旅客人数（亿人）”移到右侧“自变量”栏，自变量方法默认为“输入”。

打开“统计”对话框，“回归系数”栏中选择“估算值”，右侧复选框中选择“模型拟合”，输出判定系数，其他默认。

单击“继续”返回“线性回归”对话框，打开“选项”对话框，设置自变量步进标准及常数项。其中，步进法条件框用于设定自变量进入、剔除的标准，选择“在方程中包括常量”，其他选项默认。

单击“继续”返回“线性回归”对话框，单击“确定”，得到相应的一元线性回归分析结果，如表 1-11、表 1-12、表 1-13、表 1-14 所示。

表 1-11 输入 / 除去的变量[a]

模型	输入的变量	除去的变量	方法
1	游客人数（亿人次）[b]	1.0	输入

a. 因变量：旅游收入（万亿元）

b. 已输入所请求的所有变量

表 1-12 模型摘要

模型	R	R 方	调整后 R 方	标准估算的错误
1	1.000[a]	1.000	1.000	.02472

a. 预测变量:（常量），游客人数（亿人次）

表 1-13 ANOVA[a]

模型		平方和	自由度	均方	F	显著性
1	回归	15.537	1	15.537	25422.782	.000[b]
	残差	.005	8	.001		
	总计	15.542	9			

a. 因变量：旅游收入（万亿元）
b. 预测变量:（常量），游客人数（亿人次）

表 1-14 系数[a]

模型		未标准化系数		标准化系数	t	显著性
		B	标准错误	Beta		
1	（常量）	-1.014	.029		-34.619	.000
	游客人数（亿人次）	.112	.001	1.000	159.445	.000

a. 因变量：旅游收入（万亿元）

（3）解读分析结果，得到一元线性回归模型方程

由表 1-11 可知，输入的变量为“游客人数（亿人次）”，没有需要移除的变量，变量输入内容没有异常值。

由表 1-12 模型摘要可知，本例中相关系数 R 为 1.000，与之前通过散点图得到的相关分析结果相同，表示“游客人数（亿人次）”和“旅游收入（万亿元）”两个变量之间存在高度相关关系。R 方为 1.000，表示自变量可以解释因变量 100% 的变化，回归模型拟合效果非常好。

由表 1-13 可知，本例中，显著性为 0.000<0.01，表明“游客人数（亿人）”和“旅游收入（万亿元）”两个变量建立起来的线性关系具有极其显著的统计学意义，即认为回归方程是有用的。

显著性表示两个变量之间的显著性差异，数值越大表示显著性越大，反之，表示两者之间存在较强的交互作用。显著性水平的标准为显著性≤ 0.01，具有极其显著的统计学意义；0.01 ＜显著性≤ 0.05，具有显著的统计学意义；显著性＞ 0.05，不具有显著的统计学意义。

由表 1–14 系数表可知，本例中显著性值都小于 0.01，说明自变量对因变量影响显著，B 列值表示回归模型方程式中的常量与回归系数，根据表中数据得到该一元线性回归模型的方程式为：

$$\hat{y} = 0.112x - 1.014$$

其中标准化系数为 1.000，与相关系数结果一致，表明自变量对因变量的重要性。

（4）利用回归模型进行预测

根据回归模型的方程式，可以对“旅游收入（万亿元）”进行预测。在“线性回归”对话框中单击“保存”，弹出“保存”对话框。在预测值栏中选择“未标准化”，单击“继续”返回“线性回归”对话框，单击“确定”，在“旅游收入影响因素 .sav”的“数据视图”中，字段“旅游收入（万亿元）”的后面出现新的字段“PRE_1”，该字段的值即为相应的预测值，如图 1–10 所示。从图 1–10 中可以看出预测值与实际值非常接近，说明回归模型拟合效果非常好。

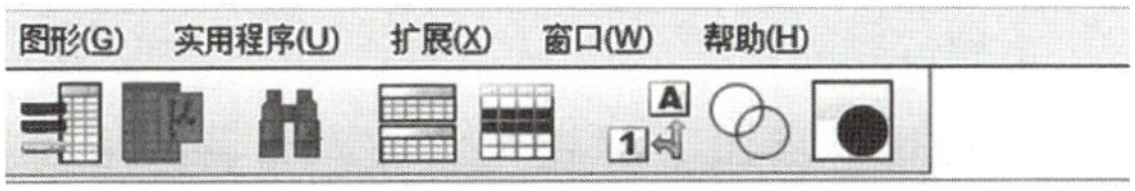

铁路客运量（亿人）	民用航空客运量（亿人）	旅游收入（万亿元）	PRE_1
22.03	4.18	2.23	2.20042
36.60	6.60	5.73	5.69210
33.75	6.12	5.13	5.17064
30.84	5.50	4.57	4.56990
28.14	4.88	3.94	3.93789
25.35	4.36	3.42	3.44099
23.05	3.92	3.03	3.01779
21.06	3.54	2.63	2.62809
18.93	3.19	2.27	2.28752
18.62	2.93	1.93	1.93466

图 1–10　预测结果

（二）多元线性回归分析

前面我们利用一元线性回归分析探索了“游客人数”与“旅游收入”的关系，但“旅游收入”仅与“游客人数”有关吗？它与“铁路客运量”“民用航空客运量”等多个变量之间是否也存在着一定的关系呢？下面我们就用多元线性回归分析来探索一下它们之间的关系。

在线性回归分析中，如果有两个或两个以上的自变量，就称为多元线性回归。事实上，一种现象常常是与多个因素相联系的，由多个自变量的最优组合共同来预测或估计因变量，比只用一个自变量进行预测或估计会更有效、更符合实际。因此，多元线性回归比一元线性回归的实用意义更大。

多元线性回归模型的一般形式为：

$$y=\beta_0+\beta_1x_1+\beta_2x_2+\beta_3x_3+\cdots+\beta_ix_i+\varepsilon$$

其中，y 是因变量，x_1，x_2，x_3，⋯，x_i，是自变量，β_0，β_1，β_2，β_3，⋯，β_i 是模型的参数，ε 是误差项，ε 需要满足的基本假设与一元线性回归相同。

【案例 1-7】

利用多元线性回归分析多个变量与旅游收入的关系

【操作步骤】

操作视频 1-7

（1）通过散点图了解自变量与因变量之间的相关关系

打开“旅游收入影响因素 .sav”，选择菜单“图形”→“旧对话框”→“散点图 / 点图”，打开“散点图 / 点图”对话框，单击“矩阵散点图”→“定义”，打开“散点图矩阵”对话框，在左侧变量清单中依次选择要分析的变量，将“游客人数（亿人次）”“铁路客运量（亿人次）”“民用航空客运量（亿人次）”“旅游收入（万亿元）”四个变量移到右侧“矩阵变量”栏。单击“确定”，得到相应的散点图，如图 1-11 所示，可以看出变量“游客人数（亿人次）”“铁路客运量（亿人次）”“民用航空客运量（亿人次）”都与变量“旅游收入（万亿元）”存在明显的线性关系。

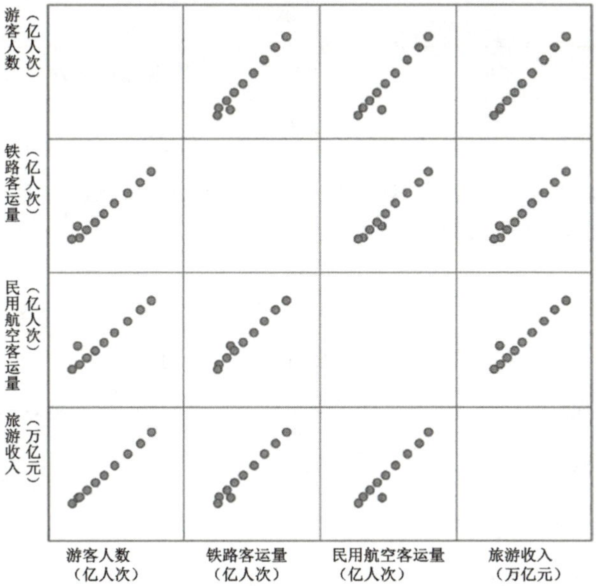

图 1–11　散点图结果表示

（2）建立多元线性回归模型

选择菜单“分析”→“回归”→“线性”，打开“线性回归”对话框，在左侧变量清单中依次选择要分析的变量，将“旅游收入（万亿元）”移到右侧“因变量”栏，将“游客人数（亿人次）”“铁路客运量（亿人次）”“民用航空客运量（亿人次）”移到右侧“自变量”栏，自变量方法默认为“输入”。

单击“统计”，打开“统计”对话框，“回归系数”栏中选择“估算值”，右侧复选框中选择“模型拟合”，输出判定系数，其他默认。

单击“继续”返回“线性回归”对话框，打开“选项”对话框，设置自变量步进标准及常数项。选择“在方程中包括常量”，其他选项默认。

单击“继续”返回“线性回归”对话框，单击“确定”，得到相应的多元线性回归分析结果，如表 1–15、表 1–16、表 1–17、表 1–18 所示。

表 1–15　输入 / 除去的变量[a]

模型	输入的变量	除去的变量	方法
1	民用航空客运量（亿人次），游客人数（亿人次），铁路客运量（亿人次）[b]	.	输入

a. 因变量：旅游收入（万亿元）

b. 已输入所请求的所有变量

表 1-16　模型摘要[b]

模型	R	R 方	调整后 R 方	标准估算的错误
1	1.000[a]	1.000	1.000	.02428

a. 预测变量:（常量），民用航空客运量（亿人次），游客人数（亿人次），铁路客运量（亿人次）
b. 因变量：旅游收入（万亿元）

表 1-17　ANOVA[a]

模型		平方和	自由度	均方	F	显著性
1	回归	15.538	3	5.179	8785.582	.000[b]
	残差	.004	6	.001		
	总计	15.542	9			

a. 因变量：旅游收入（万亿元）
b. 预测变量:（常量），民用航空客运量（亿人次），游客人数（亿人次），铁路客运量（亿人次）

表 1-18　系数[a]

模型		未标准化系数		标准化系数	t	显著性
		B	标准错误	Beta		
1	（常量）	−1.095	.091		−12.031	.000
	游客人数（亿人次）	.103	.007	.926	15.446	.000
	铁路客运量（亿人次）	.020	.025	.094	.779	.466
	民用航空客运量（亿人次）	−.021	.075	−.020	−.284	.786

a. 因变量：旅游收入（万亿元）

（3）解读分析结果，得到多元线性回归模型方程

由表 1–15 可知，输入的变量为“游客人数（亿人次）”“铁路客运量（亿人次）”“民用航空客运量（亿人次）”，没有需要移除的变量，变量输入内容没有异常值。

由表 1–16 模型摘要可知，本例中相关系数 R 为 1.000，与之前通过散点图得到的相关分析结果相同，表示“游客人数（亿人次）”“铁路客运量（亿人次）”“民用航空客运量（亿人次）”“旅游收入（万亿元）”之间存在高度

相关关系。R 方为 1.000，表示自变量可以解释因变量 100% 的变化，回归模型拟合效果非常好。

由表 1–17 可知，本例中，显著性为 0.000<0.01，表明“游客人数（亿人次）”“铁路客运量（亿人次）”“民用航空客运量（亿人次）”“旅游收入（万亿元）”建立起来的线性关系具有极其显著的统计学意义，即认为回归方程是有用的。

由表 1–18 系数表可知，本例中变量“游客人数（亿人次）”的标准化系数为 0.926，变量“铁路客运量（亿人次）”的标准化系数为 0.094，“民用航空客运量（亿人次）”的标准化系数为 –0.020，说明这三个自变量中“游客人数（亿人次）”对因变量“旅游收入（万亿元）”的影响最大，“铁路客运量（亿人次）”和“民用航空客运量（亿人次）”对因变量“旅游收入（万亿元）”的影响较小，根据表中数据得到该多元线性回归模型的方程式为：

$$\hat{y} = 0.103 \times 1 + 0.020 \times 2 - 0.021 \times 3 - 1.095$$

（4）利用回归模型进行预测

根据回归模型的方程式，我们可以对“旅游收入（万亿元）”进行预测。在“线性回归”对话框中单击“保存”，弹出“保存”对话框。在预测值栏中选择“未标准化”，单击“继续”返回“线性回归”对话框，单击“确定”，在“旅游收入影响因素 .sav”的“数据视图”中，字段“旅游收入（万亿元）”的后面出现新的字段“PRE_1”，该字段的值即为相应的预测值，如图 1–12 所示。从图 1–12 中可以看出预测值与实际值非常接近，说明回归模型拟合效果非常好。

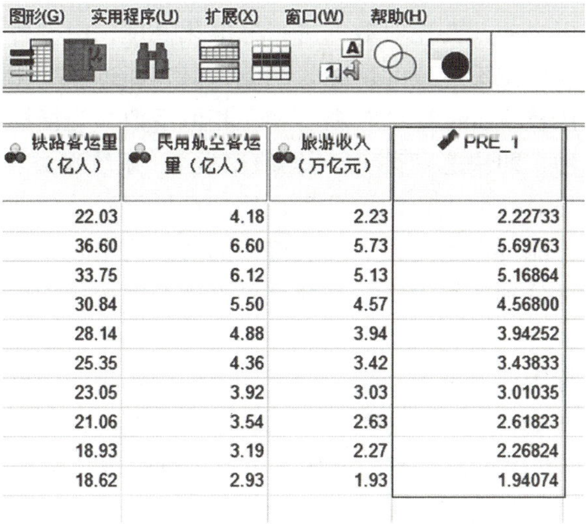

铁路客运量（亿人）	民用航空客运量（亿人）	旅游收入（万亿元）	PRE_1
22.03	4.18	2.23	2.22733
36.60	6.60	5.73	5.69763
33.75	6.12	5.13	5.16864
30.84	5.50	4.57	4.56800
28.14	4.88	3.94	3.94252
25.35	4.36	3.42	3.43833
23.05	3.92	3.03	3.01035
21.06	3.54	2.63	2.61823
18.93	3.19	2.27	2.26824
18.62	2.93	1.93	1.94074

图 1–12　预测结果

回归分析法在分析多因素模型时，更加简单和方便，它可以准确地计量各个变量之间的相关程度与回归拟合程度的高低，提高预测的效果。但是回归分析也具有一定的局限性，首先，在进行回归分析前要保证原始数据的可靠性，如果数据不可靠，不论如何计算都不会得到正确的预测值。其次，回归分析只是显示了在一个或多个变量变化的同时，某变量发生的变化，它不能表明导致变化的原因。第三，回归关系可以随时间发生变化，进行时间序列回归时，通常会由于选择的时间段不同而产生不同的分析结果。因此，我们利用回归分析进行预测时要根据实际情况科学有效地选取相关数据，以达到最好的预测效果。

三、聚类分析

聚类分析指将物理或抽象对象的集合分组为类似的对象组成的多个类的分析过程。它的目标就是在相似的基础上收集数据来分类。聚类源于很多领域，包括数学、计算机科学、统计学、生物学和经济学。在不同的应用领域，很多聚类技术都得到了发展，这些技术方法被用作描述数据，衡量不同数据源间的相似性，以及把数据源分类到不同的簇中。

聚类分析是一种探索性的分析，个案所属的群组特点还未知，也就是说，在聚类分析之前，研究者还不知道独立观察组可以分成多少个类，类的特点也无所得。聚类分析的实质是建立一种分类方法，它能够将一批样本数据按照他们在性质上的亲密程度在没有先验知识的情况下自动进行分类。

在做聚类分析之前，要先对数据进行标准化处理，由于各变量之间的数量级可能会有差异或单位不一致的情况，因此，只有通过标准化处理，在同一标准下才能够进行比较或者计算“距离”和“相似系数”等指标。聚类分析常用的方法主要有三种，即快速聚类（K– 均值聚类）、系统聚类、两步聚类。

快速聚类首先对数据进行初始分类，然后再依据样品间的距离按一定规则逐步调整，直至不能再调整为止。当要聚成的类数确定时，使用快速聚类可以快速地将观测记录分到各类中去，其特点是处理速度快、占用内存少，适用于大样本的聚类分析。

系统聚类常称为层次聚类或分层聚类，只限于较小的数据文件。系统聚类先将 n 个样品或变量看成 n 个分类，然后将距离接近（样品聚类）或性质接近（变量聚类）的两类合并为一类，再从 n–1 类中继续寻找最接近的两类合并为一类，如此继续，最终将所有类别合并为一类。

两步聚类利用统计量作为距离进行聚类，顾名思义分为两步，先进行预聚类，然后在预聚类基础上，根据 AIC（Akaike 信息标准）和 BIC（施瓦兹贝叶斯准则）最小原则，自动判定聚类数目。

【案例 1-8】

利用 SPSS 软件对“毕业旅行意向表 .sav”进行快速聚类分析

【操作步骤】

操作视频 1-8

（1）打开“毕业旅行意向表 .sav”，选择菜单“分析”→“分类”→“K- 均值聚类”，打开“K- 均值聚类分析”对话框，在左侧变量清单中依次选择要分析的变量，将“参加旅游的次数”“了解毕业旅行的程度”“是否赞同毕业旅行”“对于旅游是否有计划”“旅行偏爱方式”移动到右侧“变量”栏，聚类数为“2”，表示分析者想要将数据分为两类。

（2）单击“迭代”，打开“迭代对话框”，设置“最大迭代次数”，系统默认为“10”。

（3）单击“继续”返回“K- 均值聚类分析”对话框，单击“保存”，打开“保存新变量”对话框，选择相应的“聚类成员”，表示用一个新变量“QCL_1”保存各观测量最终被分配到哪一个类中。

（4）单击“继续”返回“K- 均值聚类分析”对话框，单击“选项”，打开“选项”对话框，选择统计栏中的“初始聚类中心”，用于第一轮分类，然后再更新。

（5）单击“继续”返回“K- 均值聚类分析”对话框，单击“确定”，得到相应的聚类分析结果，如表 1-19、表 1-20、表 1-21、表 1-22 和图 1-13 所示。

表 1-19　初始聚类中心

项目	聚类	
	1	2
参加旅游的次数	1	4
了解毕业旅行的程度	1	4
是否赞同毕业旅行	4	1
对于旅游是否有计划	3	1
旅行偏爱方式	3	1

表 1-20 迭代历史记录[a]

迭代	聚类中心中的变动	
	1	2
1	2.221	2.247
2	.294	.228
3	.064	.059
4	.025	.022
5	.049	.046
6	.000	.000

a. 由于聚类中心中不存在变动或者仅有小幅变动，因此实现了收敛。任何中心的最大绝对坐标变动为 .000。当前迭代为 6。初始中心之间的最小距离为 5.916

表 1-21 最终聚类中心

项目	聚类	
	1	2
参加旅游的次数	2	4
了解毕业旅行的程度	2	3
是否赞同毕业旅行	2	2
对于旅游是否有计划	2	2
旅行偏爱方式	3	3

表 1-22 每个聚类中的个案数目

聚类	1	100.000
	2	106.000
有效		206.000
缺失		1.000

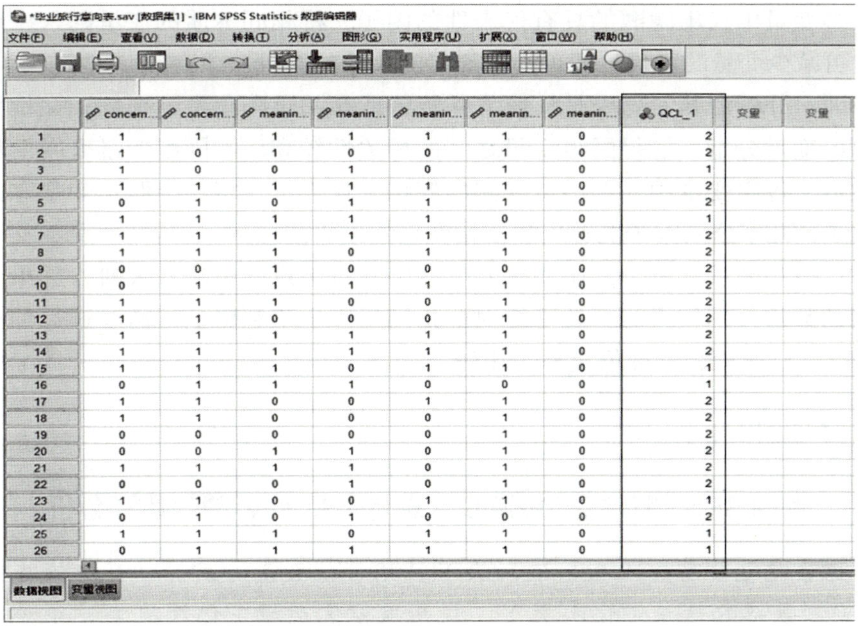

	concern...	concern...	meanin...	meanin...	meanin...	meanin...	meanin...	QCL_1	变量	变量
1	1	1	1	1	1	1	0	2		
2	1	0	1	0	0	1	0	2		
3	1	0	0	1	0	1	0	1		
4	1	1	1	1	1	1	0	2		
5	0	1	0	1	1	1	0	2		
6	1	1	1	1	1	0	0	1		
7	1	1	1	1	1	1	0	2		
8	1	1	1	0	1	1	0	2		
9	0	0	1	0	0	0	0	2		
10	0	1	1	1	1	1	0	2		
11	1	1	1	0	0	1	0	2		
12	1	1	0	0	0	1	0	2		
13	1	1	1	1	1	1	0	2		
14	1	1	1	1	1	1	0	2		
15	1	1	1	0	1	1	0	1		
16	0	1	1	1	0	0	0	1		
17	1	1	0	0	1	1	0	2		
18	1	1	0	0	0	1	0	2		
19	0	0	0	0	0	1	0	2		
20	0	0	1	1	0	1	0	2		
21	1	1	1	1	0	1	0	2		
22	0	0	0	1	0	1	0	2		
23	1	1	0	0	1	1	0	1		
24	0	1	0	1	0	0	0	2		
25	1	1	1	0	1	1	0	1		
26	0	1	1	1	1	1	0	1		

图 1–13　聚类分析结果

【分析统计结果】

（1）由表 1–19 可知，初始 2 类的类中心所对应的各变量的值。

（2）由表 1–20 可知，经过 6 次迭代后，类中心的变化为 0，迭代停止，表中所示为每次迭代后类中心的变化量。

（3）由表 1–21 可知，最终 2 类的类中心所对应的各变量的值。

（4）由表 1–22 可知，类别 1 中包含了 100 个个案，类别 2 中包含了 106 个个案，有效个案数为 206 个，缺失 1 个。

（5）由图 1–13 可知，K– 均值聚类完成后，在数据文件的最后一列生成一个名为“QCL_1”的新变量，标识了每个变量所属的类别。

四、因子分析

因子分析是指研究从变量群中提取共性因子的统计技术。最早由英国心理学家 C.E. 斯皮尔曼提出。他发现学生的各科成绩之间存在着一定的相关性，一科成绩好的学生，往往其他各科成绩也比较好，从而推想是否存在某些潜在的共性因子，或称某些一般智力条件影响着学生的学习成绩。因子分析可在许多变量中找出隐藏的具有代表性的因子。将相同本质的变量归入一个因子，可减少变量的数目，还可检验变量间关系的假设。

因子分析的基本思想是从协方差矩阵或相关矩阵出发，根据相关性大小把原始变量分组，使得同组变量之间的相关性较高、不同组变量之间的相关性较低。每组变量用一个不可观测的假想变量表示，将这个假想变量称为公共因子，几个公共因子能够反映原始变量的主要信息。

在一些因子分析中，比如研究哪些因素对满意度影响较大时，如果因素之间的数值差别较大时，就可能对分析结果产生不利影响，需要通过标准化的方法，让不同因素数值更易于比较。

【案例 1-9】

利用 SPSS 软件对“旅游收入影响因素 .sav”进行因子分析

探索变量“游客人数（亿人次）”“旅行社数量（家）”“星级酒店数量（家）”“铁路客运量（亿人次）”“民用航空客运量（亿人次）”“旅游收入（万亿元）”之间的共性。

【操作步骤】

操作视频 1-9

（1）打开“旅游收入影响因素 .sav”，选择菜单“分析”→“降维”→“因子”，打开“因子分析”对话框，在左侧变量清单中依次选择要分析的变量，将“游客人数（亿人次）”“旅行社数量（家）”“星级酒店数量（家）”“铁路客运量（亿人次）”“民用航空客运量（亿人次）”“旅游收入（万亿元）”移动到右侧“变量”栏。

（2）单击“描述”，打开“描述对话框”，选择统计栏中的“单变量描述”，选择相关性矩阵栏中的“系数”“显著性水平”“KMO 和巴特利特球形度检验”。

（3）单击“继续”返回“因子分析”对话框，单击“提取”，打开“提取”对话框，选择“显示”栏中的“碎石图”，其余设置保留默认。

（4）单击“继续”返回“因子分析”对话框，单击“旋转”，打开“旋转”对话框，选择方法栏中的“最大方差法”，选择显示栏中的“载荷图”，其余设置保留默认。最大方差法是一种正交旋转，它使得每个因子上具有较高载荷的变量的数目最小，由此可以简化对因子的解释。

（5）单击“继续”返回“因子分析”对话框，单击“得分”，打开“因子得分”对话框，选择“保存为变量”和“显示因子得分系数矩阵”。“保存为变量”可以将因子得分作为新变量保存在数据文件中。“显示因子得分系数矩阵”会输出标准化的因子得分系数矩阵。

（6）单击“继续”返回“因子分析”对话框，单击“选项”，打开“选项”对话框，选择系数显示格式栏中的“按大小排序”，其余设置保留默认。

（7）单击“继续”返回“因子分析”对话框，单击“确定”，得到相应的因子分析结果，如表1-23、表1-24、表1-25、表1-26、表1-27、表1-28、表1-29、表1-30和图1-14、图1-15、图1-16所示。

表1-23　描述统计

项目	平均值	标准偏差	分析个案数
游客人数（亿人次）	40.3210	11.76667	10
旅行社数量（家）	29807.60	6553.792	10
星级酒店数量（家）	10633.90	1205.049	10
铁路客运量（亿人次）	25.8370	6.27075	10
民用航空客运量（亿人次）	4.5220	1.23536	10
旅游收入（万亿元）	3.4880	1.31410	10

表1-24　KMO和巴特利特检验

KMO取样适切性量数		.658
巴特利特球形度检验	近似卡方	127.530
	自由度	15
	显著性	.000

表 1–25　相关性矩阵

项目		游客人数（亿人次）	旅行社数量（家）	星级酒店数量（家）	铁路客运量（亿人次）	民用航空客运量（亿人次）	旅游收入（万亿元）
相关性	游客人数（亿人次）	1.000	.442	–.311	.989	.968	1.000
	旅行社数量（家）	.442	1.000	–.644	.541	.625	.448
	星级酒店数量（家）	–.311	–.644	1.000	–.419	–.505	–.320
	铁路客运量（亿人次）	.989	.541	–.419	1.000	.992	.990
	民用航空客运量（亿人次）	.968	.625	–.505	.992	1.000	.970
	旅游收入（万亿元）	1.000	.448	–.320	.990	.970	1.000
显著性（单尾）	游客人数（亿人次）		.100	.191	.000	.000	.000
	旅行社数量（家）	.100		.022	.053	.027	.097
	星级酒店数量（家）	.191	.022		.114	.068	.184
	铁路客运量（亿人次）	.000	.053	.114		.000	.000
	民用航空客运量（亿人次）	.000	.027	.068	.000		.000
	旅游收入（万亿元）	.000	.097	.184	.000	.000	

表 1–26　公因子方差

项目	初始	提取
游客人数（亿人次）	1.000	.998
旅行社数量（家）	1.000	.807
星级酒店数量（家）	1.000	.852
铁路客运量（亿人次）	1.000	.998
民用航空客运量（亿人次）	1.000	.998
旅游收入（万亿元）	1.000	.998

提取方法：主成分分析法

表 1-27　总方差解释

成分	初始特征值			提取载荷平方和			旋转载荷平方和		
	总计	方差百分比	累积 %	总计	方差百分比	累积 %	总计	方差百分比	累积 %
1	4.528	75.466	75.466	4.528	75.466	75.466	3.797	63.286	63.286
2	1.123	18.715	94.181	1.123	18.715	94.181	1.854	30.894	94.181
3	.343	5.722	99.902						
4	.004	.074	99.976						
5	.001	.022	99.998						
6	.000	.002	100.000						

提取方法：主成分分析法

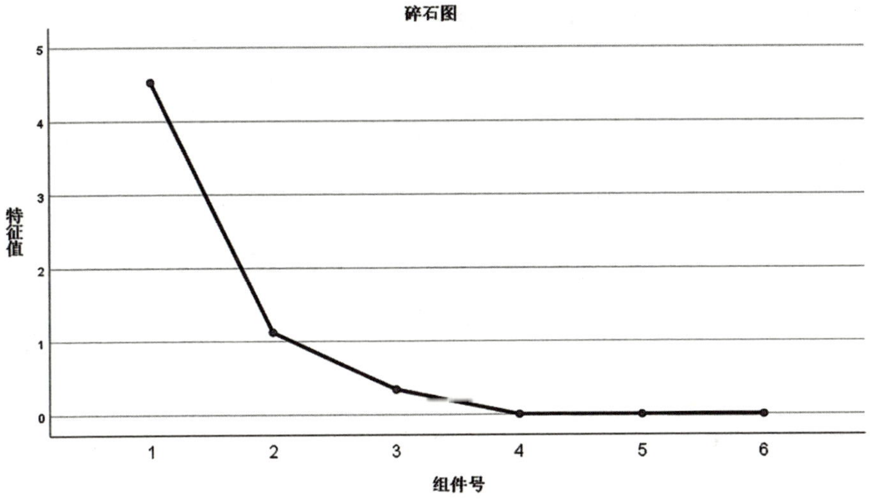

图 1-14　碎石图

表 1–28　成分矩阵[a]

项目	成分	
	1	2
民用航空客运量（亿人次）	.997	.064
铁路客运量（亿人次）	.983	.177
旅游收入（万亿元）	.954	.295
游客人数（亿人次）	.952	.304
旅行社数量（家）	.668	–.600
星级酒店数量（家）	–.552	.740

提取方法：主成分分析法。a. 提取了 2 个成分

表 1–29　旋转后的成分矩阵[a]

项目	成分	
	1	2
游客人数（亿人次）	.984	.172
旅游收入（万亿元）	.983	.180
铁路客运量（亿人次）	.953	.298
民用航空客运量（亿人次）	.913	.405
星级酒店数量（家）	–.146	–.911
旅行社数量（家）	.314	.842

提取方法：主成分分析法。旋转方法：凯撒正态化最大方差法。a. 旋转在 3 次迭代后已收敛

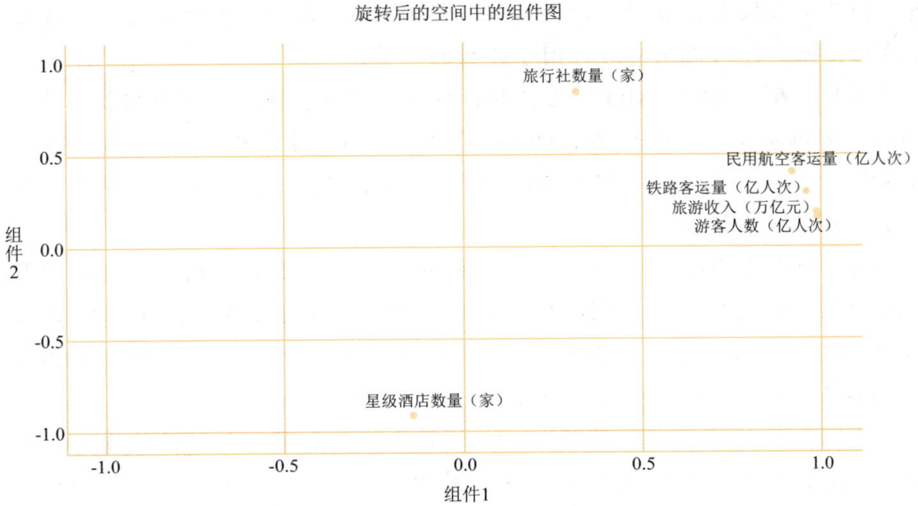

图 1-15 旋转后的因子载荷散点图

表 1-30 成分得分系数矩阵

项目	成分	
	1	2
游客人数（亿人次）	.312	-.142
旅行社数量（家）	-.117	.542
星级酒店数量（家）	.197	-.640
铁路客运量（亿人次）	.266	-.039
民用航空客运量（亿人次）	.222	.051
旅游收入（万亿元）	.309	-.136

提取方法：主成分分析法。旋转方法：凯撒正态化最大方差法。组件得分

【分析统计结果】

（1）由表 1-23“描述统计”可知 6 个初始变量的描述统计量，包括平均值、标准偏差和分析数。

（2）由表 1-25“相关性矩阵”可知，变量“游客人数（亿人次）”“铁路客运量（亿人次）”“民用航空客运量（亿人次）”“旅游收入（万亿元）”之间的相关系数较大，且对应的显著性均为 0.000，说明这些变量之间存在着显著的相关性，进而说明有进行因子分析的必要。

（3）由表 1–24“KMO 和巴特利特检验”可知，本例中的 KMO 统计量为 0.658，可以接受。一般认为 KMO 统计量大于 0.9 时效果最好，小于 0.5 以下则不宜进行因子分析。本例中巴特利特检验的显著性为 0.000，说明各变量间显著相关。

（4）由表 1–26“公因子方差”可知 6 个初始变量的共同度，它是衡量公共因子相对重要性指标。“提取”列即为变量共同度的取值，如：“游客人数（亿人次）”的共同度为 0.998，可以理解提取的 2 个公共因子对“游客人数（亿人次）”的方差贡献率为 99.8%。

（5）表 1–27“总方差解释”，给出了每个公共因子所解释的方差及累计和。从表 1–27 的“初始特征值”的“累积 %”一栏可以看出，前 2 个公共因子解释的累计方差达 94.181%，而后面的公共因子特征值越来越小。

“提取载荷平方和”一栏是在未旋转时被提取的 2 个公共因子的方差贡献信息，“旋转载荷平方和”是旋转后得到的新公共因子的方差贡献信息，和未旋转的贡献信息相比，每个公共因子的方差贡献率有所变化，但最终的累计方差贡献率不变。

（6）图 1–14 是关于初始特征值的碎石图，是根据表 1–27 中的“初始特征值”栏中的“总计”列数据绘制的图形。从图 1–14 可看出，第 2 个公共因子后的特征值变化趋缓，因此提取 2 个公共因子是合适的。

（7）表 1–28“成分矩阵”是未经旋转的因子载荷矩阵，表 1–29“旋转后的成分矩阵”是经过旋转后的因子载荷矩阵。对比两个表格发现，旋转后每个公共因子上的载荷分配发生了变化，比未旋转时更容易解释各因子的意义。观察表 1–28 和表 1–29，可以看出第 1 个公共因子更能代表“游客人数（亿人次）”“旅游收入（万亿元）”“铁路客运量（亿人次）”“民用航空客运量（亿人次）”这 4 个变量，而第 2 个公共因子则更能代表“旅行社数量（家）”和“星级酒店数量（家）”这 2 个变量。

（8）图 1–15 是旋转后的因子载荷散点图，它是根据表 1–29“旋转后的成分矩阵”后两列数据绘制的，与“旋转成分矩阵”包含的信息一致。

（9）由表 1–30“成分得分系数矩阵”可以得出最终的因子得分公式：

F_1 = 0.312× 游客人数 –0.117× 旅行社数量 +0.197× 星级酒店数量 +0.266× 铁路客运量 +0.222× 民用航空客运量 +0.309× 旅游收入

F_2 = –0.142× 游客人数 +0.542× 旅行社数量 –0.640× 星级酒店数量 –0.39× 铁路客运量 +0.051× 民用航空客运量 –0.136× 旅游收入

（10）由图 1–16 可知，在因子分析完成后，在数据文件的最后两列分别生成了两个名为“FAC1_2”“FAC2_2”的新变量，标识了 2 个公共因子的得分。

*旅游收入影响因素.sav [数据集1] - IBM SPSS Statistics 数据编辑器

文件(F) 编辑(E) 查看(V) 数据(D) 转换(T) 分析(A) 图形(G) 实用程序(U) 扩展(X) 窗口(W) 帮助(H)

23 :

	年份	游客人数（亿人）	旅行社数量（家）	星级酒店数量（家）	铁路客运量（亿人）	民用航空客运量（亿人）	旅游收入（万亿元）	FAC1_2	FAC2_2
1	2020	28.79	40682	8423	22.03	4.18	2.23	-1.37930	2.35344
2	2019	60.06	38943	10003	36.60	6.60	5.73	1.61167	.63986
3	2018	55.39	37794	10249	33.75	6.12	5.13	1.20101	.53041
4	2017	50.01	25835	9566	30.84	5.50	4.57	.79423	.01910
5	2016	44.35	26508	9861	28.14	4.88	3.94	.30705	.04269
6	2015	39.90	27621	12327	25.35	4.36	3.42	.23926	-1.07208
7	2014	36.11	26005	11180	23.05	3.92	3.03	-.28789	-.51414
8	2013	32.62	26054	11687	21.06	3.54	2.63	-.54463	-.69928
9	2012	29.57	24944	11367	18.93	3.19	2.27	-.89551	-.54824
10	2011	26.41	23690	11676	18.62	2.93	1.93	-1.04588	-.75176
11									

图 1–16 因子分析结果

五、词频分析

词频分析（Word Frequency Analysis）是对文献正文中重要词语出现的次数进行统计与分析，是文本挖掘的重要手段。它是文献计量学中一种传统的、具有代表性的内容分析方法，其基本原理是通过词出现频次多少的变化，来确定热点及变化趋势。

般的调查问卷中都会包含开放性文字题，一般出现在“意见与建议”“对 ×× 的理解”或者“您认为有哪些改进措施”等题目中。对这类题目进行词频分析的话，需要先将文字答案进行总结归类，对这类答案做出定性分析，总结出少部分描述，然后再用频率分析确定每一类答案出现的次数。

【案例 1–10】

利用词频分析被调查者关于环保旅游的建议

以“毕业旅行意向.sav”为例，在此调查问卷中，第 18 题“您认为什么样的旅游方式最环保？”为一道开放性文字题目，统计被调查者关于环保旅游的建议。

【操作步骤】

操作视频 1–10

（1）打开“毕业旅行意向.sav”，点击“变量视图”，找到要进行词频分析的变量“environment_protection”，单击该变量下一行的变量名，选择菜单“编辑”→“插入变量”，在变量“environment_protection”下方出现一个名为“VAR00001”的新变量，将其变量名修改为“answer”，类型改为“字符串”，宽度改为“2000”，标签改为“关于环保旅游的总结”。

（2）打开“数据视图”，在“answer”列中录入前一列“environment_protection”每一个答案对应的简化总结内容，尽量简练，归纳为几个大类即可，如图 1–17 所示。

208 : answer

	personal_trip	bad_reasons	travel_cost	environmental_protection	answer	concern_1	concern_2
1	2	2	4	离开时断水、断电	减少耗能	1	1
2	2	2	3	根据出行距离远近选择交通工具	绿色出行	1	1
3	1	2	2	市内游选择骑自行车	绿色出行	1	1
4	1	2	4	长途旅游选择大巴	绿色出行	1	1
5	2	2	3	旅行时携带自己的洗漱用品	减少耗能	0	1
6	1	1	4	不购买一次性塑料瓶矿泉水	减少污染	1	1
7	2	2	3	出门带自己的水杯	减少耗能	1	1
8	1	2	4	不乱扔垃圾	减少污染	1	1
9	1	2	4	少点外卖	减少污染	1	1
10	2	2	4	长途旅游选择火车	绿色出行	1	1
11	1	1	2	及时关灯	减少耗能	1	1
12	2	2	3	减少污染	减少污染	1	1
13	2	2	1	不知道	不清楚该怎么做	1	1
14	1	1	3	坚持绿色出行	绿色出行	1	1
15	2	2	4	乘坐电动汽车	绿色出行	1	1
16	2	1	4	长途旅行选择飞机	绿色出行	1	1
17	3	2	4	及时关闭水龙头	减少耗能	1	1
18	2	1	4	晴朗的白天不开灯	减少耗能	1	1
19	3	4	2	不用一次性用品	减少污染	0	0
20	2	3	2	节约用水	减少耗能	1	1
21	1	2	4	购物用自己的购物篮	减少污染	1	1
22	1	2	2	不用一次性塑料袋	减少污染	0	0
23	3	2	3	不用一次性塑料餐具	减少污染	0	0
24	1	5	2	节约用电	减少耗能	0	1
25	2	4	3	废旧电池不乱扔	减少污染	1	1
26	2	2	2	减少污染	减少污染	0	1

图 1–17　提炼总结变量内容

（3）对提炼出的新变量“answer”进行频率分析。选择菜单“分析”→“描述统计”→“频率”，打开“频率”对话框，在左侧变量清单中选择要分析的变量，将“关于环保旅游的总结（answer）”移动到右侧“变量”栏。

（4）单击“统计”，选择“频率统计”项，分别设置百分位值、集中趋势和离散。

（5）返回“频率”对话框，单击“图表”，打开对话框，选择相应的“图表类型”和“图表值”。“图表类型”主要有条形图、饼图和直方图，“图表值”分“频率”和“百分比”。

（6）返回“频率”对话框，单击“确定”，得到相应的频率统计结果，如表 1–30、表 1–31 和图 1–18 所示，因统计变量较多，结果也较多，因此结果图只截取一部分。

表 1–30　频率统计结果

关于环保旅游的总结		
个案数	有效	207
	缺失	0

表 1–31　关于环保旅游的总结

项目		频率	百分比	有效百分比	累积百分比
有效	不清楚该怎么做	8	3.9	3.9	3.9
	减少耗能	64	30.9	30.9	34.8
	减少污染	79	38.2	38.2	72.9
	绿色出行	56	27.0	27.0	100.0
	总计	207	100.0	100.0	

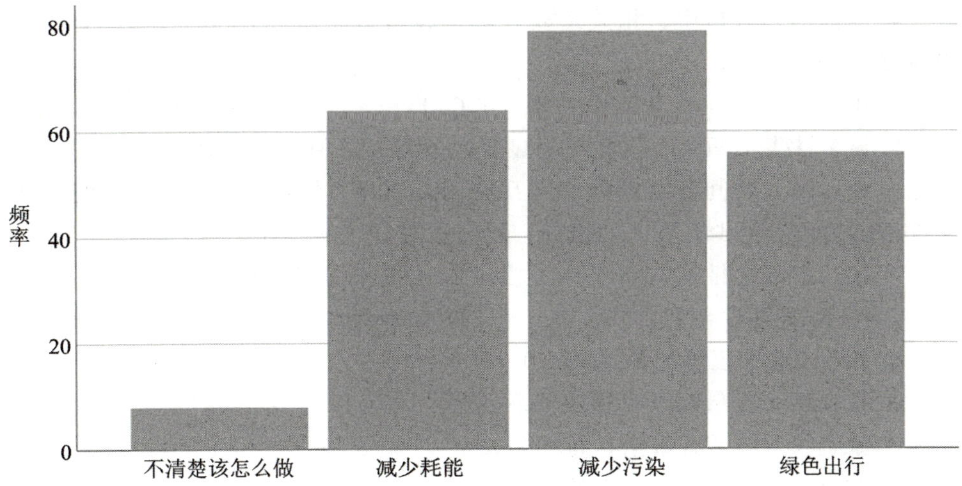

图 1–18　利用词频分析的关于环保旅游的总结

【分析统计结果】

（1）由表 1–30 可知有“关于环保旅游的总结”有效个案数是 207 个、缺失 0 个，数据质量较高。

（2）从表 1–31 中可以看出，“不清楚该怎么做”总共出现 8 次，占比 3.9%；“减少耗能”总共出现 64 次，占比 30.9%；“减少污染”总共出现 79 次，占比 38.2%；“绿色出行”总共出现 56 次，占比 27.0%，可以得出参与调查的人中认为“减少污染”和“减少耗能”能够使我们的旅行更环保的居多，“不清楚该怎么做”的人较少。

思考与练习

一、单项选择题

专业词汇

1.“三金工程”是指（　　）。

A. 金桥、金关、金卡　　B. 金桥、金关、金税

C. 金桥、金税、金盾　　D. 金桥、金关、金盾

2.“科学记数法”属于 SPSS 的哪种变量类型？（　　）

A. 字符串型　　B. 数值型　　C. 日期型　　D. 定制货币

3. 四分位数也称四分位点，是指把所有数值由小到大排列并分成四等份，其中处于（　　）位置的数值称为中位数。

A. 25%　　B. 50%　　C. 75%　　D. 100%

4. 线性回归分析中，相关系数 R 的值越接近（　　）回归模型拟合的效果越好。

A. 0　　B. 0.5　　C. 1　　D. 100

5. 显著性表示两个变量之间的显著性差异，数值越大，表示显著性越大，反之，表示两者之间存在较强的交互作用。当显著性数值为（　　）时说明某件事情的发生至少有较大的把握，具有极其显著的统计学意义。

A. 0.01 ＜显著性≤ 0.05　　B. 0.05 ＜显著性≤ 0.1

C. 0.1 ＜显著性≤ 0.15　　D. 显著性≤ 0.01

6. 下列说法中正确的是（　　）。

A. 任何两个变量都具有相关关系

B. 旅游收入与游客数量具有相关关系

C. 散点图中的各点是分散的没有规律

D. 根据散点图求得的回归直线方程都是有意义的

7. 一位母亲记录了儿子 3~9 岁的身高，由此建立的身高与年龄的回归直线方程为 y =7.19 x +73.93，据此可预测这个孩子 10 岁时的身高。下面正确的叙述是（　　）。

A. 孩子身高一定是 145.83cm　　B. 孩子身高超过 146.00cm

C. 孩子身高低于 145.00cm　　D. 孩子身高在 145.83cm 左右

8. 对相关性的描述正确的是（　　）。

A. 相关性是一种因果关系

B. 相关性是一种函数关系

C. 相关性是变量之间带有随机性的关系

D. 以上都不正确

9. 下列说法中错误的是（　　）。

A. 如果变量 x 与 y 之间具有线性相关关系，则我们根据试验数据得到的点（x_i，y_i）（i=1，2，…，n）将散布在某一条直线附近

B. 如果变量 x 与 y 之间不具有线性相关关系，则我们根据试验数据得到的点（x_i，y_i）（i=1，2，…，n）不能写出一个线性方程

C. 设 x、y 是具有线性相关关系的两个变量，且 y 关于 x 的线性回归方程为 $y=ax+b$，b 叫作回归方程的系数

D. 为使求出的线性回归方程有意义，可先用画出散点图的方法来判断变量 x 与 y 之间是否具有线性相关关系

10. 下列有关聚类分析的说法中错误的是（　　）。

A. 聚类分析的目标就是在相似的基础上收集数据来分类

B. 在做聚类分析之前，不需要对数据进行标准化处理

C. 聚类分析指将物理或抽象对象的集合分组为由类似的对象组成的多个类的分析过程

D. 聚类分析的实质是建立一种分类方法，它能够将一批样本数据按照他们在性质上的亲密程度在没有先验知识的情况下自动进行分类

二、填空题

1. 旅游数据具有 ________、________、________ 的特点。

2. SPSS 的操作环境由 ________ 窗口、________ 窗口、________ 窗口、________ 窗口四个窗口组成。

3. SPSS 数据编辑窗口由两个基本的窗口 ________ 和 ________ 组成。

4. SPSS 数据编辑窗口负责 ________ 和管理待进行统计分析的数据。

5. SPSS 结果输出窗口负责 ________ 和管理统计分析的结果。

6. SPSS 的变量类型主要包括 ________ 型、________ 型和 ________ 型。

7. 回归分析按照涉及的变量的多少，可分为 ________ 回归和 ________ 回归分析；按照因变量的多少，可分为 ________ 回归分析和 ________ 回归分析；按照自变量和因变量之间的关系类型，可分为 ________ 回归分析和 ________ 回归分析。

三、简答题

参考答案

1. 请简述我国旅游信息化的发展历程。
2. 请简述旅游数据的应用领域有哪些？
3. 请简述制定旅游数据采集标准的依据有哪些？
4. MATLAB 有哪些特点？
5. 请简述 SPSS 数据视图和变量视图的主要功能。
6. SPSS 变量标签有什么作用？
7. 什么是频率分析？
8. 描述分析与频率分析有什么区别？
9. 什么情况下适合对数据进行探索分析？
10. 交叉表分析的作用是什么？
11. 什么是回归？
12. 一元线性回归中，对于一组样本中若干个观测值所产生的误差项 ε_i 需要满足哪些基本假设？
13. 什么是聚类分析？
14. 什么是因子分析？

第二章　旅游大数据概论

本章导读

旅游大数据是指在旅游的吃、住、行、游、购、娱六要素领域所产生的数量巨大、快速传播、类型多样相关（有结构和非结构的）、富有价值的数据集合，并且可以通过大数据技术（例如云计算、分布式存储、大数据算法等）进行数据相关性分析和数据可视化，从而使旅游消费者的决策更加有效便捷，提高其满意度。

学习目标

1. 了解大数据发展历程。
2. 理解大数据的定义与特征。
3. 了解大数据及旅游大数据的行业应用。
4. 了解旅游大数据的来源及数据挖掘技术概念。

思维导图

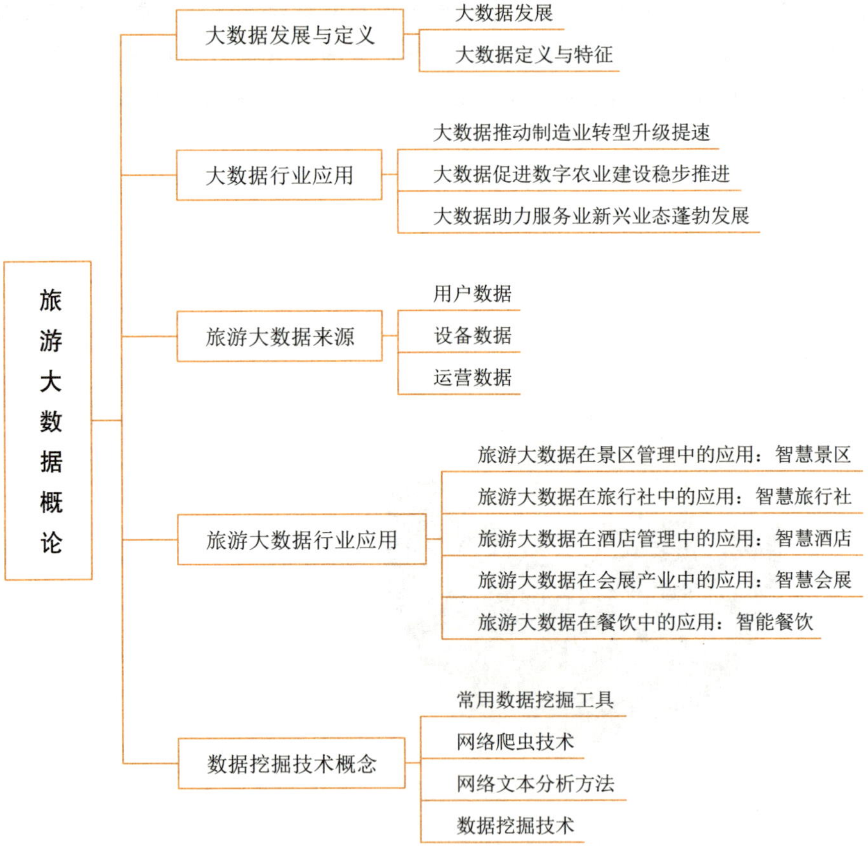

第一节　大数据发展与定义

一、大数据发展

“大数据”作为一种概念和思潮发端于计算领域，之后逐渐延伸到科学和商业领域。这一概念最早由美国高性能计算公司首席科学家约翰·马西（John Mashey）在1998年的一个国际会议报告中指出：“随着数据量的快速增长，必将出现数据难理解、难获取、难处理和难组织四大难题”，并用“Big Data（大数据）”来描述这一挑战，在计算领域引发思考。关系数据库之父吉姆·格雷（Jim Gray）于2007年指出大数据将成为人类触摸、理解和逼近现实复杂系统的有效途径，并认为在实验归纳、模型推演、仿真模拟三种科学研究范式后，将迎来第四范式——“数据探索”，后来同行学者将其总结为“数据密集型科学发现”，开启了从科研视角审视大数据的热潮。

所谓范式（paradigm）指的是从事某一科学的研究者群体对本体论、认识论和方法论的基本承诺，是科学家们共同接受的一组假说、理论、准则和方法的总和。其中：

实验归纳（第一范式）：是人类最早的科学研究方式（现在仍然是很多研究领域的主要研究方式），主要以记录和描述自然现象为特征。在研究方法上，以归纳为主，以观测和实验为主要手段。17世纪的科学家弗朗西斯·培根（Francis Bacon）指出，实验归纳是实验的、归纳的，一切真理都必须以大量确凿的事实材料为依据，发现周围现实的各种现象间的因果关系。

模型推演（第二范式）：偏重理论总结和理性概括，强调普遍的理论认识而非直接实用意义的科学。在研究方法上，以演绎法为主，不局限于描述经验事实。该研究范式强调数据模型的构建，以超凡的头脑思考和复杂的计算超越实验设计（第一范式所注重的），不过随着验证理论的难度和经济投入越来越高，其科学研究的难度也越来越大。

仿真模拟（第三范式）：得益于20世纪中叶计算机的发明及不断发展，利用计算机对科学实验进行模拟仿真的模式得到迅速普及。人们可以通过模拟仿真推演出复杂现象，涉及的问题主要有数值模拟、模拟拟合、数据分析和计算优化等。仿真模拟的本质上是假设驱动的，即先提出可能的理论，再搜集数据，然后通过计算来验证。在这种研究范式下，计算机被当作一种工具，其优势是高速计算。

数据密集型科学发现（也称数据探索，第四范式）：通过对已有并不断地、有意识地富集的大量数据的有效分析和计算，得出未知的理论。这种思路既不像实验（第一范式）那样明确地告诉你“是什么”，也不像推演（第二范式）和模拟（第三范式）那样在一定程度上告诉你“为什么”。但是，第四范式可以告诉你“大概是什么”，而这种“大概”是隐藏在数据背后的客观，让计算机自己从海量的数据中发现模式，也就是科学发现所需要的共性、客观。

事实上，上述四类科学发现研究范式是进行科学研究的四种思维方式，不是说哪一种方式可以取代另外一种方式，而是我们在实际的科研工作中，应当根据实际研究领域的特点，在思维及方法论层次选择需要遵循的方式。

2012 年，牛津大学教授维克托・迈尔 – 舍恩伯格在其畅销著作《大数据时代》（*Big Data: A Revolution That Will Transform How We Live, Work, and Think*）中指出，数据分析将从“随机采样”“精确求解”“强调因果”的传统模式演变为大数据时代的“全体数据”“近似求解”“只看关联不问因果”的思维模式，从而引发商业应用领域对大数据方法的广泛思考与探讨。

大数据，不仅是一次技术革命，同时也是一次思维革命。大数据时代最大的转变就是思维方式的转变：全样而非抽样、效率而非精确、相关而非因果。其具体表现如下：

（1）全样而非抽样。过去，由于数据采集、数据存储和处理能力的限制，在科学分析中，通常采用抽样的方法，即从全集数据中抽取一部分样本数据，通过对样本数据的分析来推断全集数据的总体特征，它是科学实验、质量检验、社会调查普遍采用的一种经济有效的工作和研究方法。现在，已经迎来大数据时代，大数据技术的核心就是海量数据的实时采集、存储和处理，大数据技术的支持使得科学分析完全可以直接针对全集数据而不是抽样数据，并且可以在短时间内迅速得到分析结果，速度之快，超乎想象。

（2）效率而非精确。过去，在科学分析中采用抽样分析方法，必须追求分析方法的精确性，因为抽样分析只是针对部分样本的分析，其分析结果被应用到全集数据以后，误差就会被放大。为了保证误差被放大到全集数据时仍然处于可以接受的范围，就必须确保抽样分析结果的精确性。因此，传统的数据分析方法往往更加注重提高算法的精确性，其次才是提高算法效率。现在，大数据时代采用全体数据分析而不是抽样分析，全体数据分析结果就不存在误差被放大的问题。因此，追求高精确性已经不是其首要目标。相反，大数据时代具有“秒级响应”的特征，要求在几秒内就迅速给出针对海量数据的实时分析结果，否则就会丧失数据的价值，因此，数据分析的效率成为关注的核心。

（3）相关而非因果。过去，数据分析的目的，一方面是解释事物背后的发展机理，另一方面是用于预测未来可能发生的事件。但是，在大数据时代，因果关系不再那么重要，人们转而追求“相关性”而非“因果性”。在无法确定因果关系时，数据为人们提供了解决问题的新方法。数据中包含的信息可以帮助消除不确定性，而数据之间的相关性在某种程度上可以取代原来的因果关系，帮助我们得到想要知道的答案，这就是大数据思维的核心。从因果关系到相关性，并不是抽象的，而是已经有一整套的方法能够让人们从数据中寻找相关性，最后去解决各种各样的难题。

大数据于2012、2013年达到其宣传高潮，2014年后概念体系逐渐成形，对其认知亦趋于理性。大数据相关技术、产品、应用和标准不断发展，逐渐形成包括数据资源与API（Application Programming Interface，应用编程接口）、开源平台与工具、数据基础设施、数据分析与应用等板块构成的大数据生态系统，并持续发展和不断完善，其发展热点呈现从技术向应用，再向治理的逐渐迁移。

二、大数据定义与特征

大数据泛指无法在可容忍的时间内用传统信息技术和软硬件工具对其进行获取、管理和处理的巨量数据集合。事实上，有关大数据的定义并不唯一，从不同角度对大数据都有不同的理解，比如：

牛津英文字典定义：大数据就是数量非常大，通常给操作与管理带来显著挑战（“Data of a very large size, typically to the extent that its manipulation and management present significant logistical challenges.”，Oxford English Dictionary）。

麦肯锡定义：数据规模超出典型数据管理工具的现有能力，包括捕获、存储、管理和分析（“Datasets whose size is beyond the ability of typical database software tools to capture, store, manage, and analyze”，McKinsey）。

《大数据时代：生活、工作与思维的大变革》一书中认为：大数据就是一种能力，该种能力使用信息来发现有价值的洞见或商品以及有显著价值的服务；也或者是那种在小规模数据条件下不能达成，但在大数据情况下可达成发现见解和创造新价值的能力（“The ability of society to harness information in novel ways to produce useful insights or goods and services of significant value” and “...things one can do at a large scale that cannot be done at a smaller one, to extract new insights or create new forms of value.”, *Big Data: A Revolution That Will Transform How We Live, Work and Think*）。

总结上述定义，通常认为大数据具有“4V”特征，即规模大量性（Volume）、类型多样性（Variety）、来源高速性（Velocity）及数据价值性（Value）。

规模大量性（Volume）：指相对于现有的计算和存储能力而言，数据规模庞大。在大数据刚刚提出的时候，普遍认为PB级的数据就可以称为“大数据”，但这并不绝对。一方面，随着存储和计算技术的进步，以及互联网上用户生成内容和大量传感器实时获取数据的增加，这一判断依据也在变化；另一方面，有些数据虽没有达到PB级，但在其他特征方面具有很强的大数据集特点。数据量大到一定程度，必然对数据的获取、传输、存储、处理、分析等带来挑战。

类型多样性（Variety）：指在大数据面对的应用场景中，数据种类多。这一方面体现在面向某一类场景的数据可能同时覆盖结构化、非结构化、半结构化的数据；另一方面，也体现在同类数据中的结构模式复杂多样。例如，一个处理景区交通数据的应用，覆盖的数据类型可能包含结构化的车辆数据、道路数据等，也包含半结构化的各类文档数据和非结构化的交通路口摄像头数据等。数据类型多样往往导致数据的异构性，进而加大数据处理的复杂性，也会对数据处理能力提出更高的要求。

来源高速性（Velocity）：指数据所刻画的事物状态在频繁、持续的变化。数据来源于对现实世界和人行为的持续观察。如果希望在数据基础上对客观世界加以研究，就必须保持足够高的采样率，以确保能够刻画现实世界的细节。速度体现在大数据上，就是具有持续的数据获取和更新能力，不断反映大数据所描述的客观世界和人的行为变化。技术上体现在数据生成、采集、存储及处理等必须考虑的时效性要求，实现实时数据的处理。

数据价值性（Value）：指在大数据中，通过数据分析，在无序数据中建立关联且可以获得大量高价值的、非显而易见的隐含知识，从而使其具有巨大价值。这一价值体现在统计特征、事件检测、关联和假设检验等各方面。但另一方面，数据的价值并不一定随着数据大小的增加而增加。对于一个特定分析问题，大数据中可能包含大量的“无用数据”，有价值的数据会淹没在大量无用数据中，因而有“价值密度低”的说法。

【案例 2-1】

大数据获得党中央、国务院持续重视，产业发展再升级

2015 年以来，在国家和各级政府的大力推动下，大数据产业加速演进和迭代，政策环境持续优化、管理体制日益完善、产业融合发展加快、数据价值逐渐释放。随着 5G、人工智能、物联网、虚拟现实等新技术向各领域渗透以及数字经济的发展，整个社会的数据量将呈几何倍数增长，对经济发展、产业变革、国家治理、人民生活都产生重大影响。

党中央、国务院连续多年对大数据发展都作出重要指示，如“数据已成为国家基础性战略资源”“推动实施国家大数据战略，加快建设数字中国”“数据成为继土地、劳动力、资本、技术之后第五种市场化配置的关键生产要素”，产业发展将再次升级。

另外统计分析显示，2012—2020 年党和国家关于大数据重要论述中“数据”“数字中国”“人工智能”“创新”成为高频词语；2020 年以来，与激活数据要素潜能相关的词增多，“数据安全”“数据治理”“数据交易”等逐渐成为指导中国推进经济社会高质量发展的重要力量。

（资料来源：中国大数据产业生态联盟 . 2021 中国大数据产业发展白皮书 [J] . 2021）

图 2-1　大数据与各产业广泛融合

案例点评：大数据技术和应用逐步成为国家基础性战略支撑，是打造数字经济新优势、加快数字社会建设步伐、提高数字政府建设水平的重要力量，也

是驱动生产方式、生活方式和治理方式变革的重要力量，仍具有巨大的发展空间和潜力。

“十三五”时期，我国大数据产业取得突破性的发展。大数据产业规模持续稳步提升，产业价值不断释放；大数据相关政策陆续出台，产业发展环境日益优化；新型数据中心、5G等大数据相关基础设施部署进程加快；大数据企业快速成长，培育和发展了一批有竞争力的创新型企业；大数据要素潜能逐渐释放，政府、企业、消费者数字化意识明显增强；大数据与各产业广泛融合，工业大数据、健康医疗大数据、金融大数据等日渐成熟，支撑各产业优化升级；政府数据大量开放共享，有效提升政府服务能力，推动数字政府建设。

在《国民经济和社会发展第十四个五年规划和2035年远景目标纲要》中，将“加快数字化发展，建设数字中国”作为独立篇章，从打造数字经济新优势到加快数字社会建设步伐，从提高数字政府建设水平再到营造良好数字生态，勾画出未来五年数字中国建设的新图景，并明确指出大数据是七大数字经济重点产业之一。另外，“数据”一词在规划纲要中出现53次，国家进一步对大数据发展做出重要部署，这表明以大数据为重点的数字产业迎来新的发展阶段和机遇。

第二节　大数据行业应用

大数据在制造业、农业、服务业等实体经济各领域应用不断深入，涌现出一大批大数据典型应用，各行业数字化、网络化、智能化进程明显加速，促进产业格局重构，驱动生产方式和管理模式变革，融合发展给经济社会带来的益处和价值日益显现。

一、大数据推动制造业转型升级提速

在大数据的带动下，我国制造企业对数据的采集、汇聚与挖掘能力显著提升。传统企业研发、生产、运营、营销和管理方式具备了更快的速度、更高的效率和更敏锐的洞察力，助力制造业向智能化、绿色化、服务化、高端化转型。

大数据高效赋能传统企业，制造业智能化发展成效显著。一方面制造业智能化水平普遍提升。随着大数据对生产现场多方要素覆盖越发全面，生产制造过程智能化效果明显提升。以石化为代表的流程行业普遍部署企业数据

湖（使用大型二进制对象或文件的自然格式储存数据系统）解决方案，通过炼化工艺知识实现基于监督式学习的推理机建模，实现装置运行的全流程智能化。另一方面，制造业价值链的各环节加速优化。大数据对价值链各环节的驱动效果明显，制造企业对生产组织过程的管理能力显著提升。以汽车行业为例，行业领军企业纷纷建设基于“车联网＋互联网”的大数据分析平台，结合车辆产品舆情分析技术，实现用户画像和车辆画像，形成以围绕用户体验为中心的产品敏捷规划和全生命周期精准运维。

大数据驱动的新模式新业态加速落地，推动制造业服务化转型。大数据推动个性化生产加速落地，企业生产模式从同质化生产向定制化生产发展，面向不同用户的个性化需求输出定制服务。例如，海尔、美的等家电企业搭建以用户需求数据为驱动的产品制造体系，让不懂技术的用户和不了解需求的设计师、供应商通过数据流在互联网平台上互动协作，并通过柔性制造生产线将用户的个性化定制需求转换成最终产品。在这种模式下，空调、热水器、洗衣机等的颜色、外观、结构等参数可由用户定制，让用户在生产中拥有更大的自主权。大数据推动服务化延伸广泛开展，企业的业务模式从生产产品向基于产品提供服务发展，产品的价值空间得以大幅延伸。工程机械、电力装备等行业通过大数据中心对每台设备的实时运行情况进行监控，基于这类大数据服务，设备用户可以实时查看和远程控制设备部件的运行数据，将设备资产进行统一管理，减少运行损耗和非计划停机损失，还可以根据用户需求提供额外的增值服务。

大数据变革制造业增长模式，绿色化转型趋势越发明显。在生产过程上，能耗与排放优化明显。大数据技术正在被高污染、高排放行业用于精准判断和调控生产线的能耗状况，有效帮助企业实现生产过程的节能降耗。以钢铁行业为例，基于大数据的应用，钢铁制造企业根据生产计划与工艺模型，预测能源介质供应计划、制订精细化管理方案、优化加热炉各段炉温控制参数。大数据技术正在被用于优化产品的设计方案，促进产品全生命周期的绿色节能。汽车、装备等领域领军企业开始在产品零部件结构设计阶段利用海量的工程数据进行轻量优化，通过在数字空间中的多次仿真测试，最终在提升产品性能与可靠性的同时降低产品在制造、运行、回收等环节的能耗。

大数据赋能“中国制造”，加速制造业高端化发展进程。传统产品向高端化升级趋势明显，传统工业产品正在被大数据赋予更多高端化功能与性能，有力扩展了传统产品的价值空间。制造装备加快高端化转型，通过数据采集与挖掘，对装备加工、运行数据进行建模分析并根据工况进行优化，大幅提升装备运行的稳定性，提升加工精度，充分发挥制造装备潜能。

二、大数据促进数字农业建设稳步推进

近年来大数据在农业生产、经营、管理、服务等各个环节融合应用的成功实践与典型模式不断涌现，大数据正全方位、多层次、立体化地加速农业的数字化进程。

大数据推动生产模式优化升级，精细化农业生产全面展开。在种植领域，基于土壤、气象、病虫害等多维数据推动精准化种植的生产模式，正在全国各地积极开展，有效促进我国农业生产提质增效。在养殖领域，互联网巨头纷纷加快布局，与农业企业合作推进基于大数据的智能化养殖，推动养殖业增产提质。

图 2-2　大数据有力推动了新型农业的发展

大数据促进农业信息广泛共享，科学化经营决策加速推广。近年来，政府、企业等加快构建各农业细分领域的大数据平台，通过对海量农业数据的采集、整合与发布，有效缓解农业领域的信息不对称问题，越来越多的农民基于农业大数据做出更加科学合理的经营决策。例如，农业农村部信息中心建立覆盖全国 31 个省市及多种农产品的综合性农业数据服务平台——中国农业信息网，每周发布“农产品批发价格 200 指数”以及重点监测的鲜活农产品批发市场价格，每月发布 5 个大宗农产品供需平衡表和 19 个重点品种供需分析报告，越来越多的农民利用该平台发布的数据信息科学合理地决策农业生产重点。

大数据支撑农产品质量安全追溯，精准化农业监管广泛普及。地方层面，各省市积极利用物联网技术和设备，采集农产品追溯链条的物流、信息流、人流等信息，在此基础上借助大数据挖掘和分析技术，实现对整个农产品产

业链条的高效监管。例如，国家农产品质量安全追溯管理信息平台已在2017年正式上线，实现对追溯、监管、监测、执法等各类信息的集中管理，为公众快捷、实时查询农产品追溯信息提供统一查询入口。该平台一方面与省级平台对接，获取农产品生产过程追溯信息，实现追溯管理到“田头”；另一方面与食药、商务等部门探索建立入市索取追溯凭证制度和系统对接模式，实现追溯管理到“餐桌”；通过开放与兼容，实现了农产品全程可追溯，有效助力农产品质量安全监管效率提升。

大数据助力服务方式加快变革，便捷化农业服务多点推进。农村金融服务方面，金融机构积极利用农业大数据建立健全农民征信体系，提高农业领域的金融风险把控能力，农业领域金融服务的门槛及成本不断降低。农村物流服务方面，第三方平台等广泛采集、深入挖掘运输需求、物流车辆等数据，基于大数据技术对农产品运输需求做出快速响应与精准匹配，农业物流服务愈加便捷高效。

三、大数据助力服务业新兴业态蓬勃发展

大数据在服务业的应用不断向纵深拓展，在以金融、物流为代表的生产性服务领域，以零售、文体为代表的生活类服务领域正在形成智慧服务模式，服务供给规模、服务效率和质量水平明显提高，群众获得感、幸福感不断增强。

大数据推动金融体系建设完善，金融业态日益丰富。一是金融投资决策更加智能。金融机构利用大数据、云计算技术系统分析借款人的各种精细解析数据，为投资者创建专属的投资组合。二是金融风险管控能力显著增强。金融机构通过对数据挖掘建立大数据风控模型，及时发现交易风险，减少大量经济损失。三是金融产品定价趋于合理，金融产品和金融衍生品通过对顾客进行精准画像和大数据分析，价格制定更科学。四是普惠金融服务覆盖更广。在大数据等金融科技手段的帮助下，对小微企业进行授信评估，帮助没有征信记录的小微企业享受到普惠金融服务。

大数据促进供需对接日益精准，零售行业优质供给不断增加。一是零售业门店运营管理优化。零售企业充分利用零售大数据对经营管理进行调整并对门店及时指导，实现门店销售额增长。二是大型电商精准营销效果显著。例如，京东通过海量用户消费行为进行大数据建模，把来自消费者的真实需求挖掘出来提供给制造商，帮助制造商生产出更符合消费者预期的产品。三是零售供应链效率大幅提高。零售企业通过大数据对供应链进行翔实的掌控，

促进供应链各环节协同优化。例如，盒马鲜生通过大数据技术实现从供应链、仓储到配送的最优化匹配，成功将门店配送的时间降低到30分钟之内。四是垂直细分的专业化市场快速拓展。一些中小型电子商务网站利用大数据分析技术实现对消费者的实时和极端的细分，开拓“量体裁衣”的新市场。例如，酒仙网通过研究酒类商品消费者的年龄、地域分布等市场数据，准确掌握消费者的消费需求和心理，及时占领酒类商品销售这一垂直细分市场。

大数据大幅提升流通效率，物流成本有效降低。一是货源与运力之间实现精准匹配。货运O2O平台基于大数据技术实现智能配货和智能找车，使运输资源的利用率得到提升。二是物流路线调度更加智能。物流公司通过大数据与人工智能技术实现智能车辆路径规划，实现物流运输路径最优化。例如，顺丰速运的智能路由分单服务可以为每一个快递包裹找到最合适的路由规划，降低客服调度量32%以上，降低中转快件人工审核量60%以上，实现快递服务全程时效排名第一。三是物流储运由被动响应走向主动感知。电商平台根据消费趋势大数据预知需求提前分仓布货，使消费者的订单在最短的距离和时间内送货上门。例如，阿里天猫运用大数据算法提前将产品配送到消费者集中的地区附近储存待售，使运输成本下降了40%，当日达、次日达比例超过80%。四是物流行业协同能力提升。互联网科技公司开展物流网络的平台服务，推动物流高效协同。例如，菜鸟网络利用大数据对全国包裹运输的拥堵情况进行预测，在2018年“双11”网购高峰时期起到核心的协调枢纽作用，在全行业单日快递业务量突破十亿件大关的物流洪峰下，基本解决快递爆仓的现象。

图2-3　大数据提高了货运物流的效率

大数据创新服务理念模式，文化体育生活更有质量。一是大众文化消费需求精准对接。不同群体对文化服务的需求有显著差异，大数据技术的应用，让精准分析、按需供给文化服务成为可能。上海建立全国第一个省域全覆盖的“互联网 +”大数据公共文化服务平台——“文化上海云”，以大数据精准记录市民文化消费需求，推动上海公共文化服务从政府“端菜”向百姓“点单”提档升级。二是运动竞技训练走向智能。大数据技术的运用提升专业运动员的科学训练能力。三是健康运动成为全民风尚。公众对健康重要性的认知在快速提升，大数据在分析、推动、改善公众运动健康发展方面发挥着日益重要的作用。如，Keep（运动服务 APP）将大数据及 AI 融入运动，用户可以线上课程自主化定制、记录身体变化数据等，提升用户运动体验和对运动需求的准确度。

【案例 2-2】

通信大数据行程卡有效助力疫情防控

2020 年 2 月，在工业和信息化部领导下，中国信通院、中国电信、中国移动、中国联通共同推出“通信大数据行程卡”，并在国务院客户端微信小程序上线，为全国 16 亿手机用户免费提供 14 天内所到地市信息的查询服务。

通信大数据行程卡的技术原理是分析手机“信令数据”，获取用户设备所在位置信息。信令数据的采集、传输和处理过程自动化，有严格的安全隐私保障机制，不与其他个人信息进行匹配，查询结果实时可得且数据全国通用。行程卡 APP2.0 版本还引入低功耗蓝牙技术（BLE），为用户提供新冠肺炎密切接触者追踪提醒功能。截至 2020 年 11 月，累计查询量已超过 42 亿次。

2021 年 8 月 5 日，国务院联防联控机制召开新闻发布会，“通信行程卡”累计提供查询服务超 120 亿次，成为各地做好疫情防控的重要手段。“通信大数据行程卡”基于电信大数据，由三大运营商统一提供接口，仅须填写手机号、验证码并确认本人授权，无须填写身份证号、家庭住址，不收集其他个人信息，操作上更为简便和安全，充分保护用户隐私。

（资料来源：中国信息通信研究院．大数据白皮书（2020 年）[J]．2020）

案例点评：“通信大数据行程卡”分析的是“手机信令数据”，通过用户手机所处的基站位置获取，信令数据的采集、传输和处理过程自动化，有严格的安全隐私保障机制，查询结果实时可得、方便快捷。“通信大数据行程卡”的数据可以全国通用，真正做到全国一张网全面覆盖，还可以查询到本人国内手机号的国际行程。这些在确保用户信息安全的前提下，将会为疫情防控、复工复产、道路通行、出入境等方面提供科学精准的技术支撑。

第三节 旅游大数据来源

旅游大数据的三个主要来源，即用户、设备和运营。首先，Web2.0 和社交媒体的发展为用户提供广阔的平台来分享他们的旅游体验，包括在线文本数据（包括产品评论和博客）和在线照片数据等用户数据。其次，随着物联网的蓬勃发展，人们开发并使用多种传感器设备来跟踪游客的活动和监测环境的状况，提供大量的时空大数据，如全球定位系统（GPS）数据、移动漫游数据、蓝牙数据等。最后，旅游是一个复杂的系统，它涵盖旅游市场中的交易、活动或事件等一系列操作，如网页搜索、网页访问、在线预订与购买等，从而产生相应的网页搜索数据、网页访问数据、在线预订数据等运营数据。

一、用户数据

在数字时代，网络和社交媒体的繁荣极大地改变出行方式，为分享 UGC（User Generated Content，用户原创内容）数据提供一个广阔的平台。作为大数据的一个主要类别，用户原创内容 UGC 数据主要包括两种类型：在线文本数据，如产品评论和社交媒体上发布的博客和在照片分享网站上发布的在线照片数据。

（一）在线文本数据

随着互联网的蓬勃发展，社交媒体蓬勃发展，为游客提供广泛的平台来传播各种旅游相关信息。例如，游客可以表达他们对旅游产品的满意和不满，产生丰富的在线评论数据。游客还可以在推特（Twitter）、新浪微博等博客上分享自己的旅游观点和体验。这些文本形式的在线评论数据、博客数据等相关数据构成旅游研究中的一种特殊类型的大数据，传递着游客的观点、态度和情感。反映游客对旅游产品态度的评论数据主要用于测量游客满意度。记录旅游故事和游客感受的博客数据主要用于旅游推荐和游客情绪分析。从数据来源来看，在线评论数据通常来源于多种社交媒体，如 TripAdvisor、Yelp、Expedia、Booking、携程（Ctrip）、去哪儿（Qunar）、大众点评（Dianpin）等，而推特（Twitter）和新浪微博是两个主要的博客数据来源。

（二）在线照片数据

游客也会在社交媒体上发布和传播照片。这些非结构化的在线照片数据包含用户相关信息（如照片 ID 和用户 ID）、时间信息（拍摄日期和上传日期）、地理信息（纬度和经度）和文本信息（标题、描述和标签）等有用信息的元数据，为研究游客行为、旅游推荐（如旅游景点、旅游计划）和旅游营销提供新的视角。在线照片数据主要来源于 Flickr、Panoramio 和 Instagram 等照片分享网站或平台。

二、设备数据

随着物联网的蓬勃发展，人们开发并使用各种设备（或传感器）来跟踪游客的活动，为旅游管理提供海量的高质量数据，如全球定位系统 GPS 数据、移动漫游数据、蓝牙数据等。此外，自动气象站传感器收集丰富的气象数据，为旅游决策提供服务。

（一）全球定位系统数据

全球定位系统 GPS（Global Positioning System）基本上是一系列环绕地球运行的卫星，由接收器系统接收广播信号。志愿者携带的 GPS 记录仪和安装在智能手机上的 GPS 移动应用程序是收集 GPS 大数据的两个主要渠道。作为一种跟踪旅行者特殊活动的工具，GPS 的独特优势在于全球性和准确性。

（二）移动漫游数据

随着电信技术的快速发展，移动网络运营商提供的漫游服务已经成为一种相对较新的、且也越来越受欢迎的游客行为跟踪工具。移动漫游数据是通过无线电波收集的，无线电波由移动基站发送和接收，并自动存储在移动网络运营商的内存或日志文件中。考虑到隐私问题，即游客和移动网络运营商都不希望分享自己的私人信息，移动漫游数据尚未得到广泛应用。

（三）蓝牙数据

蓝牙技术可以很好地从位置和轨迹上监测大量个体的非参与性和非公开的运动，从而为研究游客行为提供一个新的分析维度。蓝牙传感器被预先放置在目标区域和个人随身携带的设备（如手机、Mp3 播放器和耳机）中，可记录游客时空行为跟踪和分析相关的有价值信息，包括检测的时间戳和信号强度强度（RSSI），以及媒体访问控制（MAC）地址和被检测设备的设备类（COD）代码等蓝牙数据。

（四）气象数据

气象数据也是一种典型的大数据类型，具有结构化、非结构化和混合型等多种类型，由气象站传感器自动采集。而对不同类别、不同格式的气象数据进行处理是具有挑战性的任务，故这些有价值的气象大数据还没有得到广泛应用。目前主要集中在旅游天气效应估计和旅游推荐两方面。例如，挖掘气象数据将为各种旅游决策提供有用的见解，如制订旅游计划和旅游产品设计。

三、运营数据

运营数据是另一种对旅游研究有价值的大数据类型，记录旅游相关的操作（或旅游市场中的交易、活动和事件），如网页搜索、网页访问、在线预订和购买等。相应的运营数据已经被用于促进旅游预测、搜索引擎优化（SEO）、旅游行为理解和旅游营销。

（一）Web 网络搜索数据

搜索引擎是一种新兴的旅游研究大数据来源，允许并记录旅游相关内容的网络搜索操作。游客可以通过搜索引擎搜索旅游信息，在网站上留下搜索痕迹，这些痕迹被记录和处理，形成一种有价值的大数据——网络搜索数据，直接反映公众对旅游项目的关注，从而有助于了解旅游市场。网络搜索数据在捕捉游客在线行为和做出相关决策方面表现优异。此外，网络搜索数据在搜索引擎优化（SEO，Search Engine Optimization）或搜索引擎营销（SEM，Search Engine Marketing）中也被证明是有用的。百度指数是旅游研究中最常用的网络搜索数据。

（二）其他

除网页搜索数据外，其他交易数据，如旅游网页访问、预订、购买等操作数据，引入到旅游研究中也会显现出各自的优势。然而，这些数据大多数是由旅游组织（如酒店、旅行社和景点）或其他部门控制的，由于隐私问题通常难以获取。

第四节　旅游大数据行业应用

一、旅游大数据在景区管理中的应用：智慧景区

景区是旅游业发展的核心吸引物，是旅游业赖以生存的载体，是旅游消费的关键环节之一，景区智慧化已成为旅游业升级与改造的重中之重。智慧景区是在数字景区概念上的一次升华与飞跃，代表着景区信息化建设的新方向。

（一）智慧景区概念与内涵

随着信息技术的发展，“数字地球”“数字城市”“数字景区”等概念也伴随着发展理念的演进被“智慧地球”“智慧城市”“智慧景区”等替代，智慧景区的定义也在不断地丰富与完善着。

李云鹏等学者所著的《智慧旅游：从旅游信息化到旅游智慧化》一书中将智慧景区定义为：“智慧景区就是借助物联网、云计算等现代信息技术，通过智能网络对景区地理事物、自然灾害、旅游者行为、景区工作人员行迹、景区基础设施和服务设施进行全面、透彻、及时地感知，对游客、景区工作人员实现可视化管理，实现景区的智能化运营管理、精细化旅游营销、个性化游客体验，实现景区环境、社会和经济全面、协调、低碳、可持续发展。”

《智慧景区建设指南》（DB36/T 1234–2020）中将智慧景区定义为：“运用大数据、云计算等现代通信技术，建立有效统一的管理、服务、营销等信息系统，以提升景区游客体验度和满意度，实现可持续发展的一类景区。”

现代信息技术是智慧景区的基础支撑，构建智慧景区不仅仅是简单的实现景区的数字化管理，更重要的是通过景区的数字化，提升管理效能、提高游客体验、推动旅游景区的高质量发展。

（二）智慧景区框架

清华大学党安荣教授认为，在智慧景区发展背景基础上，可以从 5 个方面开展智慧景区的规划与建设，包括：信息基础设施（构建网络传输与通信系统，包括传感网 + 物联网 + 互联网）、数据基础设施（构建数据仓库与云数据中心，涵盖空间数据与属性数据）、共享服务平台（实现信息共享与应用服务）、应用服务平台（构建众多业务应用系统）以及决策支持平台（开展综合分析与辅助决策）。同时，需要注重相关的政策保障（政策、机制、资金等）、技术保障（技术、标准、人才）及安全保障，最终实现风景名胜区规划、管理、保护、发展、服务的全面信息化，见图 2–4 所示。

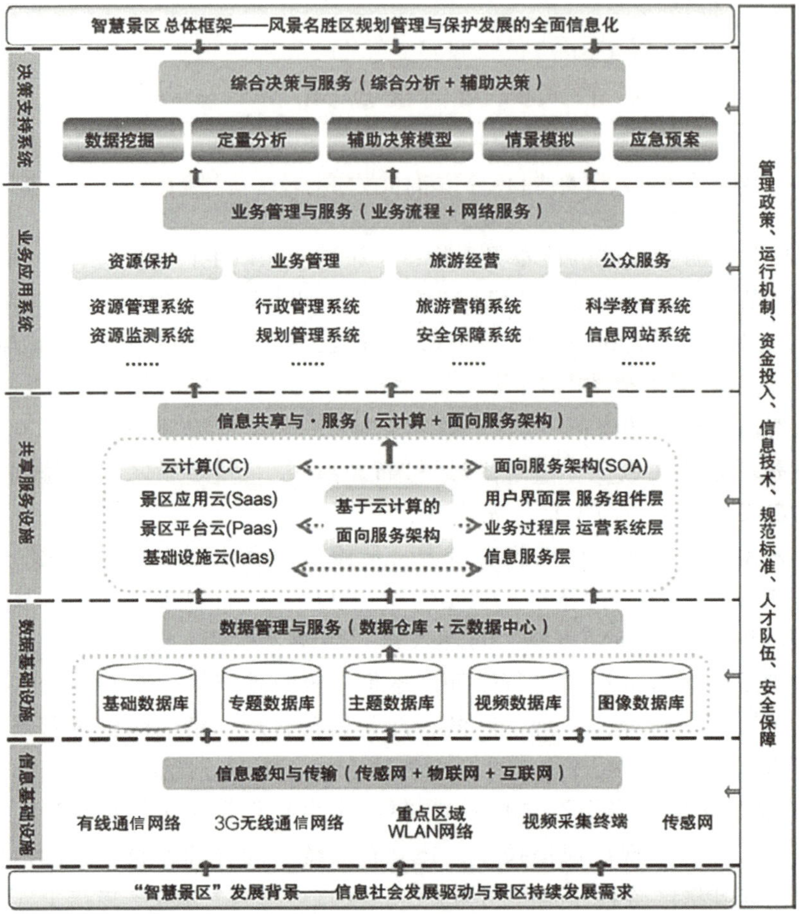

图 2-4　智慧景区总体架构（党安荣，2011）

智慧景区建设的总体框架可以概括为“3 个平台、5 大系统、7 项保障”。3 个平台包括信息基础设施、数据基础设施、共享服务设施；5 大系统分别是资源保护系统、业务管理系统、旅游经营系统、公众服务系统、决策支持系统；7 项保障包括管理政策、运行机制、资金投入、信息技术、规范标准、人才队伍和安全保障。

（三）智慧景区时空大数据

旅游景区是具有特殊性的自然地理综合体和文化景观区域，景区中的时空信息构成了旅游大数据的重要组成部分。结合智慧景区建设的内涵与内容，可以发现景区时空大数据类型多样、构成复杂。智慧景区的大数据可以从常规的空间数据（直接定位）与属性数据（间接定位）或者新型的静态数据（相对稳定）和动态数据（快速变化）两个视角对景区时空大数据进行梳理（如表 2–1 和表 2–2），将其划分为 2 个大类、10 个中类和 30 多个小类。

表 2–1　智慧景区时空大数据的常规分类分析

大类（2）	中类（10）	小类（30+）
空间数据（直接定位）	基础空间数据	数字地图数据、遥感影像数据、三维模型数据等
	景区监测数据	环境监测数据、视频监控数据、系统访问数据等
	定位通信数据	定位数据、通话数据、短信数据等
	网络媒体数据	网络查询、网络消费、网络评论等
	社交网络数据	微博数据、签到数据、点评数据等
属性数据（间接定位）	景区资源数据	自然资源数据、人文资源数据、资源管理数据等
	景区设施数据	交通设施数据、住宿设施数据、其他服务设施数据等
	刷卡消费数据	交通刷卡数据、住宿刷卡数据、银行刷卡数据等
	游客统计数据	游客数量、游客构成、游客类型等
	社会经济数据	社区数据、人口数据、经济数据等

表 2–2　智慧景区时空大数据的新型分类分析

大类（2）	中类（10）	小类（30+）
静态数据（相对稳定）	基础空间数据	数字地图数据、遥感影像数据、三维模型数据等
	景区资源数据	自然资源数据、人文资源数据、资源管理数据等
	景区设施数据	交通设施数据、住宿设施数据、其他服务设施数据等
	社会经济数据	社区数据、人口数据、经济数据等
	游客统计数据	游客数量、游客构成、游客类型等
动态数据（快速变化）	景区监测数据	环境监测数据、视频监控数据、系统访问数据等
	定位通信数据	定位数据、通话数据、短信数据等
	网络媒体数据	网络查询、网络消费、网络评论等
	社交网络数据	微博数据、签到数据、点评数据等
	刷卡消费数据	交通刷卡数据、住宿刷卡数据、银行刷卡数据等

【案例 2-3】

大数据在龙门石窟智慧景区中的应用

龙门石窟位于河南省洛阳市，是世界上造像最多、规模最大的石刻艺术宝库，位居中国各大石窟之首，现为世界文化遗产、全国重点文物保护单位、国家 5A 级旅游景区，被联合国科教文组织评为“中国石刻艺术的最高峰”。

作为古老的世界文化遗产，龙门石窟每年吸引着规模庞大的游客来此造访，龙门石窟管委会也较早地开始了数字化、智慧化的布局。早在 2015 年，腾讯就与龙门石窟世界文化遗产管委会达成战略合作协议，双方强强联手打造了景区时空大数据“互联网 + 智慧景区”行业应用。

2015 年 7 月 15 日，一期项目投入运营，截至 2016 年三期项目建成，龙门石窟创建了“4 大平台、7 大模块、22 种产品”的智慧景区基本体系框架，先后获得了腾讯“腾飞奖”“互联网 + 综合示范基地”，首批“互联网 + 旅游示范单位”等荣誉称号。

自 2017 年 7 月起，龙门石窟开展了以物联网、云计算大数据、移动支付、人工智能机器为建设根基的“互联网 + 智慧景区”工程。景区发布了景区微商城平台，景区内全部的消费项目均可通过移动支付的形式进行，使游客消费更为便利。龙门石窟还创建了景区自媒体平台，景区入口设置门禁系统、智能停车管理系统，园内提供智能导游，并且通过 LED 屏发布相关信息和指引标识。精确的指引标识和文化信息介绍，大大缩短了游客对景区了解和认识的时间，有效控制和避免了大量游客蜂拥而至的秩序混乱。景区的信息化技术和互联网技术进一步升级发展，打开了新时期智慧景区建设发展的大门。龙门石窟智慧旅游发展的开端，成为全国旅游业步入信息时代的典范。

2019 年，龙门石窟成为全国率先实现 5G 网络全覆盖的 5A 级旅游景区，随着 23 个移动基站的建成，景区率先迈入 5G 新时代。龙门石窟融入 5G 时代，推动龙门园区文旅迭代更新，助力龙门石窟区域文化旅游一体化发展。同时，在丰富旅游内容、传播历史文化、展示景区风采、提升游客体验、激发创新活力、创新数字龙门应用、管理服务提升中也起到了积极的优化和促进作用。高速流畅的 5G 网络，让游客轻松游龙门、观大佛、看历史、品文化，旅游体验大幅提升。根据《河南省文化和旅游厅关于印发〈2019 年河南省智慧景区考评工作方案〉的通知》要求，经各省辖市、省直管县（市）文化旅游行政主管部门推荐，河南省景区智慧化建设考评领导小组综合评判，洛阳市龙门石窟景区被评定为 2019 年度智慧景区建设先进单位，荣获五钻级智慧景区。

2021 年“五一”假期，龙门石窟景区特别推出文物景点打卡攻略，龙门古街也隆重推出沉浸式主题游园会，深挖“文化 + 旅游 + 科技”融合，在石窟与老街推出多项活动，为游客提供了多种参观模式，其中全城寻找白居易、真人版帝后礼佛图、无上龙门沉浸体验馆、多元文创商品店等“网红”打卡项目吸引了大批游客参观、互动。2021 年，“五一”假期龙门石窟景区接待游客数量已达 2019 年同期水平，5 月 1 日当日客流量已经超过 4 万，接近疫情防控条件下的接待限额，景区根据智能数据平台时时反馈，即时采取限流措施。

龙门石窟以智慧旅游为核心，打造“互联网 + 旅游”模式，用 5G+ 科技赋能景区高质量发展。通过数字孪生沙盘、5G+ 龙门石窟综合管控平台、5G 直播奉先寺、5G+ 奉先寺 AR 体验、万佛洞 VR 体验、最美观音像修复、智游龙门体验等智慧旅游产品，龙门石窟在景区管理、文物保护、游客体验等多方面创新升级，为广大游客提供多元互动体验，打造景区“文化 + 科技”的服务能力。

图 2–5　龙门石窟景区已率先进入 5G 时代

案例点评：2022 年初，文化和旅游部资源开发司发布了 2021 年智慧旅游典型案例，共确定“故宫博物院‘智慧开放’项目”等 27 个 2021 年智慧旅游典型案例。在智慧经济时代，旅游景区数字化、智慧化的脚步其实早已大步迈开。当散发着历史悠久气息、自然清新芬芳的景区和大数据、人工智能等数字技术碰撞，所产生的不仅是管理效能的提升，更多是新的生态的构建，智慧景区已经在中华大地上散发着勃勃生机。

二、旅游大数据在旅行社中的应用：智慧旅行社

（一）智慧旅行社概念与内涵

旅行社的发展经历了三个阶段，即传统旅行社、在线旅行社、智慧旅行社阶段。其中，传统旅行社（TA：Travel Agency）是旅游服务的中介提供商，在没有数据介入的时代，依靠原始的销售方式，客户资源依托于销售人员个人。

在线旅行社（OTA：Online Travel Agency）是旅游消费者通过网络向旅游服务提供商预订旅游产品或服务，并通过网上支付或者线下付费，即各旅游主体可以通过网络进行产品营销或产品销售。

智慧旅行社（ITA：Intelligent Travel Assistant），也被称为“智能旅行社”。为贯彻落实《北京“智慧旅游”行动计划纲要（2012—2015）》，北京市旅游发展委员会印发了《北京智慧旅行社建设规范（试行）》，其中将智慧旅行社定义为：“指利用云计算、物联网等技术，通过互联网/移动互联网，借助便携的终端上网设备，将旅游资源的组织、游客的招揽和安排、旅游产品开发销售和旅游服务等旅行社各项业务及流程高度信息化和在线化、智能化，到达高效、快捷、便捷和低成本规模化运行。”相对而言，在线旅行社（OTA）是智慧旅行社的基础。

（二）大数据在智慧旅行社中的应用

大数据在智慧旅行社行业实践中与人工智能、物联网等技术进行融合，能够显著提升用户的前端体验，促进后端系统与行业的集成。

智慧旅行社可以通过用户沉淀的大数据信息，深度了解用户的出行喜好，进行精准地用户画像和偏好预测，智能化地推荐产品，提高营销活动的针对性和有效性。

当大数据和物联网技术结合后将极大地改变行业的生态模式，提升用户的出行体验，使得旅行与后端供应链进行更深度的集成融合。

从产品的角度看，大数据能够快速根据游客的意图，提供满足用户个性化需求的产品组合，帮助游客获得丰富、多元的旅游产品，并且是能够切实满足用户个性化需求、创造良好用户体验的旅游产品。

从服务的角度看，大数据提高了用户获取信息和产品的效率，节约了用户时间，提升了用户的体验感，为旅行社节约了劳动力成本，使得旅行社从传统的劳动密集型产业向科技密集型产业进行快速转型。

【案例 2–4】

胖白菜科技发布智能旅行手环

2020 年，胖白菜（重庆）科技有限公司发布了一款名为“菜菜智能旅行手环”的产品，该产品是保障旅行社向客户提供延伸服务的智能化穿戴设备。据介绍，该款智能旅行手环除具备常规手环功能之外，还可以实现旅游产品推荐、智能行程关怀、贴身健康管家等相关功能，提供更优质的旅行体验。菜菜智能旅行手环是胖白菜科技独家研发的一个新产品，把手环的健康监测功能和旅行社产品及活动信息推送功能相结合，为旅行社用户更好地提供服务。胖白菜科技以旅游管家为核心概念，历经三年成功孵化出了具有自主知识产权的 SaaS 服务体系，并于 2020 年 5 月更新智能旅行操作 2.0 系统，优化了产品结构。

据悉，CRM（客户关系管理）系统是利用人工智能与机器学习技术开发的核心系统。它通过交易系统采集数据，并对每一次查询和交易进行自动标签输入，系统在不断的学习中，会将客户的特点进行精确的画像，然后和产品画像进行匹配。大数据智能化会为旅行社提供销售线索，为客户推荐适合的产品。

截至目前，胖白菜科技旅游产品上线 11 000 条，成交订单 15 000 余单，成交金额 1 亿余元，并成功迎来近 500 家供应商上线交易。

下一步，胖白菜科技还将持续挖掘行业领先的技术和产品方案，不断更新迭代智慧旅行操作系统，用大数据智能化推动两江新区文旅产业的技术进步，赋能重庆旅游行业的高质量发展。

2019 年 12 月，中科院计算所西部高等技术研究院和胖白菜科技在两江新区联合成立了“智能旅游联合实验室”，双方在发挥各自优势的基础上，推动旅游行业的智慧化应用孵化和相关产品孵化。合作期间，双方以研发“胖白菜智慧旅行操作系统”为主要目标，目前已成功开发了旅行社行业首个具备智能匹配功能的 CRM 系统，并在整个系统中运用。

（资料来源：中国经济周刊 – 经济网讯［2020–08–25］. 重庆两江新区企业胖白菜科技发布智能旅行手环，有删节）

案例点评：基于智能技术的旅游穿戴设备是信息技术与旅游融合发展的一项有利的变革工具，在传统的旅游商业逻辑下，智能旅行手环发挥着消费者信息收集、传递和识别的功能；在新的智慧旅游生态逻辑下，智能旅行手环更承担着需求满足、挖掘和替代的功能。在旅游行业前所未见的新变革环境下，旅游从业人员应该深刻认识到新常态的新变革。

三、旅游大数据在酒店管理中的应用：智慧酒店

（一）智慧酒店概念与内涵

在智慧旅游概念诞生后，酒店作为旅游行业的重要组成部分，在自身不断完善管理信息系统的同时，也将物联网、云计算、移动互联网、信息智能终端等一系列新一代信息技术应用进来，从本质上推动着酒店行业向智慧化方向发展。

北京市旅游发展委员会在 2012 年发布的《北京智慧酒店建设规范（试行）》中定义智慧酒店为：利用物联网、云计算、移动互联网、信息智能终端等新一代信息技术，通过饭店内各类旅游信息的自动感知、及时传送和数据挖掘分析，实现饭店“食、住、行、游、购、娱”旅游六大要素的电子化、信息化和智能化，最终为旅游提供舒适便捷的体验和服务。

河南省地方标准《智慧酒店建设评价规范》（DB41/T 1996–2020）对智慧酒店的定义为：运用云计算、大数据、物联网、移动互联网和人工智能等信息与通信技术，对酒店环境、资源、顾客、设施和服务进行全面、透彻感知，并及时作出响应，从而实现服务个性化、消费网络化、体验数字化、管理智能化的各类酒店。

综上可见，智慧酒店首先是建立在一系列现代信息与通信技术的支持基础上的，并且随着技术的发展而不断迭代。其次，智慧酒店的应用不仅局限在“住”的层面，而是贯穿“食、住、行、游、购、娱”各大要素，深刻影响着酒店从建筑设计、管理运营到品牌建立的全流程。最后，智慧酒店的落脚点是以顾客为核心，提供更加符合顾客需求的智能化的服务。

（二）大数据在智慧酒店中的应用

在智慧酒店的应用实践中，大数据主要应用于酒店管理和销售两个方面，具体如表 2–3 所示。

表 2–3　大数据在智慧酒店中的应用

应用方向	应用体现
酒店管理中的应用	入住前精准匹配：通过一些软件预订房间，在酒店预订界面中，大数据会根据客户以往的入住习惯推荐适合的酒店
	入住时简化流程：不用像以往一样进行身份登记，可直接通过预订信息办理入住，为客户节省很多时间
	入住后偏好记录：酒店可通过红外线扫描和光感应等技术对客户观看电视时的音量、使用热水的温度以及空调的温度等数据进行采集，而且能将这些数据储存并传输到总控制平台，再将数据存档，当客户再次入住酒店时，工作人员可根据大数据信息设定空调温度等，为客户提供贴心服务
酒店营销中的应用	会员信息挖掘：酒店借助美团、携程、去哪儿网等 OTA 平台提高酒店知名度。根据平台注册会员信息进行深度分析，结合客户的浏览记录推送酒店相关信息，挖掘潜在客户，以实现客户在线预订客房
	潜在客户筛选：智慧酒店通过大数据可以分析平台用户的出行信息，匹配目标潜在客户，吸引相关酒店与其长期合作，并在合作基础上签订协议。同时可以通过匹配行程，在平台中通过推送针对性的酒店优惠券等方式为酒店带来客户资源，精准投放，提升酒店的入住率

【案例 2–5】

智慧酒店建设如火如荼

2017 年，深圳市饭店业协会召开发布会，宣布深圳市智慧酒店产业园正式启动，发布会现场，深圳市文体旅游局、社会组织管理局、深圳市饭店业协会等有关部门同时为深圳市聚慧饭店业发展研究院揭牌。这是全国首个智慧酒店产业园。

2019 年，万达酒店及度假村与腾讯微信在北京签署战略合作协议，宣布双方在共建“智慧酒店”、探索酒店行业创新场景等方面展开深度合作，致力为宾客提供高品质、“有温度”的一站式商旅出行居住体验。上海青浦万达美华酒店成为全球首家支持“微信支付分”免押金入住的酒店。11 月起，“微信支付分”这个全新应用在万达旗下酒店全面推行。“微信支付分”功能在酒店行业率先落地。

酒店方与客户基于微信公众号、小程序，通过网上固有渠道获客，通过微信营销模式，进行“一键实名”“一键会员卡”功能，目前可以通过两个渠道——线上小程序、线下推广小程序码进行一键开卡。

用户通过微信小程序可以实现“手机在手，房门控制、电梯预约等功能”，在小程序也可做到远程客控，如灯光、窗帘、空调控制等，让客户不再为房卡担忧，也无须寻找室内各种开关，避免因为这些导致的一系列不畅体验。

据报道，相较于传统酒店，智慧酒店有一个突出优势，在于节省人力成本。引入酒店智能机器人的所有运维成本每月仅需1200~1500元，同时可以解放1~2个员工，每年节省6~8万元，性价比非常高。

尤其在疫情期间，客户更倾向于无接触服务，员工服务即使做好防护措施，客户还是会有顾虑。而使用智能化的自助入住和机器人，不仅保留了私密性，让服务更加稳定和标准化，也让客户更有安全感，更可能留下深刻的印象并成为铁杆住客。

2021年，腾讯数字生态大会“标准与认证专场”在武汉召开。腾讯云、腾讯标准、腾讯连连、腾讯文旅、中国饭店业采购协会、粤海酒店管理集团、希尔顿中国区业主协会、深圳酒店商会、哈奇智能等企业和行业机构共同发布《智慧酒店产业与技术标准白皮书》，对智慧酒店行业标准体系进行梳理，希望以此促进多方合作，以数字经济赋能实体，助推酒店数字化转型，加快智慧酒店在国内普及，从“新基建”角度夯实国内智慧文旅产业的基础。

案例点评：随着智能家居在中国的普及，消费者对智慧酒店的要求已经变得顺理成章。在国家开展新基建建设的浪潮中，酒店行业也面临着数字化、智慧化的“新基建”。智慧化改造已经成为酒店业面临的一项刚性的硬件设施提升。我们可以发现，当前较多的省市在旅游发展专项基金中也留出了专项资金的比例，鼓励支持酒店行业的智慧化升级改造，足以显见智慧酒店已经成为中国酒店业发展的重要选择。

四、旅游大数据在会展产业中的应用：智慧会展

2020年初的新冠疫情对全球产生了重大影响，会展作为人流密集行业首当其冲受到了沉重打击，与此同时，会展智慧化的脚步也在疫情全球化的背景下逐渐加快。随着AR、VR、5G技术，云计算技术，AI人工智能技术的发展，虚拟展览成为线下展会在互联网上的延伸，可以在有限的空间内表现无限的内容。“线上+线下”的O2O模式、“互联网+会展”的新模式正快速地改变着会展行业的现状，数据化、平台化、智能化已经成为会展行业进行着的深刻变革。

（一）智慧会展概念与内涵

智慧会展被普遍认为是以互联网信息技术作为基础，广泛利用大数据、物联网、云计算等多种技术手段，充分利用信息与技术的结合，对会展项目进行全流程运营服务及管理，实现“线上线下”的融合发展，而对各种需求作出智能响应的升级会展活动。

可见智慧会展的本质依旧是建立在先进的信息技术之上，应用物联网、大数据、人工智能等手段收集、分析和集成与会展有关的各种信息，将会展活动中展览组织、场地管理和运营、展位设计、展馆安全、环境卫生等事项，智能地组织起来，获得及时的智能化响应，以满足展会进行期间不断出现的新需求。

（二）大数据在智慧会展中的应用

智慧会展技术主要应用于展中及展后的大数据分析、线上平台的沟通交流及现场的展示效果之中。

表 2-4　大数据在智慧会展中的应用

阶段	大数据应用
展前	利用线上平台与潜在参展商、观众进行交流互动，收集客户信息，有效进行组织决策，制定展会预期目标
展中	利用大数据收集，可实时统计参展人次，以便协调安保、交通等公共服务及管理；利用线上官方平台（如 App、微信公众号）为参展商、观众提供功能性服务；利用网络直播、VA/AR、3D 等方式增强现场活动的趣味性，提高大众的关注度及参与度
展后	通过对大数据的收集进行分析，精确统计展会的观展人次、参展商反馈、热门展区及展会的社会关注度

【拓展知识】

国内智慧会展案例

国家会展中心（天津）智慧化应用

国家会展中心（天津）集展览、会议、商业、办公、酒店功能于一体，总建筑面积约 138 万平方米。项目分两期建设，一期项目总建筑面积约为 80 万平方米，二期项目总建筑面积约为 58 万平方米。项目全面建成后，将为京津冀城市群提供大型的国际会展场所。国家会展中心（天津）是商务部与天津市共建的国家级会展中心，也是上海、广州之外的第三大国际会展中心。

国家会展中心（天津）展馆携手华为，汇集 5G、大数据等行业尖端技术，打造全球智慧场馆，为国内外客户提供符合实际需求的一站式智能化服务，打造智慧会展新平台。其中，智慧安防系统包括人脸识别、实时客流热力图跟踪等技术应用，可以降低安保成本。应急指挥调度系统可以对突发事件及时响应。智慧车辆调度系统可以使得货车轮候更轻松，提升布、撤展效率。

深圳国际会展中心

深圳国际会展中心是深圳市政府投资建设的重大项目，由招商蛇口和华侨城联合体负责建设和运营，是集展览、会议、活动（赛事、演艺等）、餐饮、商业等于一体的超大型会展综合体。

展馆一期项目于2016年9月开工建设，2019年9月全面建成，11月正式启用。展馆由深圳市招华国际会展运营有限公司（招商蛇口和华侨城联合发起成立）和全球三大场馆运营机构之一的美国ASM GLOBAL公司合作运营管理。

2019年11月，深圳国际会展中心迎来首展。与此同时，为创新展馆服务，全面提升参展体验，展馆推出“深圳国际会展中心 Shenzhen World”微信智慧服务平台，只要关注、点击公众号底部菜单栏直达智慧服务平台，即可享受掌上方寸之间的智慧逛展体验。该公众号服务平台已开通导航、餐饮、商旅、快递、商务中心、花草租赁、Wi-Fi、停车和机场服务中心等功能板块。停车服务、VIP会客厅和机场服务功能板块也将逐步开放上线。智慧服务平台的导航功能采用先进的iBeacon技术，不仅可以精准定位至展馆各展位及公共服务设施，还能实现各点位间的路径规划和导航，让用户在馆内不迷路，轻松找到目的地。用户可在智慧服务平台的餐饮服务板块查看场馆内所有餐饮商家，解决会展中心内“吃饭难”问题。此外，用户还可在线查看就餐席位，预估排队时间，实现错峰就餐，有效提高就餐效率。智慧服务平台还可提供酒店、租车、周边游等一站式服务。酒店服务方面，用户可以优惠的价格享受周边酒店预订服务，部分酒店预订价格甚至比市面上通行的App更便宜；租车服务方面，用户可租车出行直达市区、机场、高铁站，既方便又省心；旅游服务方面，已实现深圳、珠海、东莞全覆盖，为用户提供更多选择。深圳国际会展中心已与国内优质快递服务商合作，在展馆内设定指定寄件点。用户可通过智慧服务平台进行预约收寄、一键下单、快速收件、运单追踪等。目前，“深圳国际会展中心 Shenzhen World”智慧服务平台仍在不断纳入新的需求，未来还会有更多功能上线，竭力让每一位参展人不仅轻松使用，且舒适省心。

五、旅游大数据在餐饮中的应用：智能餐饮

（一）智能餐饮概念与内涵

智能餐饮是指基于移动互联网、物联网、云计算等技术手段，为餐饮企业提供营销、运营、管理等工具和服务的系统，旨在提升餐饮企业的经营效率和消费者的消费体验。餐饮商家采用智慧化应用的主要目的是改善管理效果，向消费者提供更优质的用餐体验。

表 2-5 智能餐饮产品分类

产品形态划分	软件主要为点餐系统、收银系统、后厨系统、会员系统、数据管理系统等
	硬件主要为智能终端，包括点餐终端、智能支付终端（桌面式智能 POS 机、手持式智能 POS 机、聚合扫码工具）、后厨屏显等
功能划分	消费者入口整合终端：整合门店自助终端、移动支付平台（微信、支付宝、云闪付等）和第三方入口（美团点评、饿了么等）的信息流，并汇入到一个终端设备上，提高信息利用率
	门店效率工具：通过智能系统，将收银、排队、预订、外卖、出票等场景信息化，构造餐厅和顾客的实时互动平台，优化顾客用餐体验
	数据分析工具：将门店消费者行为、经营成本和库存、物流数据汇总，基于营销与经营数据分析，挖掘有价值的数据，帮助管理、优化决策

（二）大数据在智能餐饮中的应用

在大数据时代，餐饮商家越发认识到餐饮数据的重要性。餐饮商家通过对系统中沉淀的用户消费行为数据与餐厅经营数据深度挖掘，掌握有益于经营的数据，进而带动餐厅实现效率升级，改善服务质量，提高利润率。因此，数据分析亦成为餐饮商家较为重视的智慧餐饮应用领域。

【案例 2-6】

“美味不用等”智慧餐饮一体化解决方案

美味不用等（上海）信息科技股份有限公司（简称“美味不用等”）成立于 2013 年 1 月。公司通过 B 端 SaaS 服务与 C 端产品服务致力提升商家的运营效率以及顾客的就餐体验。在产品服务层面，“美味不用等”聚焦于排队与预订、点菜与支付、营销推广、数据服务、供应链管理等服务，致力为商家提供智慧餐饮一体化解决方案。“美味不用等”已覆盖全国 200 多个城市，合作餐厅 10 万余家，月服务就餐人次 8000 万。截至 2020 年 6 月，“美味不用等”

已覆盖全国352座城市，为超过30万餐厅提供智慧餐饮一体化解决方案，每年为近10亿人次消费者提供餐饮服务。

“美味不用等”共完成6轮融资，先后获得盛大资本、经纬中国、天图资本、美团点评、百度战略、支付宝、携程等资本的投资，目前企业估值高达40亿元。阿里巴巴已于2020年下半年通过旗下本地生活服务平台口碑完成对“美味不用等”的全资收购。

“美味不用等”的竞争优势在于通过整合线上线下资源，从营业额、会员消费金额、菜品销售、客流量等维度帮助餐饮商家实现数据化运营和决策。一方面，“美味不用等”通过提供标准化的开放平台，向餐饮商家、餐饮软硬件服务商和C端流量平台开放，实现多方共赢。另一方面，“美味不用等”与支付宝、美团、百度等互联网平台达成“用户共享”战略协议，与平台一起助推餐饮商家实现线上线下的数据互联互通，进而有效推动餐厅服务与消费者紧密连接。此外，“美味不用等”利用大数据和AI技术，全方位了解商圈各项指标进行科学选址，为餐饮商家推荐最优的选址位置，从而降低餐厅经营的风险。

“美味不用等”组建了全国性自营服务团队，向餐饮商家提供“5分钟客服响应、12小时上门服务、24小时内解决问题服务”的专业快速售后服务。服务内容包括以下四方面：①设备安装、调试上线；②故障排查，软硬件保修；③主动巡店、健康检查、现场培训；④节假日现场保障。“美味不用等”的服务工程师具有4级技能认证体系，精通美味全线产品的售后服务。另外，“美味不用等”独创“扫码一键报修”服务，能够准确定位商户和设备的地理位置，快速向餐饮商家提供专业的售后服务。

“美味不用等”将继续优化餐饮B2B服务全流程，让传统的餐厅经营进一步线上线下一体化，助力传统餐厅发展成为智慧餐厅。为解决高峰期热门餐厅的顾客流失率较高问题，“美味不用等”将积极推出“共享餐厅”。公司希望通过“共享餐厅”模式减轻餐厅的载客压力，实现有效分流。

2022年，“美味不用等”与招商银行武汉分行达成战略合作，双方将探讨武汉地区餐饮市场C2B全面合作，大幅提升C端用户体验，增加用户黏度，并采取有效手段为餐饮商家引流、提高财务效率。

案例点评：餐饮企业是第三产业中较为规模庞大的群体。在我国，智慧餐饮在巨大的消费者群体中发挥着重要的黏合作用，一头连着消费者，一头连着供应链。智慧餐饮通过APP、小程序等庞大的用户规模识别、挖掘和满足了消费者的餐饮消费需求，让选择、预定和分享变得更简单。智慧餐饮又通过物联网、大数据、人工智能让餐饮供应链上下游企业运转得更加顺畅。

第五节　数据挖掘技术概念

各行各业信息化运营驱动了数据挖掘、存储等数据技术的飞速发展，随着技术的日渐成熟、可靠，给数据挖掘带来了强有力支持。同时，数据的爆炸式增长与传播的便捷性提高，最终使我们进入了大数据时代。面对如此复杂和多样性的数据，如何在大数据中采集并提取合适的特征信息给数据分析和挖掘也带来了巨大挑战。

21 世纪的核心竞争力就是数据，拥有数据将掌控市场，这是所有行业对数据价值的高度认同。例如实体店消费借助条形码扫描、射频识别 RFID 和智能卡技术等数据收集技术，零售商可以统计出什么时段是人们消费的高峰期，甚至可以细化到一天当中人们的消费欲望最高在哪个时间段。再例如现在线上消费的模式已经成为主流，通过网站后台的用户浏览日志、购物车的关联分析能够很好地分析出消费者对于哪类商品更感兴趣，基于购买偏好可以向用户推送相关产品，做出更明智的交叉销售。又例如充分利用在数据库中的已有数据，通过数据挖掘技术自动分析建模预测未来的结果，哪些是有价值的消费群体、明年投资的预测回报等。

互联网无处不在，不断改善着我们的日常生活，社交网络的评论分析、垃圾邮件信息的分类过滤、搜索引擎查询效率以及人脸识别和自动驾驶，这些改变都推动着数据挖掘和诸多领域的进步。数据挖掘的本质就是 KDD 过程，即在数据库中发现知识（Knowledge Discovery Database，KDD），这是数据挖掘过程中不可缺少的部分，整个过程如图 2–6 所示。

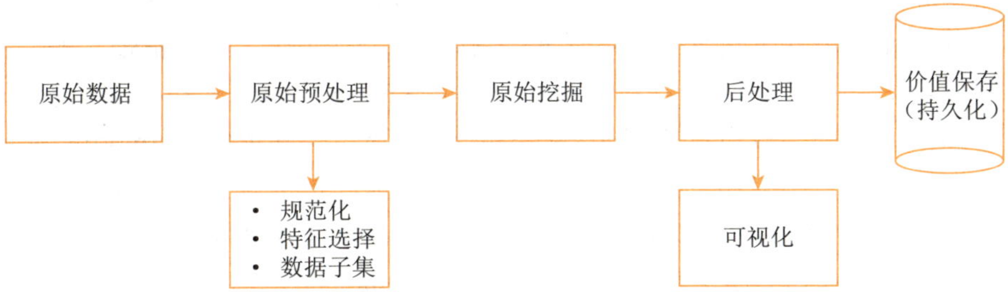

图 2–6　KDD 流程

输入的原始数据来源可以是集中式数据库，也可以是非结构化数据。预处理的工作是对原始数据集做一系列的操作，使之便于进行后续分析，这些操作包括数据的清理以消除噪声、重复和缺失的部分，数据的规范化易于提取样本特征，数据的规约形成特征数据子集，提高数据挖掘效率。

数据挖掘的建模过程是通过将商业活动和管理工具相结合，对历史数据和增量数据形成自主学习和分析的能力。最后的处理环节为可视化，毕竟不是所有的人都能够理解机器学习得出的数字结果，因此需要利用不同的视角来展示数据挖掘结果的含义。本节，我们的重点是数据挖掘过程中常用模型的介绍和算法的简单介绍。

一、常用数据挖掘工具

数据挖掘工具是使用数据挖掘技术从大型数据集中发现并识别模式的计算机软件，因为大多数数据都是非结构化的，因此，数据挖掘工具可以帮助我们获得正确数据的方法。下面介绍 5 款常用的数据挖掘工具。

1. SAS Enterprise Minter

SAS 是一款以数据流推动带 GUI 界面的数据挖掘系统，支持多种模型并通过构造一个可视的链式数据节点模型，方便用户评估使用哪个模型更适合。

2. IBM SPSS Modeler

SPSS Modeler 是 IBM 企业级产品，封装了 SPSS 的数据统计功能（一般适用于数据量较小的分析，比如高校教学方面直接录入数据或导入 Excel 数据）和 Modeler 数据挖掘功能，加快数据研究员执行操作任务的速度，从而帮助企业加速实现价值并获得预期的成果，同时还支持 R 或 Python 语言的编程或可视化。

3. Python

Python 是一款面向对象的解释型程序设计语言，拥有简洁高效的结构。Python 原生代码并不包含专门的数据挖掘方法，但它却有着丰富强大的第三方库，例如经典的科学计算和统计扩展库：NumPy、Pandas 和 SciPy 提供了多样的数组处理、数值运算以及统计算法，以及绘制图形的 matplotlib 库等。Scikit-learn 类库，提供了完整的机器学习工具集，包括数据预处理方法、分类模型、回归模型、聚类分析和模型评估等。Keras 框架则提供了用于深度学习的高效后端接口，用于调用 Tensorflow 和 Theano。

4. WEKA 开源机器学习和数据挖掘软件（Java）

WEKA 是一款知名度较高的机器学习和数据挖掘平台，由于是开源的封装了大量数据挖掘的机器学习算法，涵盖整个数据挖掘的周期，但由于第一数据格式为 ARFF，因此很多常用数据文档需要格式转换。

5. KNIME（Java）

KNIME 提供了强大的数据和工具的集成能力，容易与第三方的大数据框架集成（Hadoop 和 Spark）。兼容多种数据源纯文本、数据库、文档、图像等，提供可视化标准接口，能够把 R 语言和 Python 语言脚本的图形展示给用户。

二、网络爬虫技术

（一）网络爬虫的组成

网络爬虫是一种按照爬行策略设计的自动搜索并下载资源的程序或脚本，该程序主要由控制器、解析器、资源库三部分组成。控制器负责调配各个并发爬虫在线程中的任务，解析器主要对下载好的网页进行文本解析，将 CSS 样式、多余空格等内容全部过滤，JS 和 HTML 标签则存在部分有用信息，故需要保留。资源库用来存放下载的网页资源，采用不同数据库存储各种类型的数据，如现在流行的 MongoDB 等。

（二）网络爬虫迅速发展的原因

Internet 上网页数量数以亿计，研究表明将近三分之一的内容是重复的，而且在有限的时间内，面对庞大的信息量爬虫也只能下载小部分。一个爬虫在设计阶段就要根据爬取任务选择合适的策略，在爬虫的架构方面要考虑优化的问题，这将使爬虫在吞吐量、并发效率、健壮性和易用性方面遇到诸多挑战。

当前有几个衡量下载的网页质量的方面，即 Similarity（页面与爬虫主题的相似度）、Backlink（反向链接）、PageRank（网络中节点的重要性排序）、Forwardlink（前向链接）、Location（页面的信息位置）、Parallel（并行性问题）。

搜索引擎系统就是研究网络爬虫的先行者，它帮助人们从万维网搜索网络资源的首选工具，但是，上述提到网络发展的现状问题，原本的常规搜索引擎就暴露出了它的局限性：

（1）对于用户的检索需求，常规搜索引擎所返回的结果都是重复和不相关的网页，说明传统搜索引擎在采集资源的时候没有做到合理筛选。

（2）常规搜索引擎太过关注于网络覆盖率，使得网络深度资源和资源增长速率与采集效率之间的矛盾进一步变得不可调和。

（3）万维网数据形式的日趋丰富，对于非结构化数据资源，常规搜索引擎往往对这些高纬度信息束手无策，无法很好地获取。

（4）常规搜索引擎通常是根据关键词进行检索，对于中文字词之间语义关联性分析比较困难。

（三）勿让“爬虫”变“害虫”

2021 年 11 月 1 日《中华人民共和国个人信息保护法》正式施行，因此我们在涉足爬虫等相关领域要时刻遵循以下几个方面：

（1）严格遵守 Robots 协议，即网站允许使用的数据，不可“超越授权”，即指网络爬虫超越了被授权范围访问、获取数据，包括平行越权、垂直越权。

• 平行越权是指一个用户越权访问了另一个用户才能访问的资源。

• 垂直越权是指通过修改 Cookie 或者参数中隐藏的标志位，从普通用户权限提升到管理员权限。

（2）爬虫行为本质是对数据的复制，无论是网络上的文章、图片、用户评论还是网站自身的数据库，信息的抓取和使用都有可能会构成对著作权的侵犯，特别是复制权和网络信息传播权。

（3）根据《数据安全管理办法（征求意见稿）》第 16 条的要求，数据爬取收集流量不得超过网站日均流量的三分之一，以避免造成目标网站崩溃、无法正常运营等情况，因此在爬取时要把握好一个度。

（4）对于目标网站已经明确采取技术手段阻止爬虫访问的，不应侵入、破坏其防护措施。如目标网站明确发出停止数据爬取的相关通知说明，则应立即暂停数据爬取行为。

三、网络文本分析方法

有研究表明，网络中超过 80% 的内容存在于文本、网页数据之中，这些数据具有半结构化、非结构化、高维度和动态生成变化等特性，动态页面的数据量甚至是静态页面数据的 400~500 倍之多，对这些对象的数据挖掘和评估，是一个极富挑战的课题。面对迭代速度如此之快的网络信息，如何快速高效地对网页进行数据抽取、机器学习、语义理解等应用，成为数据挖掘分析行业研究的焦点。虽说文本内容分析是发现和理解大数据价值的有效手段，但如果缺乏合理的处理手段来过滤掉大量重复、噪声和缺失的数据，清晰辨别数据之间共现但却无意义的关联数据，那将会深陷于数据的泥潭。

文本数据挖掘一般要经历以下流程：文本预处理、特征选择、分类模型训练、分类性能评估等，如下图 2-7 所示。

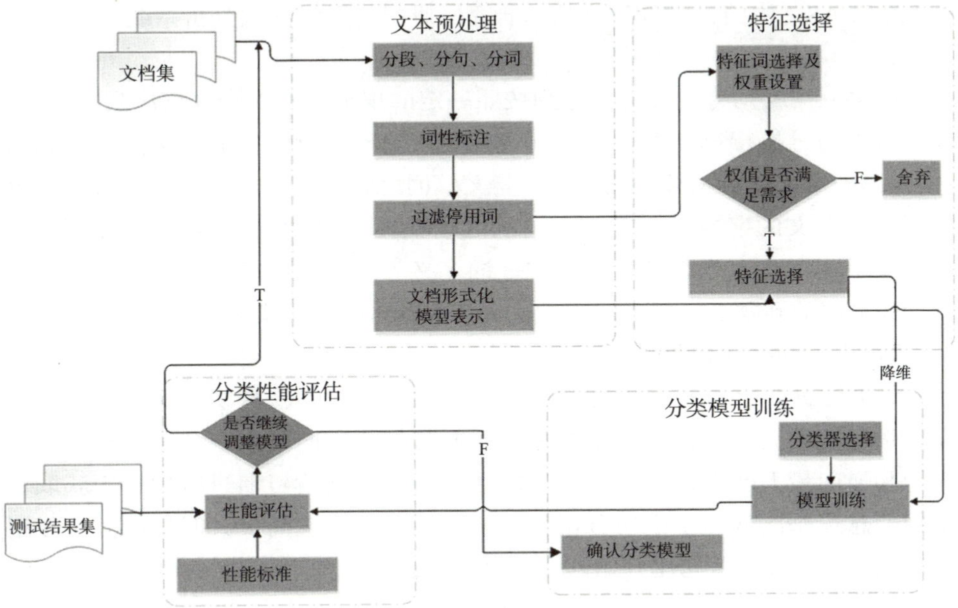

图 2-7　文本分类流程

在文本预处理阶段，首先对中英文文本进行分词操作，然后标注词汇性质（名词、动词、形容词等），接着去除停用词（这类词在文中较多的是语气词和助词）和对分类意义不大的信息，包括标点符号和特殊字符等，接着使用模型（常用的有向量空间模型、LDA 模型）对文本进行形式化表示，形式化的目的是将自然语言转换成机器理解的形式；特征选择阶段主要工作是对特征进行降维，虽说特征越多越能代表文本的主题，但是如果不降低词项的数量，后期机器学习训练的运算量会很大。对降维后的特征词还要进行权重排序，选取一定比例的对象，最后构建成特征词子集；分类模型训练阶段首先选择合适的分类器，接着使用训练集训练分类器，然后使用测试集对得到的文本分类结果进行分类评估，最后根据性能评估结果再对分类算法的参数进行微调。

（一）中文分词

1. 语料库和词典

语料库和词典常常用来作为各种分词、词频统计以及文本分类系统训练的素材库，它同时也可以作为分类系统优劣的标准。目前，网上流行的语料库和词典为国家语委现代汉语语料库、美国国家语料库、知网词典、THUOCL（清华大学自然语言处理与社会人文计算实验室推出的中文词库）

和 ICTCLAS（中国科学院计算技术研究所研制的汉语词法分析系统）。

2. 文本切分

中文分词就是将连续的字序列按照一定的规范重新组合成词序列的过程。段落可以通过换行符和首行缩进配合判断。句子分割可以通过标点符号判断（中文判断对象比英文要多得多）。英文单词之间只要通过空格进行分隔就可以了，但中文的字与字之间、词与词之间就比较难找到明显分界符。另外，在中文中还存在上下语义、语境和一词多义等区分的问题，在面对这些非常复杂而关键的问题上，目前对于中文分词大致可分为两类：

（1）基于词典的词汇切分方法

该方法又叫字符串匹配分词法，它通过既定策略将待切分文本集与一个高质量标准词典库进行字符串匹配，按照其扫描方向不同，分别有正向最大匹配和逆向最大匹配，正向最大匹配是按照正常阅读习惯进行的，为获取更多的信息量每次从句子中切分出尽量长的词语，而逆向最大匹配的方法与正向一致，只不过是从句尾开始匹配，具体算法流程如下图 2–8 所示。

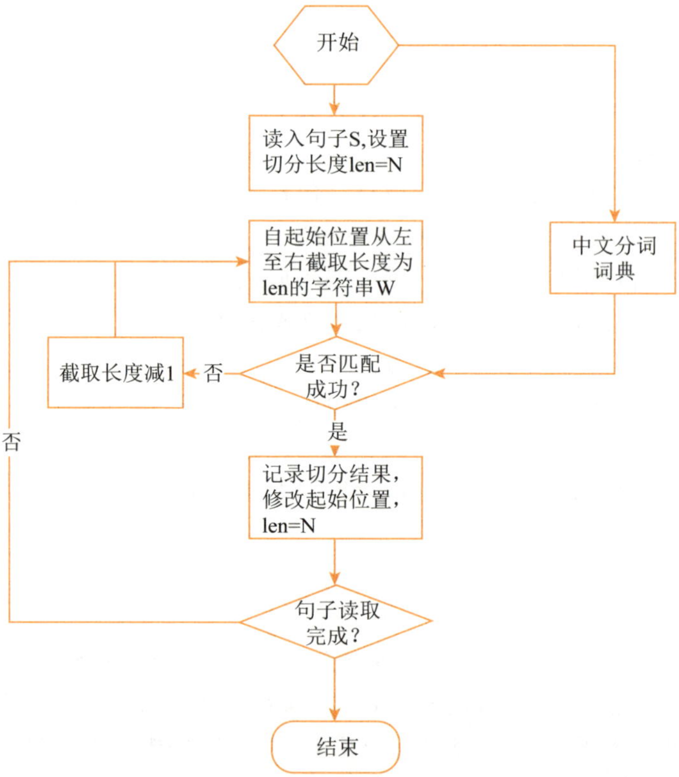

图 2–8 正向最大匹配法

实际应用中，一般情况都是实行双向匹配的策略，当正/逆向最大匹配的正确率一样高时可任取一种方法作为切分结果；当正确率不一致且切分的数目又相同时则选择逆向最大匹配，因为有研究表明通常情况下，逆向最大匹配正确率会略高于正向最大匹配。

上述方法虽然实现简单、速度快且不需要额外的语料库，但处理分词歧义能力较差，严重依赖于词典的质量好坏，而且不能识别新生词。机械式切分手段，还需要其他规则配合来进一步提高其准确率，比如基于规则的分词系统，通过中文短语结构文法来推测合适的分词点，又或者利用演绎推理法来解决分词后产生歧义情况。这些方法在特定的领域具有适应性，但是中文语法结构非常复杂，存在太多无规律的语义歧义，很难做到面面俱到，需要进一步的深入研究。

（2）基于统计的分词方法

这种方法只需用于训练语言模型的中文语料集，不依赖切分词典，字词与字词相邻成对出现的频率能够更好地体现出成词的可信度。常见的语言训练模型有互现信息模型，它是根据语料库中字词与字词之间的紧密度来判断其组合是否为词语。如果两个字词总是紧挨着出现，那么这两个字词在很大程度上就可以被判定为一个中文词语；如果两个词没有相邻出现过，或偶尔相邻出现，且单独出现了很多次，那么便可以得出这两个词之间的紧密度并没有那么强的结论，从而判定这两个词不能组成一个词语。互现信息紧密度公式如下：

$$T(w_i, w_j)=\frac{p(w_i, w_j)}{p(w_i)\,p(w_j)}$$

其中，$p(w_i, w_j)$ 代表两个字词同时在语料集中出现的频数；$p(w_i)$ 为字词 w_i 在语料集中单独出现的频数；$p(w_j)$ 为字词 w_j 在语料集中单独出现的频数。$T(w_i, w_j)$ 表示字词与字词之间的紧密度互现信息。可以设定一个通过大量计算及观察得到的阈值，当结果大于这个设定的阈值时，判定它们组成一个词语，否则不能。

但是这种方法完全是从统计学的角度出发，中文里有很多词频很高，但它们从含义上并不能构成完整的词语，例如“上的”“有的”“这一”等，这些情况会被误认为是成词的对象。同理，由于低频，从统计角度这一类的字词识别度不高。由于每个相邻的字词都要进行频率统计，开销成本巨大，分词速度也因样本空间维度的增大而有所减慢。

（二）文本特征词选取

1. 文本特征词选择的概述

文本特征词是影响文本挖掘性能最主要的因素，因原始文本特征集维数巨大，需选择出对挖掘任务具有代表性的文本特征词子集。从理论上讲，选择出的特征词越多，越能更好地表达文本，但实际应用需要考虑成本开销和处理效率的现实。因此，必须对原始文本特征词集作进一步净化处理（后面章节要具体讲到关于数据清洗），在保持原文含义的基础上搜索出一个最优的子集空间。此外，文本特征词选择还能在预处理阶段更进一步消除噪声词，对提高文本之间的相似度有很好的效果。

此外，特征词的筛选在文本聚类领域也起着重要的作用，比如文本聚类分析时将特征词相似的几篇文档看成一个大类，可以大大提高聚类算法的收敛速度。

2. 文本特征词的选择方法

在文本挖掘中，一般是通过特征词评估函数对每个原始文本词汇进行评估和计算，得到的分值按照排序选取一定数量分值较高的文本词组，并将它们作为该文本特征词的子集，其基本过程如下：

（1）首先对原始文本进行分词。

（2）计算分词集合中每一个分词词汇的评估函数值。

（3）按评估函数所得数值对文本词汇进行倒序排序。

（4）选取前 M 个文本词汇作为文本特征词子集，然后进行降维数操作，减轻文本向量的表示的数量级。

目前文本特征词的选择方法主要有独立评估法和综合评估法两种。

①独立评估法

TF-IDF 是一种统计方法，用来评估文本特征词对于文档或某文档集的重要程度。其主要思想是如果某个文本的特征词在该文档中出现的频率高，并且在其他文档中出现少，则认为此词或短句具有很好的类别区分能力，适合用来对该文档进行分类。具体来说，在 TF-IDF 中，TF 表示文本特征词 ω 在文档 D_j 中出现的频率；IDF 表示如果包含文本特征词 ω 的文档越少，则说明 ω 具有很好的类别区分能力。其公式表示如下：

$$\text{IDF}(\omega)=\log_2\left(\frac{\text{文档总数}}{\text{包含该词}\omega\text{的文档数}+1}\right),\quad \text{TF}(\omega)=\frac{\omega\text{在文档}D_j\text{出现的次数}}{\text{文档}D_j\text{的总词数}}$$

$$\text{TF-IDF}(\omega)=\text{TF}(\omega)\times\text{IDF}(\omega)$$

TF-IDF 的优点是算法简单、计算快速，而且对于使用者来说容易理解，经常被用在自然语言处理中的选择特征词；缺点是只用词频一个方面来衡量一个词在文档中的重要性还不够全面，因为这样词频低的关键词很容易被遗漏，而且这种算法无法体现词在文档中的位置，也没有标示用来表示该词在上下文的重要性。

TF-ID 经常用于评估特征词对于一个文件集某篇文档的重要程度。TF-IDF 加权也常常被搜索引擎应用，用来衡量文件与用户查询的关键词之间的相关度。

其他独立评估法还有信息增益法，是通过特征词在文本中的出现情况来筛选特征词；交叉熵，与信息增益类似，但不考虑特征词占比小的情况；词频法，通过设定词频阈值，大于该值就留下该特征词，反之去除，很明显词频低的特征词就被忽略了；文档频法，考虑特征词在文档出现的文档数量，但是词频高的特征词未必能代表该文档的主题；互信息和 X^2 统计量也比较相似，通过计算特征出现概率来表示特征词与类别的相关性强弱，但对于词频低的测量不准确。这些方法的详细数学模型解释这里不再详列，如需要读者不如自己查询相关的资料来进一步了解。

②综合评估法

根据上述讨论的几种独立评估方法都会在文本特征子集中产生大量冗余，所以这些特征词子集并不具备较好的代表性。因此，考虑给出一种基于综合评估的文本选择方法，通过对文本特征词的位置、词频、文档频、类内集中度、文本特征词区分度、同义词度量的计算，最后得出同义词权重值的评估值，如果同义词权重大于前一个同义词权重值，则留下该特征词，然后循环此过程直到全部特征词根据权值从大到小排列。

（三）文本表示模型

由于计算机只能识别数字符号，因此第一步就是将人类语言转化为机器能识别的数字符号，转化文字最有效的方式就是建立数字模型。文本表示模型的建立能提高文本检测的准确度，目前已经有许多经典的文本建模方法，如图 2-9 所示文本常用模型。

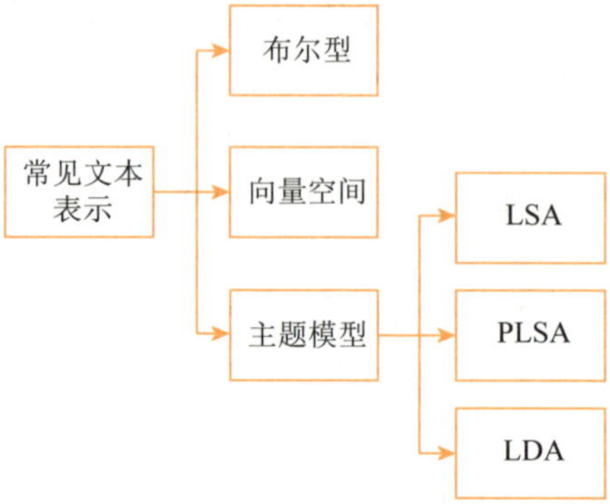

图 2-9　常用模型的分类图

不同的模型有不同优缺点，由于布尔模型只能用 0 和 1 表示特征值的权值，无法表达词与词之间的语义关系，且该模型过于简单，表达也无法和现实意义相匹配，故此处不对它做详细论述。

1. 向量空间模型

向量空间模型是一款很经典的模型，它将文本表示成空间向量，向量之间的余弦夹角表示文本相似度，特征词的权值用来表现向量的维度，这样的模型成为基于词袋的统计模型。

向量空间模型的优点是简单易懂，实现方便，而且效果不错，将文档看作一个由特征词及它的出现频率组成的向量空间，不仅可以训练分类器，还可以计算文本之间的相似度，但是网络信息量太大，其缺点就突显出来了。其一，向量维度与信息量呈线性增大，且向量高度稀疏；其二，无法处理潜在语义层相似度的判断，即对于“一义多词”和“一词多义”的辨别能力有限。

2. 概率主题模型

为解决 VSM 存在的一义多词问题，概率主题模型被提出来，首先是 LSA 算法通过线性代数中奇异值分解实现文档映射到低维语义空间里的向量，每个维度代表一个主题，这样将相似度高的一组特征词聚类成一个主题。

接着 PLSA 又尝试从概率的角度出发，利用文档主题和词的共现性建模，从而得到文档主题的概率分布，假设文档具有主题的概率分布，然后利用主题在词上的概率分布，最终得到文档和词的联合概率，以 d 表示文档，w 表示词，z 表示主题，p（d，w）的生成过程可表示为：

$$\mathrm{p}(d, w)=\mathrm{p}(d)\sum_{z}\mathrm{p}(w|z)\,\mathrm{p}(z|d)$$

PLSA 计算了每个变量的概率分布，从而解决了一词多义问题，但由于参数随训练文档的数目呈线性增长，参数空间很大，因此鲁棒性不高，而且无法描述文档集与文档之间的关系。

3. 潜在狄利克雷分布（LDA）模型

于是有人提出了基于贝叶斯的LDA概率主题模型。LDA模型有三层结构，从上到下分别为文档层、主题层、特征词层，其实质就是每一篇文档是一些主题所构成的一个概率分布，而每个主题又是很多特征词构成的一个概率分布，以此来推断文本中隐含的主题。

LDA 经常被用来识别海量文档集或作为语料库来训练。它先将文档集分为若干个主题子集，然后再构建词频特征向量矩阵，从而将文本信息转化为易于建模的数字信息，其结构如图 2–10 所示。

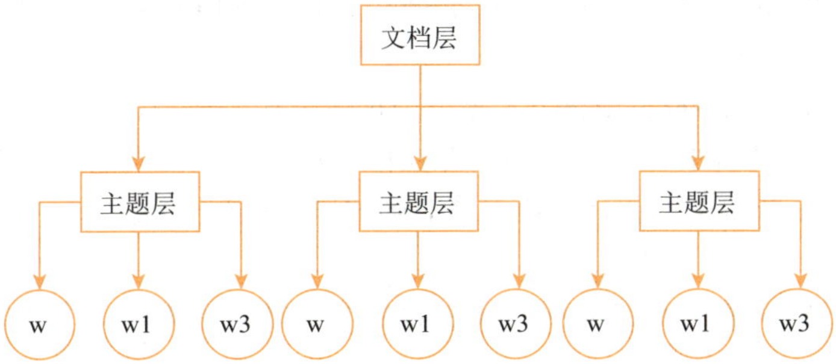

图 2–10　LDA 模型结构示意图

LDA 模型也存在一些问题，比如训练参数多导致训练时间长，对短文本的建模效果不好（例如微博，热搜话题等），主题数目的设置需要人工设定可能导致不合理。网络大数据复杂的内在特征对传统文本分析技术提出了严峻的挑战，数据的获取和存储更加困难，语义间复杂的关联关系，全样本的挖掘方式都激增了计算复杂度。

四、数据挖掘技术

数据挖掘是用经过处理的原始数据训练计算机做出分类决策过程的方法论，构造出的即我们通常所说的分类器，能够把数据样本中的对象归纳到设定的类别中，从而具备对数据预估的能力。数据挖掘涉及许多科学领域，如统计学、人工智能、机器学习和深度学习等。

根据这一思想我们可构建出图 2–11，显示了分类总体思路，通过形式化的表示分类任务由一组实例组成，其中 x 是描述实例的属性值集合，y 是实例的类别标签，且类别标签 y 必须是可分类的。

图 2-11 分类总体思路

分类模型的构造和实施会经过以下几个步骤：

（1）选定样本空间，将所有样本数据分成训练数据和测试数据两部分。

（2）用训练数据执行分类器算法，生成分类模型。

（3）用测试数据执行分类模型，生成预测结果集。

（4）根据预测结果集，计算必要的评估指标，评估分类模型的性能和效率。

（一）KNN 模型（K- 近邻）

KNN（K-Nearest Neighbor）是一个理论上比较成熟的方法，也是最简单的、有监督的机器学习算法之一，即在样本空间中确定要查找 k 个数和距离量，根据 k 个数量中相似样本最多来对未知样本进行分类。

1. KNN 算法的步骤

（1）把样本的所有特征都要量化为数值，例如样本特征中的颜色转换为灰度值来进行距离计算。

（2）对样本特征做标准化处理。样本有多个参数，确保每个参数的定义域与取值范围和它们对距离计算的影响不一样，例如取值较大的影响力会盖过取值较小的参数。

（3）需要计算两个样本之间的距离。KNN 算法中度量空间点距离一般情况更多的是使用欧式距离（还有其他，如曼哈顿距离等），仅以二维平面为例，两个点的欧式距离计算其实就是（x_1，y_1）和（x_2，y_2）的距离，公式如下：

$$\rho=\sqrt{(x_2-x_1)^2+(y_2-y_1)^2}$$

（4）确定 K 的值。K 值选得太大易引起欠拟合，太小容易过拟合，需交叉验证确定 K 值。将样本数据按照一定比例，拆分出训练用的数据和验证用的数据，从选取一个较小的 K 值开始，不断增加 K 的值，然后计算验证集合的方差，最终找到一个比较合适的 K 值。

2. KNN 算法的优点

（1）简单，易于理解，易于实现，无须估计参数，无须训练。

（2）适合对稀有事件进行分类。

（3）特别适合于多分类问题，KNN 比 SVM 的表现要好。

3. KNN 算法的缺点

（1）KNN 算法比较适用于样本容量比较大的类域的自动分类，例如，当样本不平衡时，一个类别样本容量很大，而其他类别样本容量很小时，有可能导致当输入一个新样本时，该样本的 K 个邻居中大容量类别的样本占多数，此时就比较容易产生误分。

（2）不能舍弃数据样本，计算量根据距离度量呈线性关系，因此在处理大数据集时，内存的压力比较大。当然，也可以通过事先去除对分类作用不大的样本，或者使用 Reverse KNN 法降低计算复杂度，提高分类的效率，此处不做展开。

【案例 2-7】

KNN 模型的具体实现——以鸢尾花数据集为例

简单的模型也必须经过训练，经过反复测试后才能上线，利用鸢尾花数据集来训练模型是比较常用的方式，我们还是以此原始数据举例（有效数据总共 150 条，内容和格式未做修改）。

首先，我们需要导入包括 pandas 和 sklearn 的几个必要包：

```
import pandas as pd
from sklearn.model_selection import train_test_split
from sklearn.neighbors import KNeighborsClassifier
from sklearn.metrics import confusion_matrix
from sklearn.metrics import classification_report
```

接着，将原始数据划分出训练集和测试集，将数据集的前四列提取出来作为特征，最后一列作为分类标签；然后，利用 train_test_split() 将特征和标签随机地划分为训练集和测试，这里设定测试集的比例为 20%，也就是 30 条；最后，将训练集和测试集的标签转换为一维数组。

```
# 读取数据
iris_data_set = pd.read_csv("D:\\iris.csv") #根据本地实际绝对地址
# x是4列特征
x = iris_data_set.iloc[:, 0:4].values
```

```
# y是1列标签
y = iris_data_set.iloc[:, -1].values

# 划分训练集和测试集
x_train, x_test, y_train, y_test = train_test_split(x, y, test_size=0.2)

# 将特征转为一维数组
y_train = y_train.flatten()
y_test = y_test.flatten()
```

最后，训练模型并预测。通过调用 KNeighborsClassifier() 函数建立 KNN 算法模型，这里的 n_neighbors = 3 表示将 K 值设为 3；然后，输入训练集的特征和分类标签进行训练；最后，将测试集的特征应用在模型上，进行分类并获得分类结果。

```
# 建模
knn_model = KNeighborsClassifier(n_neighbors=3)
# 训练
knn_model.fit(x_train, y_train)
# 预测
y_pre = knn_model.predict(x_test)
```

案例点评：这样的训练不是一次性的，需要对预测结果进行评估，通过选取不同 K 值，查看预测分类结果情况的各项指标，最终得到最佳的训练结果。

（二）决策树

决策树是数据挖掘中使用最广泛、也是最成熟的一种算法，通过不断提问的方式来完成数据的分类，将待分析的数据样本全部先集中在树根，每一次分支提问意味着一个属性的划分，决策树一共有三种类型的节点：其一，根节点，没有入节点，可以有多个输出连接，代表所有训练数据集；其二，内部节点，只能有一个输入连接和两个以上输出连接，即可以作为属性条件的对象；其三，叶节点，每个节点只有一个输入连接，并且没有输出连接，说明没有需要重复迭代的属性了。

决策树算法之所以在数据分析挖掘应用中如此流行，主要原因在于决策树的可解释性，从根节点到叶节点所产生的路径就是非常直观的规则，更容易被数据分析师理解，而且在面对数值型和非数值型的数据时，处理效果也比较好，而且这些经典的规则就等同于在对应用提出优化策略和路径。

决策树构建时有两个关键设计问题必须解决：第一，拆分标准，即如何决定选择哪个属性作为内部节点，以及这样分裂标准如何选择和计算；第二，终止标准，即为了防止在追求错误率最小化，选择了过于复杂的模型而导致的模型过拟合现象（树层次太深的问题）。

可以用来确定属性测试条件优劣的度量方法有很多，其中有可以测量节点不纯性和其子节点集合不纯性两种方法来确定节点的最佳属性测试条件。

一般情况优先考虑子节点中更纯子节点作为属性测试条件，通常它们具有相同的类别标签子节点，所以不需要进一步扩展，相反不纯的节点包含多种不同类别的训练实例，仍会产生多个内部节点，从而极大地增加树的深度。规模较大的树更容易出现过拟合的情况，可能会降低模型的分类性能，与较小规模的树相比，它们的解释性降低、计算过程时间更长。

1. 节点不纯性度量

即度量共有节点数据对象类别标签的差异度，以下是可用于评价节点 t 不纯性的度量的公式：

$$\text{熵}=\sum_{i=0}^{c-1} p_i(t)\log_2 p_i(t)$$

$$\text{基尼指数}=1-\sum_{i=0}^{c-1} p_i(t)^2$$

$$\text{分类误差}=1-\max_i[p_i(t)]$$

其中，$p_i(t)$ 是节点 t 属于类 i 的训练实例的相对频率，c 是类的总个数。

2. 子节点集合不纯性

同理，通过对子节点不纯性度量加权求和，可以得到该实例节点集合不纯性情况，如下所示：

$$I(\text{子节点})=\sum_{j-1}^{k}\frac{N(v_j)}{N}I(v_j)$$

其中，N 表示父节点的样本数，N（vj）表示第 j 个子节点样本数。

为了确定属性测试条件的优劣，还需要将父节点（分裂前）的权值和子节点（分裂后）的权值进行比较，它们的差异越大，表明子节点测试条件越好。这种差异也称为属性测试条件的纯度增益（gain）$\Delta=i$（父节点）$-I$（子节点）。最后，将熵用作于节点不纯性度量时，这种差异通常称为信息增益（information gain）。

之前我们讨论过子节点越多，决策树越深，局部最优更容易出现过拟合，因此为避免出现此类情况，还可以考虑对子节点数量进行控制，有两种方法可以解决这个问题：一种是仅生成二元决策树，从而避免使用不同数量的划分来处理属性（决策树 CART 就是此策略）；另一种是修改划分标准，使用增益率作为补充条件，比如当使用了 ID 号作为属性条件时就会出现最大信息增益，此时就需要用到增益率作为第二判断条件，例如 C4.5 算法就是采用这种方式。目前，最常用的几种决策树算法分别是 CART、ID3、C4.5 和 C5.0，如表 2–6 所示。

表 2–6　常用决策树算法及描述一览表

决策树算法	算法描述
ID3 算法	使用信息增益标准计算每个节点上的属性，最终来确定属性的选择，应采用值最大的属性作为内部节点并循环调用，直到样本集中只含单个属性为止
C4.5 算法	C4.5 决策树生成算法，使用信息增益率来计算所有属性，克服了 ID3 算法的子节点属性过多所导致的决策树过深问题
CART 算法	仅使用基尼指数和二元划分来减小错误分类的标准来选择节点属性条件，最后通过后剪枝产生二叉树

3. 决策树技术总结

构造决策树不管是使用哪个算法，都要通过修剪处理来控制决策树的深度。修剪处理有两种方案，即预剪枝和后剪枝。

所谓预剪枝就是在构建决策树时设定树的深度，通过每个节点的增益值，判断决策树是否停止生长，这样避免了过度拟合所产生的计算量，但也错失了后续会出现更优子树的机会。

所谓后剪枝则是让树先充分生长，然后减去子树，删除的子树用树叶节点代替。后剪枝是更为常用的方式（Cart 算法就包含了后剪枝方法），虽然付出了计算量的代价，但可以得到更好的结果。

在数据挖掘的实际应用中，决策树体现了如下明显的优势和竞争力：

①决策树模型生成一系列“如果……那么……”的逻辑判断，这是被广泛应用的主要原因，其特点很容易让人有直观、通俗的理解。

②决策树对于数据的预处理没有严格的要求。对缺失值的情况几乎不做任何处理就可以应用，不容易受到数据中极值（异常值）的影响。

③因为使用信息原理对样本的共有节点进行不纯性度量，并计算各属性条件的信息增益情况，可以准确、高效地反映出哪些属性对于分类最具意义，因此决策树每个节点都可以作为其他模型自变量选择的标准。

（三）随机森林

在讲随机森林之前，我们先了解一下分类器组合的概念。通过集成多个分类器分别对样本数据进行预测，并且分类器间利用投票机制来决定最终的分类方法，这被称为组合或分类器组合方法，这样得出的分类结果更加准确。

随机森林是典型的基于装袋算法【袋装是一种根据均匀概率分布从数据集中复杂抽样（有放回）的技术】的组合分类器，通过多棵决策树预测结果，然后将方差影响最大的部分决策树分别求平均值来达到提高泛化性能和不易过拟合的目的。随机森林与装袋又不完全一致，因为随机森林除了使用训练实例来训练分类器，还可以通过内部节点输入属性来增加构建决策树组合。

1. 随机森林的训练过程

（1）如果训练集大小为 N，随机且有放回的从训练中抽取 n 个训练子样本，将子集作为该决策树的训练集，重复 K 次，生成训练样本集。

（2）此时每个节点上的特征的样本数为 M，随机且无放回的从 M 中选取 m 个特征来训练决策树，比如在每棵树中随机选择信息增益最大，则认为该属性条件可作为最佳分裂点节点，注意不是计算所有属性的信息增益值。

（3）统计子集生成每棵树的预测结果，并以多数票机制来最终确定分类标签的方式。

随机森林的分类算法流程如图 2–12。

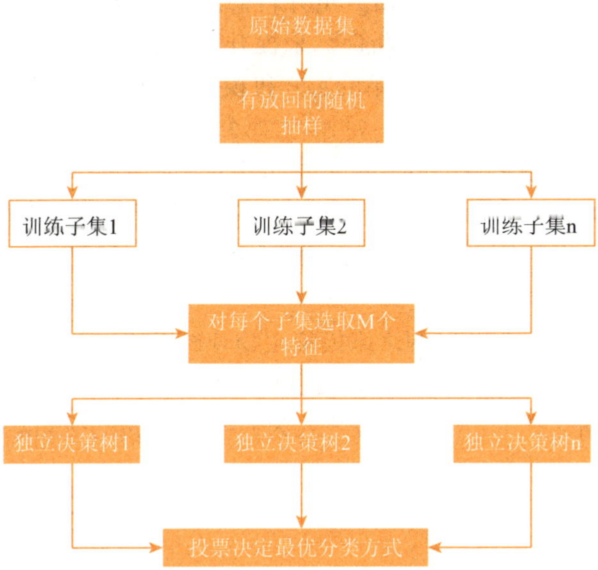

图 2–12　随机森林分类算法流程图

2. 随机森林的优点

（1）采用集成学习的方法，准确度和稳健度更好，各棵树之间相对独立，并行化方式不会因为某几棵树停止而降低整体速度。

（2）在测试集上表现良好，集成学习相比单决策树抵抗噪声能力较强，因此不需要剪枝的计算过程。前面提到“重复 K 次”就是指森林中树的数量，增加树可能提升效果但无法完全消除过拟合。

（3）随机森林无须考虑属性选择条件的计算，每次分裂都是随机选择的特征数，因此在解决回归类型、高维度数据、文本分类和语音识别方面有很好的表现。

（4）随机森林和决策树还能通过网格搜索（sklearn 模块中的 Grid Search CV 函数，是一种常用的超参数优化技术，通过遍历所有定义好的不同超参数，分别评估模型的性能，最终获得最优的参数组合）解决参数调优的问题。

（四）人工神经网络模型

人类的大脑拥有一千亿个神经元，每个神经元执行着各自简单的功能，这是构建人工神经网络（Atrificial Neural Network）思想的基础。人工神经网络是一种模仿大脑神经网络结构和功能而建立的信息处理系统，利用感知器接受输入变量，通过权重和阈值函数产生一个二元输出起到分类预测目的的模型。人工神经网络模型是由大量并行的人工神经元组成，它们通过调整微处理单元间的连接强度和不断训练来提升学习能力。本节中，我们将学习 ANN 模型的经典方法，从最简单的感知机模型到复杂的称为多层神经网络的架构。

人工神经元的模型就好比是一个二元分类器，有几个部分组成，用于表示输入层接受样本，中间通过决策函数和权重值两者的计算得到结果 Z，然后输出层根据设定的阈值输出相应的分类标签。

1. 模拟一个神经元

首先，我们用人工神经网络来模拟生物神经网络，如图 2–13 所示。把样本输入当作树突，权重当作神经兴奋程度，将样本和权重作内积，得到的信号就是输出类别。其中，内积计算公式为 $s = p_1w_1 + p_2w_2 + p_3w_3 + ... + p_nw_n$。

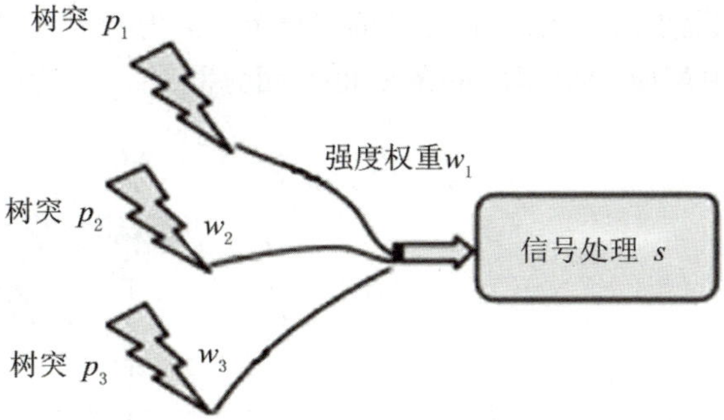

图 2–13　模拟生物神经网络

感知器主要用于处理分类问题，故通过激活函数将信号作为输入，输出我们想看到的分类转化为数学模型，如图 2–14 所示。这里值得注意的是，我们定义了一个激活函数，使得上层输出与下层输入之间具有函数关系，这样可以用来重新计算梯度值和神经元连接的权重。

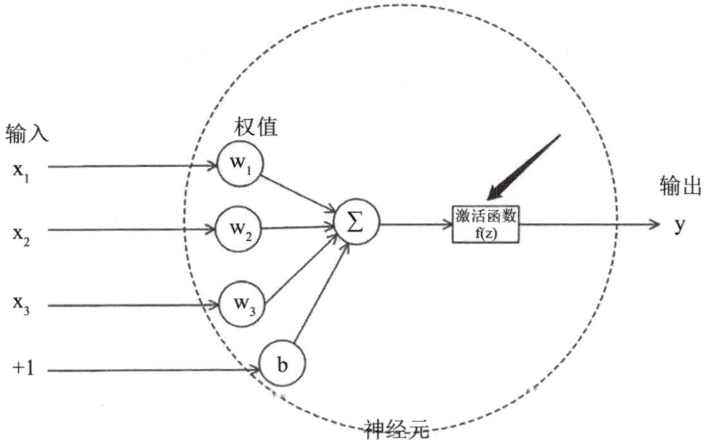

图 2–14　增加激活函数

2. 激活函数

激活函数是在神经网络中增加非线性因素，使得人工神经网络就可以处理复杂的问题。接下来，我们通过一个神经网络分割平面空间的例子来说明引入非线性激活函数的重要性。

（1）无激活函数的神经网络

最简单的结构就是构建一个单层感知器，用于在样本空间中学习线性决策边界，如图 2–15 所示，图中 x_1、x_2 代表神经网络的样本输入，w_1、w_2 代表权重系数，b 代表输出的阈值，1 代表偏置单元，y 为神经元分类标签的输出。这样我们使用该单层感知机划出一条线将平面分割开。

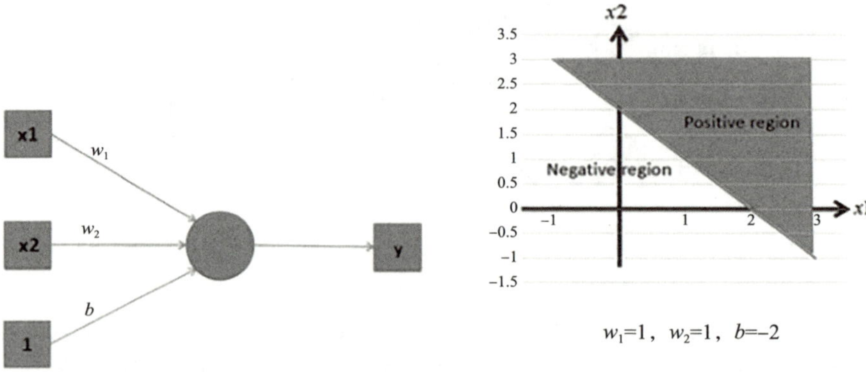

$$y = w_1x_1 + w_2x_2 + b$$

图 2–15　单层感知器

为了提高划分精度，利用组合思想增加多个感知器（注意不是多层神经网络），也仅是稍稍提高了平面的划分能力，如图 2–16 所示。

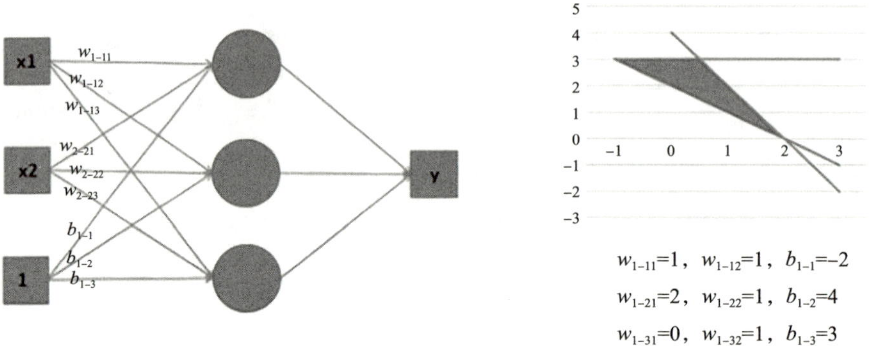

图 2–16　多个感知器

即便是带一个有隐含层的深度人工神经网络，如果不引入激活函数还是没有办法分类诸如图片的问题，根据方程式的表示也仍旧是多条直线，如图 2–17 所示。

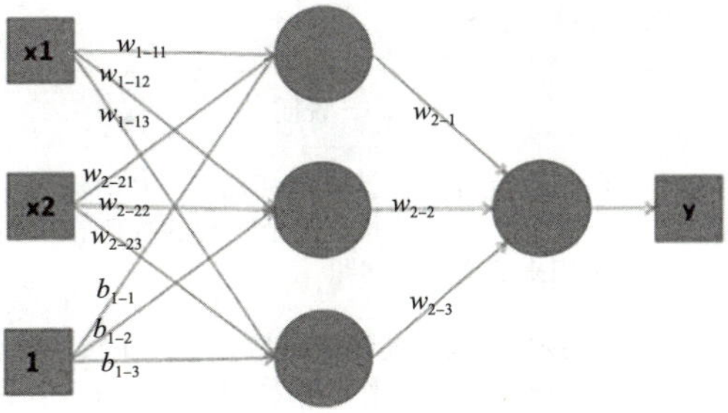

$$
\begin{aligned}
y = & w_{2-1}\,(w_{1-11}x_1 + w_{1-21}x_2 + b_{1-1}) \\
& + w_{2-2}\,(w_{1-12}x_1 + w_{1-22}x_2 + b_{1-2}) \\
& + w_{2-3}\,(w_{1-13}x_1 + w_{1-23}x_2 + b_{1-3})
\end{aligned}
$$

图 2-17　人工神经网络（隐含层）

通过上述几个模型的对比可以发现，没有激活函数的神经网络仅仅是用多条线段组合来试图逼近曲线的效果，或者说只能进行线性划分。

（2）带激活函数的神经网络

在神经网络每一层，神经元做完线性变换以后，增加一个非线性激活函数（Sigmoid 逻辑回归）对结果进行转换，输出的情况如图 2-18 所示。

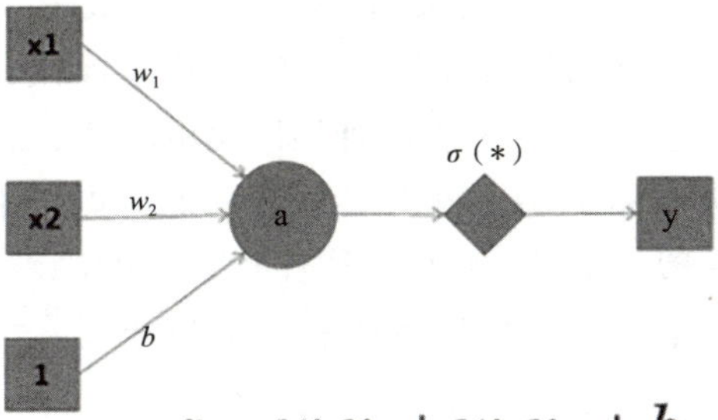

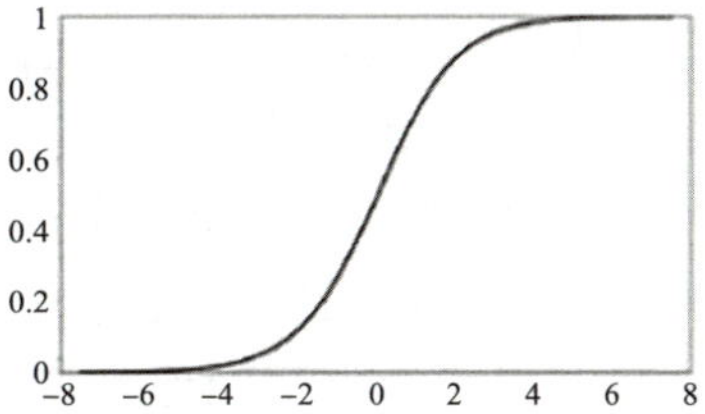

$$
a = w_1x_1 + w_2x_2 + b
$$
$$
y = \sigma\,(a)
$$

最常用的Sigmoid函数

$$
\sigma(y) = \frac{1}{1+e^{-y}}
$$

图 2-18　含非线性激活函数神经网络

由此，我们可以做这样的总结：加入非线性激活函数，增加的噪声有助于避免局部优化。这里要注意的是任何函数都可以作为激活函数，但如果仅是线性函数只能解决二元问题，这就是为什么我们要有非线性激活函数的原因。

表 2-7 激活函数一览表

激活函数	表达式	说明
阶梯函数	$f(x)=\begin{cases}0, & x<0\\1, & x\geqslant 0\end{cases}$	它的一个优良特性就是能够把 $x\in R$ 的输入压缩到 $x\in[0,1]$ 区间，这个区间的数值在机器学习常用来解决分类问题
非线性转移函数	$f(x)=\dfrac{1}{1+e^{-x}}$	它能够把输入的连续实值域为（0，1），可以放到模型最后一层，作为模型的概率输出，但容易产生梯度消失
Relu 函数	$f(x)=\begin{cases}0, & x<0\\x, & x\geqslant 0\end{cases}$	梯度和计算量小，可以得到稀疏激活（会出现一部分不激活的情况）的神经网络；还有 Relu 函数改进型 PReLU 和 Leaky ReLU 函数（PRelu、Leaky Relu：目的是避免激活函数不处理负值，其使得网络可以在传递负值部分的梯度，让网络可以学习更多的信息）

（3）人工神经网络的反向传播机制

首先，简单介绍一下全连接网络（Fully-Connected Network），即在多层神经网络中，第 n 层的每个神经元都分别与第 n-1 层的神经元相互连接，如下图 2-19 便是一个简单的全连接网络。圆圈用来表示神经网络的输入，最左边的一层叫作输入层，最右的一层叫作输出层，输出层只有一个节点，中间所有节点组成的一层叫作隐藏层，一般可以为 MLP 添加任意数量的隐藏层，以创建更深的网络体系结构。其中标上“+1”的圆圈被称为偏置单元，类似于线性方程截距，神经网络中的偏置单元也是类似的作用，增加偏置单元可以给网络分类增加平移的能力。

前向传播很好理解，就是从输入层输入训练样本，经过神经网络的一层层计算得到最后的输出结果。但问题是，神经网络各个层的感知机权重是未知值，因此我们先将这些系数设定一个初始值，然后使用前向传播计算所得的结果去不断地更新各个神经网络层的权重系数，这个更新的过程就是反向传播。

反向传播本质上可以认为是一种计算多层神经网络中复杂代价函数偏导数非常有效的办法（链式求导法则）。其目标是利用这些偏导数来学习权重系数，通常都采用梯度下降法求解。反向传播的诀窍是从右向左计算：用一个矩阵乘以一个向量，从而产生一个向量，然后再乘以下一个矩阵，照此类推，矩阵向量乘法在计算成本上要比矩阵—矩阵乘法低得多。

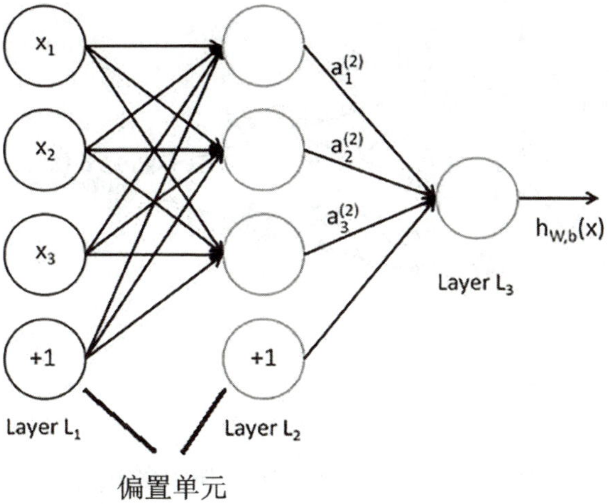

图 2–19　全连接网络

首先，用正向传播以获得输出层的特征，反向传播从右向左传播误差，如下图 2–20 所示。

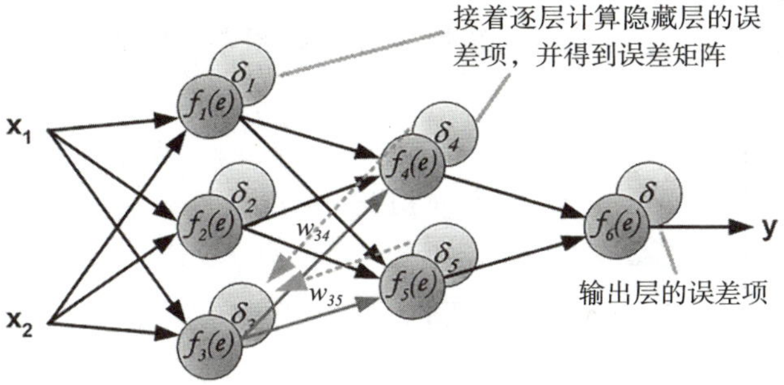

图 2–20　从第二个隐含层到第一个隐含层

有了总误差，接下来就可以通过梯度下降法进行权重的更新。计算各个神经元（权重）的导数，开始反向传播修改权重，计算得到偏导数之后，并不立刻更新，因前层进行反向传播时需要此层更新前的权重，如下图 2–21 所示。第二个隐含层的更新和输出层的更新，这里就不一一展示过程了，至此反向传播便完成了，全部的权重得到了更新。

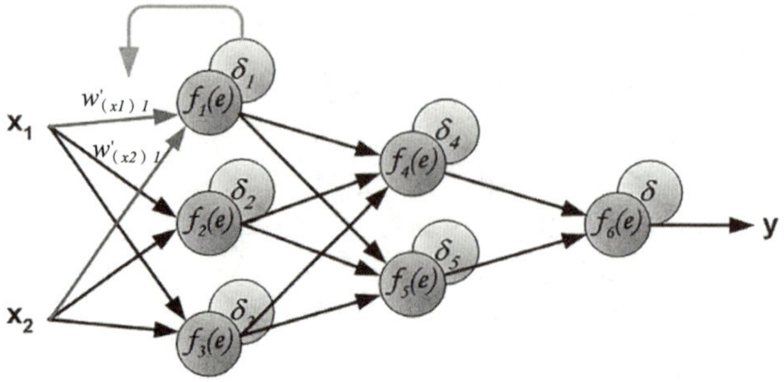

图 2-21　第一个隐含层的更新

（五）支持向量机

支持向量机（SVM）是应用广泛且功能强大的机器学习算法，属于有监督的线性或非线性分类器，同时它的算法目标是最大化的分类，称之为超平面，其目的是防止过拟合情况的产生。

1. 线性 SVM

（1）线性可分

首先，我们先来了解一下什么是线性可分。在二维空间上，两类点能被一条直线完全分开，这就被称为线性可分，如图 2-22 所示。

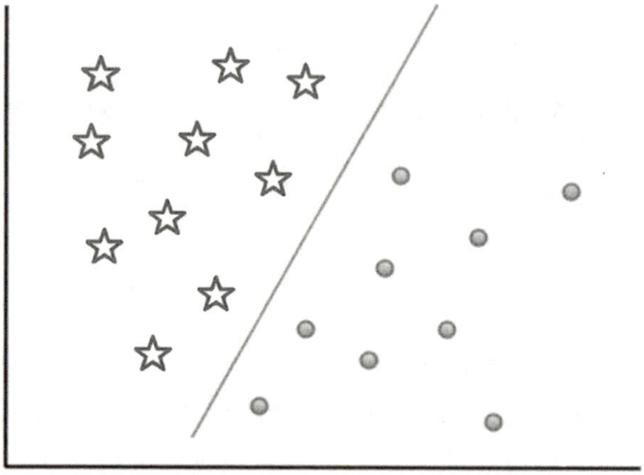

图 2-22　线性可分

假设 D_0 和 D_1 是 n 维空间的两个点集，如果存在 n 维向量 w 和实数 b，使得所有属于 D_0 的点 x_i 都有 $wx_i+b>0$，而对于所有属于 D_1 的点 x_j 则有 $wx_j+b<0$，并令 $wx+b=0$，称之为超平面。训练样本中距离超平面最近的那

些样本称之为支持向量，线性 SVM 就是为了寻找最大化间隔把两类样本分开的超平面，如图 2-23 所示。

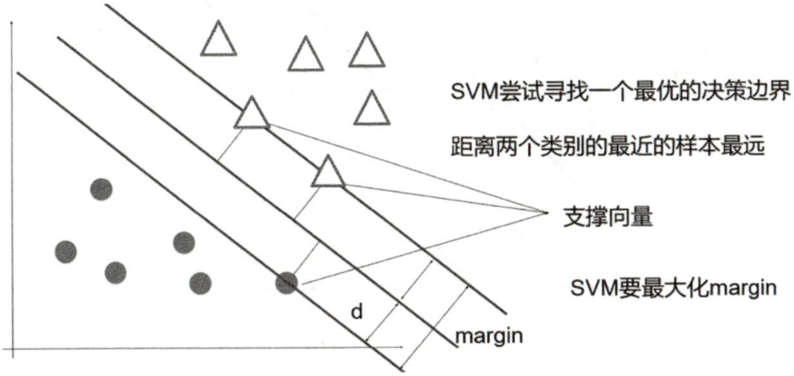

图 2-23　超平面

（2）软间隔分类

但在实际应用中，遇到的更多的情况是不能完全线性可分的样本，需要放松线性约束，如图 2-24 所示。

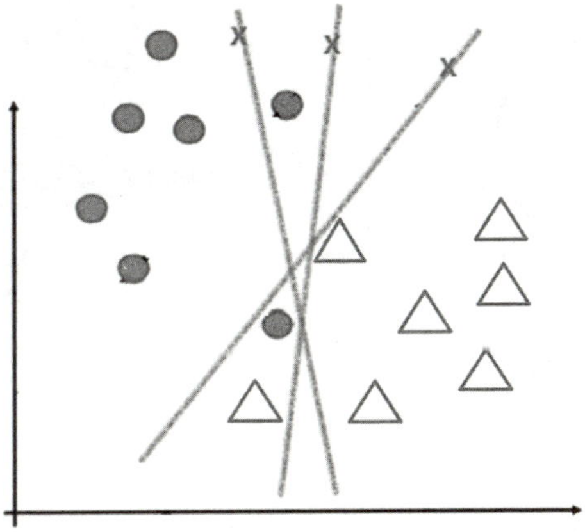

图 2-24　线性不可分

于是提出了软间隔 SVM，相比于上一节不允许有误差的苛刻条件，软间隔允许个别样本点出现训练错误率之中，如图 2-25 所示。

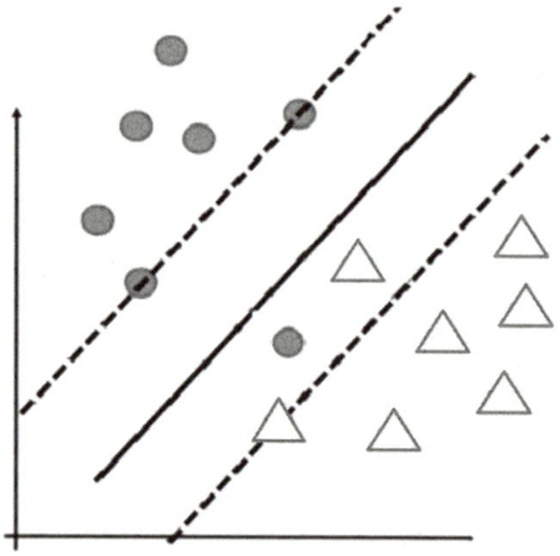

图 2–25　软间隔

2. 非线性 SVM（属性变换和核函数）

当然，我们碰到的更多的实际情况是样本点线性不可分，如图 2–26 底部的这类情况，没有办法通过直线划分这些点。

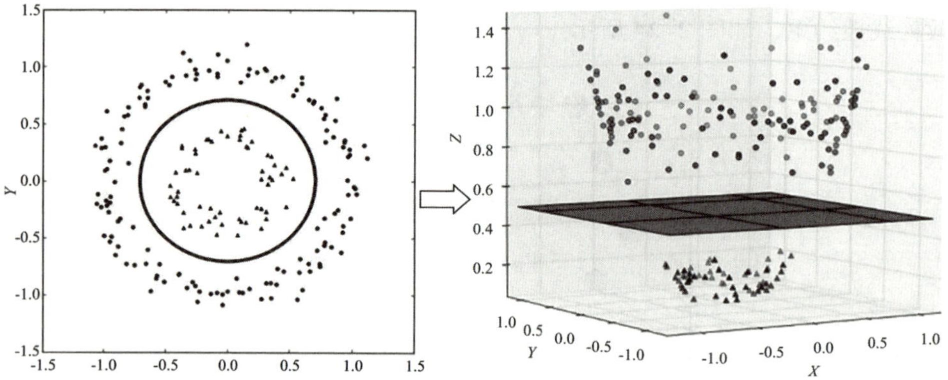

图 2–26　非线性 SVM 的属性变换过程

这种情况的解决方法是通过属性变换的方法，将原属性空间变换到新的空间，然后利用线性超平面进行分类，最后再将超平面映射到原空间，但是如果训练样本巨大，这样的计算成本量太大而且会出现维数灾难。因此提出核函数（多项式核、径向基函数和 S 形核），在原始样本空间中执行特征空间的内积计算，这样可以大大减少计算量和对硬件的开销。

本节我们介绍了数据挖掘过程中涉及的各方面知识，大致了解了传统机器学习的任务流程：获取数据→预处理（整理数据）→训练和建模→评估模型→数据预测。算法很大程度上更加依赖可用数据的质量和数量，因此不要一味追求选择使用复杂的算法，除非得到的效果值得付出高昂的开销和资源。下面，我们按使用简单程度对这些算法进行了罗列，如表 2-8 所示，供参考使用。

表 2-8 各类算法比较情况表

算法名称	简介	优点	应用场景
K 近邻法	最简单的分类与回归方法，输入训练数据集，输出实例 x 所属的类 y，k 值的选择会对 k 近邻法结果产生重大影响。通常采取交叉验证法来选取最优 k 值	简单，易于理解，易于实现，无须估计参数，无须训练	适合于多分类问题
决策树	一种基本的分类与回归方法，常用算法有 ID3、C4.5 与 CART 决策树学习通常包括 3 个步骤：特征选择、决策树生成和决策树的修剪	对人、地点、事物的一系列不同特征、品质、特性进行评估	基于规则的信用评估、赛马结果预测
随机森林	通过使用多个带有随机选取的数据子集的树改善了决策树的精确性	对大规模数据集和存在大量且有时不相关特征的项来说很有用	用户流失分析、风险评估
支持向量机	一种二分类模型，可以被推广至多分类问题。支持向量机学习方法包含构建由简至繁的模型：线性可分支持向量机、线性支持向量机、非线性支持向量机	在变量 X 与其他变量之间进行二元分类操作，无论其关系是否是线性的	新闻分类、手写识别
神经网络	包含深度神经网络 DNN、卷积神经网络 CNN、递归神经网络 RNN、长期短期记忆 LSTM、生成敌对网络 GAN，作为参数结构进行优化的机器学习算法，也称为深度学习。	机器学习是通过训练发现数据处理的规则，神经网络是通过一系列的数据变化（表示层）自动学习	广泛应用于图像处理和自然语言处理

思考与练习

一、简答题

1.《中华人民共和国数据安全法》自 2021 年 9 月 1 日起施行，将会给旅游大数据应用带来哪些影响？

2. 在 5G 和即将到来的 6G 时代，物联网技术给旅游行业带来什么样的变革？

专业词汇

3. 简述文本挖掘的定义。

4. 文本挖掘与数据挖掘有何联系和区别？

5. 支持向量机的主要思想是什么？

6. 人工神经元网络有哪些特点？

7. 简述结构化数据和非结构化数据及区别。

8. 简述 LDA 概率主题模型的生成过程。

二、实训题

1. 查阅资料，了解大数据除本章介绍的 4V 特征外，还具有哪些特征？

2. 查阅与自己专业或行业相关科研论文的研究方法，分析其对应本章介绍的四种科学研究范式的哪一种或哪几种范式？

3. 结合自身经历，举例介绍大数据对你的生活、学习或者工作有哪些改变？

4. 自行阅读《云上的中国：激荡的数智化未来》（吴晓波著），了解和分享大数据如何推动各行业数字化、网络化、智能化进程明显加速，促进产业格局重构，驱动生产方式和管理模式变革的？

第三章　旅游数据应用流程

本章导读

数据挖掘是通过算法使数据更有意义，数据的质量是决定机器学习算法效率的关键。本章系统梳理了机器学习的各种算法，通过 Python 语言代码，介绍了这些算法的应用实现，并简单介绍了深度学习方面的知识。

学习目标

1. 理解数据集的采集和预处理。

2. 了解机器学习的基本概念，Scikit-Learn 库所提供的 Python 的 API 接口，以及对各种机器学习算法的示例讲解。

3. 理解多层神经网络的概念，深度学习框架 Keras 的介绍。

4. 掌握数据可视化的具体应用。

思维导图

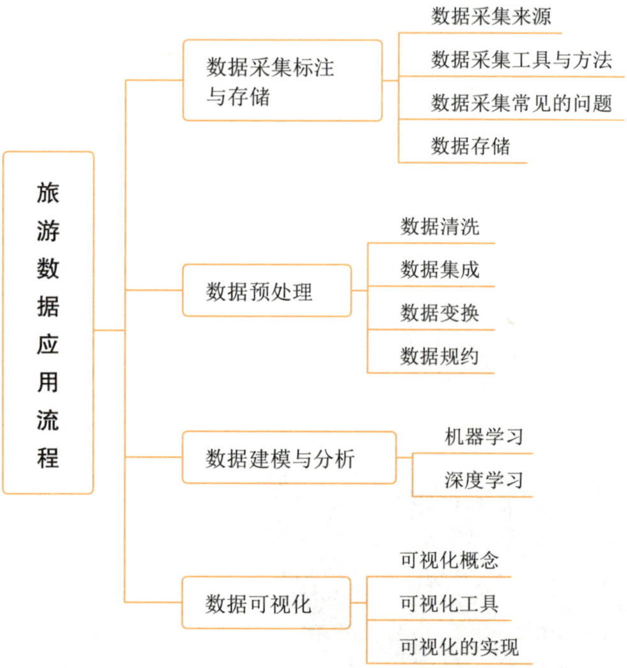

第一节　数据采集标注与存储

一、数据采集来源

数据采集内容覆盖人类生活的各个方面，包含新闻、论坛、微博、信息系统和软件 App 等，凡是可以满足后期数据挖掘建模研究的内容都可以作为采集的对象，主要有以下四种采集方式：

1. 软件接口对接方式

利用软件厂商提供的 API 来获取他们公开的数据，用户根据自己的需求自行构建业务大数据平台。接口对接方式的数据安全性较高、重复率低、利用价值高，接口对接同时也满足大数据平台实时性的需求。但是，协调各方需要花费大量人力和时间，同时扩展性不高，一旦软件升级 API 变动，所有流程又要重新来。

2. 开放数据库方式

以直接连接目标数据库获取需要的数据，这种方式最直接、数据质量高，但是需要各个软件厂商开放数据库，难度大，安全性也是一个挑战，无论是实时获取还是定时备份，这对大数据平台数据服务器的性能都是一个巨大考验。

3. 基于数据中心的数据直接采集

这种方式有一个前提就是业务数据库是自管的，数据工程师通过底层命令对数据进行实时爬取。实时数据采集数据端到端的延迟控制在数秒之内，工作时段只对操作日志进行爬取，并在后台根据日志进行操作，自动建立数据间关联，配置简单，并且支持自动导入历史数据等功能。

图 3-1　万事万物皆是数据

4. 网络爬虫采集网页数据

按照一定策略设计的程序或脚本并自动下载万维网信息，把采集后的网页内容下载到本地作为镜像备份，同时它还是搜索引擎系统的主要组成部分。但是，切记网络安全法划定了爬虫不可逾越的红线。

二、数据采集工具与方法

前三种数据采集方式不在本书讨论的范围之内，因此仅将网络爬虫作为数据采集的工具加以详细介绍。

（一）爬虫的工作原理

最早的网络爬虫又称全网爬虫，主要是针对为门户站点、搜索引擎和大型 Web 服务提供数据采集。这类网络爬虫更关注的是爬行范围和实效性，因此对于爬行速度和存储空间要求较高，而对于爬行的策略方面要求不严格，在前面已经介绍过网络爬虫的基本架构通常由解析器、控制器和资源库三个部分组成，同时爬虫工作是采用并行模式。其工作流程如图 3–2 所示。

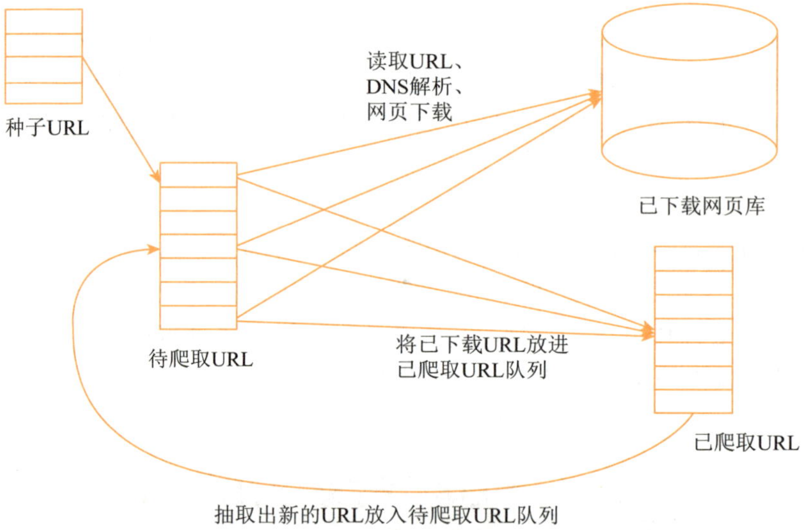

图 3–2　网络爬虫的基本工作流程

如上图所示，网络爬虫具体工作步骤如下：首先选取一部分重要、常用的 URL 作为种子，将种子放入待抓取 URL 队列中，等待控制器发出指令。接着启动爬虫，控制器从待爬取 URL 队列中取出起始 URL，提交给解析器，通过 DNS 解析得到主机的 IP，并将网页数据保存至对应的资源库中（可以是多种类型资源）。控制器将这些已被爬取过的 URL 放入已爬取 URL 队列中，等待下一次循环（视爬取策略而定）。最后，控制器发现待爬取 URL 队列为空，将重新分析已爬取 URL 队列中的 URL，根据“先进先出原则”和网站更新频率排序，其中符合条件的 URL 会重新放入待爬取 URL 队列，爬虫从而继续新一轮的爬取工作。

这里会涉及一个问题：什么时候爬虫该自动停止爬取？人们通常根据不同的应用对象制定策略，大致可分为深度优先、广度优先和最佳优先三种。

深度优先最容易实现，从起始网页开始遇到链接就执行页面跳转，直到没有其他链接了，完成这一条通路后才执行剩余的线路。这样的爬取方式每增加一层深度，网页的信息价值和网页重要性排序都会逐渐下降，使得爬虫会有陷入问题，所以这样的策略已经逐渐淡出了人们的视野。

广度优先搜索策略是指在完成当前层次页面的下载后，才进行二级页面的搜索下载，这样覆盖尽可能多的网页的思路经常被应用于搜索引擎系统上，而且一般与网页过滤技术结合使用。因为随着爬取网页的增多，大量无关网页下载必须通过过滤技术，这样无形中也降低了爬取的效率。

最佳优先搜索策略是通过计算目标 URL 与网页文本内容相关度，选取评价最好的一组 URL 再进行爬取。由于这种方式也会产生局部最优的情况，因此会有很多相关度也较好的网页被忽略。

基于上述策略的优缺点，人们提出了爬虫的升级版，其中表现较为突出的为聚焦网络爬虫。聚焦爬虫只爬行与主题相关的页面，这样的方式对硬件和网络资源的占用率低、存储压力小、更新速度快。聚焦爬虫通过内容评价、链接结构评价模块、增强学习模块来提升爬取效率。

基于内容评价的模块：用词频和文档频来估算语义相似度，但中文含义复杂，利用率不高。例如，用用户输入的关键字查询作为主题，包含关键字的页面被视为与主题相关，利用向量空间模型（前面章节有详细解释）计算出的相似度来判断页面与主题的相关度大小。

基于链接结构评价的模块：网页是半结构化文档，通过结构信息，可用来评价链接重要性。把 Page Rank 算法和 Fish-Search 算法相结合，从网页内容和链接权重两方面提高爬虫效率，并可决定链接的访问顺序。

基于增强学习的模块：利用贝叶斯分类器，先计算整个网页文本链接内容的相关性，得出结果利用贝叶斯对链接进行分类并为每个链接计算出重要性，从而决定链接的访问顺序。

另一种是增量式网络爬虫，只对部分已下载网页采取更新策略，在一定程度上既保证已下载的页面尽可能得到及时更新，又有效减少数据下载量。

增量式爬虫相比于全网爬虫增加的排序模块，针对不同类型的网页进行判断分类，然后制订不同的爬取任务计划，这样提高了本地页面集中页面的质量和新鲜度，有效地起到去重复的目的，IBM 推出的 Web Foution 就是一款不错的增量式爬虫系统。

（二）开发网络爬虫

本节将介绍目前比较流行的爬虫框架应用，它们主要分为以下几种：

1. 分布式爬虫：Nutch

Nutch 是为搜索引擎系统服务的分布式爬虫，通过 Fether 作为爬行器对 URL 集合的网页进行爬取，并且使用 Indexer 模块建立索引。当用户通过查询器 Search 提出 Request，利用索引返回结果得到的页面用 parser 来进行解析，拆分成 parse-data 和 parse-text，分别存放网页的纯文本和元数据内容（作者、网页信息、创建时间等），Hadoop 分布式文件系统负责底层数据存储，并借助 MAP/Reduce 分布式编程模型实现系统的分布式协同处理从而使 Nutch 具有海量网页的爬取能力，并能够将采集的数据存储起来，建立引擎索引库。

Nutch 爬虫系统是由爬虫程序以及用于维护相关数据结构的程序组成，采用插件机制进行设计，因此可以很清晰地分离出爬虫运行各阶段的任务。Nutch 的爬虫通过累积式爬取和增量式爬取方式从互联网中将网页抓下来，在分布式模式下将数据存储于 HDFS 中，为其他模块提供基础数据。

但目前最大的市场需求是精准数据爬取，Nutch 虽然是开源的但是要重新读懂源码，成本过大而且调试过程中要考虑到 Hadhoop 和 Hbase 的因素，程序的编写调试相对比较困难，Hadhoop 框架运行本身比较占资源，在服务器集群数量较少的情况下，爬取效率并不高。

2. Java 爬虫

鉴于 Nutch 的不足，推荐两款上手会比较容易一些的框架。

首先是 Web Collector 框架，只需导入对应的 jar 包即可使用，支持定向爬取和网页结构化提取，框架自带了多线程和 URL 维护，用户在编写爬虫时无须考虑线程池、URL 去重和断点爬取的问题，集成的 selenim 模块对 JS 信息也能抽取，并且该框架的分布式版本（Web Collector-Hadoop）处理能力更高。

其次是 Web Magic 框架，由四个组件（Downloader、Page Processor、Scheduler、Pipeline）构成，各个组件正好对应爬虫生命周期中 URL 管理、网页下载、网页解析和数据保存等功能。Web Magic 的设计参考了 Scapy 框架（后面我们会详细讲解），不过实现方式更 Java 化。

3. 非 Java 爬虫

前面我们了解到基于 Java 语言开发的爬虫框架几乎占领了整个市场，不过用其他语言开发的也有很多优秀爬虫。这里我们单独提出来讨论的目的是想让大家了解这类爬虫对开发成本的影响，并不是比较谁的性能更加优越。

我们仅以 Python 爬虫为例，也许有读者会感到迷惑，既然已经有爬虫框架，为什么 Python 还要用 urllib3 和 requests 原生代码来实现网页的下载。其实，urllib3 和 requests 本身也是功能十分强大的库，除能够实现各类网页 HTTP 请求以外，还能确保线程安全、验证 SSL、支持压缩、支持 session 会话等功能。urllib3 和 requests 向服务器发送数据请求后，得到 HTML 源码，可以通过灵活性高的 lxml 库来完成页面数据的解析和保存。此处仅展示关键功能，具体实现可查阅相关资料。

通常根据功能分成三个模块，先建立一个 main.py 负责调用网页遍历下载模块 html_fetch_util.py，然后再调用数据保存模块 data_save_csv.py。

首先，导入 urllib3 模块、os 文件操作模块、time 时间模块，lxml 库中的 etree（用于方便解析数据）。

```
import urllib3, os, time
from lxml import etree
from multiprocessing import Pool # 导入进程池

# 创建网络请求对象
http = urllib3.PoolManager（）

# 模拟浏览器访问网页
header = {'User-Agent': 'Mozilla/5.0（Macintosh; Intel Mac OS X 10_13_3）
AppleWebKit/537.36（KHTML, like Gecko）Chrome/48.0.2564.116 Safari/537.36',
'Content-type':'text/json'}
```

接着，构造一个 PoolManager 对象，然后通过 PoolMagent 中的 request () 方法或者 urlopen () 方法来访问一个网页，这里推荐使用 request () 来进行访问，原因如下：

- 可以直接进行 post 请求，不需要将 data 参数转换成 JSON 格式
- 直接进行 GET 请求，不需要自己拼接 url 参数

```
# 定义函数完成网络数据爬取
def get_net_data（url, method='get', callBack=None）:
        # 发送网络请求
  response = http.request（method,url,headers=header, retries=5）
```

```
# 回调函数不为空，返回对应数据
if callBack is not None:
    callBack（response.data）
# 只传入网络链接地址，直接利用etree方法，解析提取html页面数据的方式。转化为节点树的方式
else:
    return etree.HTML（response.data）
```

PySpider 和 Scrapy 是基于 Python 语言开发的两款优秀爬虫框架。在爬取网站数据、提取结构性数据方面都有不错的口碑，其中，PySpider 提供简洁方便、可运行在浏览器的 WebUI 设置管理界面，支持 PhantomJS 对 JS 信息的提取，但它对 windows 的兼容性不太友好，而 Scrapy 相对则在 Windows 和 Linux 运行情况良好，并且在应对反爬机制和执行超大规模任务方面有更好的性能。

【案例 3-1】

使用 Scrapy 框架搭建爬虫项目

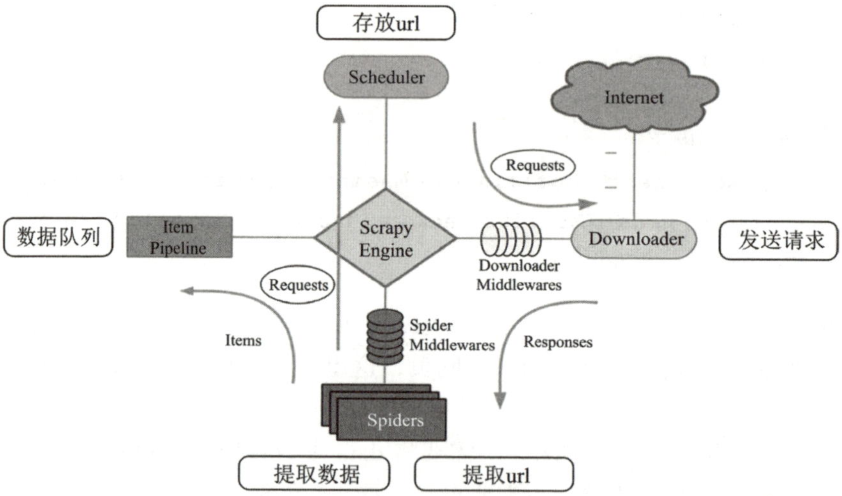

图 3-3　Scrapy 的架构图

图 3-3 表示的是 Scrapy 的架构图，其中带箭头的线表示数据流向的顺序，从 URL 开始，Scheduler 会将 Requeat 请求交给 Downloader 进行下载，之后会交给 Spider 进行分析，需要保存的数据会被送到 Item Pipeline 对数据进行

后期处理。具体各个模块的工作原理如下：

· Scrapy Engine（引擎）：负责整个框架间数据流的流转调配和事件触发等。

· Scheduler（调度器）：负责接受引擎发送过来的 Request 请求，并与 Setting.py 中的设置配合，调度请求的执行顺序和爬虫各类行为的控制。

· Downloader（下载器）：Request 请求通过 Downloader Middlewares（下载中间件）处理后进行下载，完成 Responses 请求，页面下载后交还给 Scrapy Engine（引擎），由引擎交给 Spider 来执行后续工作。

· Spider（爬虫）：负责分析获取 items.py 字段需要的数据，并将后续目标的 URL 对象通过 Spider Middlewares（Spider 中间件）加工后提交给引擎，然后重新放入 Scheduler（调度器）等待分配。

· Item Pipeline（管道）：它是数据处理模块，注意一个爬虫工程允许多个 Pipeline，因为不同的数据类型可以存储到不同的数据管理系统（MYSQL，MongoDB，Oracle）。

制作 Scrapy 爬虫一共需要 4 步：

①新建项目（scrapy startproject xxx）：新建一个新的爬虫项目。

②明确目标（编写 items.py）：明确想要抓取的目标。

③制作爬虫（spiders/xxspider.py）：制作爬虫，开始爬取网页。

④存储内容（pipelines.py）：设计管道存储爬取内容。

下面是启动爬虫的具体操作步骤：

第一步，创建 Scrapy 爬虫项目。

调出 CMD，输入如下代码并按“Enter”键：

```
scrapy startproject 项目名称
```

其中 scrapy startproject 是固定命令，运行上述命令后系统会自动创建相应的项目文件，如图 3–4 所示：

图 3–4　爬虫项目文件结构

· 文件夹 spiders：放置编写爬虫代码。

· 项目中的 items.py：用于定义数据格式的目标文件，确保模块间数据传递的格式一致，也用于对未定义的字段填充，以防拼写错误。

· 项目中的 middlewares.py：允许自定义代码来拓展 Scrapy 的功能，包含 Spider Middlewares 和 Downloader Middlewares，比如下载中间件的内置 User Agent Middleware 经常用于控制反反爬自定义 Requeat 对象策略。

· 项目的 pipelines.py：即框架中的 Item Pipeline（管道）组件。

· 项目爬虫设置 settings.py：比如中间件的开启或关闭设置。

· 项目配置文件 scrapy.cfg：一般不做改动，其内容不做详细介绍，读者可查询官方手册。

第二步，创建 Scrapy 爬虫文件命令。

```
scrapy genspider 爬虫名 域名 (起始URL)
```

设置爬虫名 first-spider，域名为 baidu.com，创建完成后会自动生成一些文件，如图 3-5 所示。

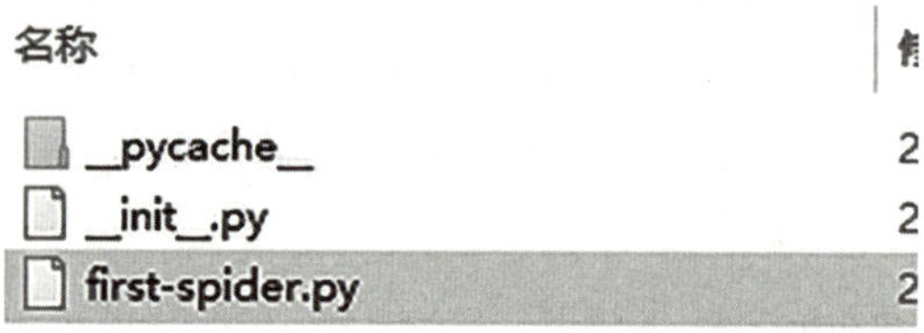

图 3-5　自动生成爬虫

开打 first-spider.py，将 start_urls 的值设为起始 url。

```
import sys
reload (sys)
sys.setdefaultencoding ("utf-8")
#防止Python2.X乱码的强制编码, 3.0版本以后无此问题

import scrapy


class ItcastSpider (scrapy.Spider) :
  name = "first-spider"
  allowed_domains = ["baidu.com"]
  start_urls = (
```

```
    'http: //www.baidu.com/',
  )

  def parse (self, response) :
    pass
修改parse () 方法
def parse (self, response) :
  filename = "std.html" #相对路径, 同级目录
  open (filename, 'w') .write (response.body)
```

第三步，启动爬虫。

```
scrapy crawl first-spider
```

注意启动爬虫时，必须在爬虫工程的根目录下执行，否则会报错。

三、数据采集常见的问题

首先，我们要明确一点，爬虫技术只能是作为一种高效获取数据的手段之一，但严格意义上其行为并非完全合法，如果不加以限制，任由爬虫随意而为，势必对互联网生态造成严重影响。例如制作爬虫软件出售给他人使用以牟利，供自己爬取公民个人信息，爬取公民个人信息出售并牟利，这些行为都是违反《中华人民共和国个人信息保护法》的，因此数据爬取切记“莫违规，莫越线，网络不是法外之地，伸手必被抓”。

（一）反爬虫技术

随着网络技术的平民化，除了专业做搜索引擎，如 Google、Yahoo、百度外，还有搜狗、360 也开始涉足搜索引擎领域，甚至一些 IT 爱好者也会编写简单的搜索工具，因此一个网站很难避免不被一个成熟且普遍的技术（网络爬虫）所光顾了。如果是设计优秀的智能爬虫也就罢了，合理的爬取策略对被爬对象的资源消耗比较少，但如果是缺乏经验的程序员编写的爬虫，仅仅是通过高并发“无脑式”地循环重复抓取，这种行为是不受欢迎的，更有甚者能造成网络拥堵和网站瘫痪，因此现在绝大多数网站在开发设计阶段就对前端增加了相关反爬虫措施，如下面介绍的：

1. 通过字符串头反爬虫

很多网站都会使用 User-Agent 进行检测，通过字符串的参数来判断是否为浏览器的请求，凡非为浏览器的访问都会被禁止。

2. 基于用户行为反爬虫

同一个 IP 地址短时间内频繁访问，或是同一账户长时间处于活动状态并对网站一直进行跳转操作，网站会限制账户登录次数或自动注销，如果长此以往还会被加入黑名单，通过封禁该 IP 来达到反爬效果。对于外链跳转和登录还增加验证码机制来防止爬虫行为。

3. 动态页面的反爬虫

动态网站在页面的生成和数据传递方面都是通过 ajax 请求，只要对所有的请求参数加密，基本功能就此封装，即只能通过内部接口才能访问。

（二）反反爬虫技术

为了能合理获取网站信息用于科学研究，在不影响网站正常运行的前提下，人们又提出几种反反爬虫的方式，下面我们介绍其中的几类：

1. 模仿自然人访问网站

对于用户行为反爬这种情况，可以通过一个公开的代理池 IP，设置时间戳来定时更换一个 IP，有两种方式可采用。第一种方式 Python 的 requests 库或者 urllib3 模块就可以实现，部分代码如下所示：

```
import urllib.request as ur
proxy_address=ur.urlopen('此处的代理的地址').read().decode('utf-8').strip()
print(proxy_address)
# 创建proxy_handler
proxy_handler = ur.ProxyHandler({'http': proxy_address})

# 新建opener对象
proxy_opener = ur.build_opener(proxy_handler)
request = ur.Request(url='https: //edu.csdn.net/')
reponse = proxy_opener.open(request).read()
```

第二种方式利用 Scrapy 框架修改项目文件 middleware.py，重写 object 类，用 get_random_proxy（ ）函数随机调用代理池 IP，注意 Setting.py 要启动中间件。

2. 自定义 headers

自定义 headers 也有两种方式可采用。第一，将正常浏览器 User-Agent 复制到爬虫的 Headers 中，或者修改 Referer 值（用于告知服务器请求时从其他网站链接过来的）。这种方式往往容易被忽略，通过对请求的抓包分析来确定 Referer，并将该值添加到爬虫程序模拟访问请求中。第二，利用 Scrapy 框架 spider 中的 Request 自定义为 UA：Mozilla/5.0（Windows NT6.1；WOW64）AppleWebKit/537.36（KHTML.like Gecko）Chrome/ 92.0.4515.107，这些是主流浏览器的标示，同时修改 settings.py，默认 hearders 的参数为主流浏览器，如表 3-1 所示。

表 3-1 Headers 参数一览表

属性	内容（举例）
Host	https ://www.baidu.com
Connection	keep-alive
Accept	text/html，application/xhtml+xml，application/xml；q=0.9，image/webp，*/*；q=0.8
User-agent	Mozilla/5.0（Macintosh；Intel Mac OSX 10_9_5）AppleWebKit/537.36（KHTML，like Gecko）Chrome/39.0.2171.95 Safari/537.36
Referer	https://www.baidu.com
Accept-encoding	Gzip，deflate，sdch
Accept-language	en-US.en：q=0.8

3. 利用 selenium 工具完成动态网页的爬取

如果 ajax 没有加密，可以首先用 Firebug 或者 Chrome driver 对网络请求进行分析，查找网页的节点信息、工作交互 JS 等元素信息。或者直接利用 Selenium 自带的 find_element_by_name()、find_element_by_css_selector() 和 find_element_by_xpath() 等方法查询对应的元素，接着再使用 WebElement.get_attribute() 和 WebElement.text() 方法获取节点信息属性和文本内容。

除了与浏览器相结合以外，还可以用 selenium + phantomJS 相互配合，利用 phantomJS 自动化测试的优势进行模拟人为填写表单、点击按钮，以及滚动页面等操作。这种方法完全有别于上述方法（伪装成浏览器访问网页），甚至可以通过 Session 帮助得到识别部分验证码的反爬技术。

四、数据存储

1. 保存数据到文件

Scrapy 保存爬取信息最简单的方式就是用 Feed exports 方法，主要有以下四种格式，-o 输出指定格式的文件，命令如下：

```
scrapy crawl first-spider -o teachers.json
```

json lines 格式，默认为 Unicode 编码

```
scrapy crawl first-spider -o teachers.jsonl
```

csv 逗号表达式，可用 excel 打开

```
scrapy crawl first-spider -o teachers.csv
```

xml 格式

```
scrapy crawl first-spider -o teachers.xml
```

2. 数据持久化

将数据存入 mongodb。第一步安装 Pymongo 库，第二步重写 pipelines.py 文件 Pipeline 类中的三种方法（open_spider，process_item，close_spider），第三步修改 settings.py 文件的 ITEM_PIPELINES 参数（1~1000）优先级。

settings.py

```
ITEM_PIPELINES = {'爬虫名.pipelines.重写类名': 优先级数值, }
```

pipelines.py

```
import pymongo
from scrapy.conf import settings

往mongodb数据库中插入数据
 class ChongXieClass (object) :
    def open_spider (self, spider) :
      # 创建mongodb的数据库连接
      self.conn = pymongo.MongoClient (
         host='127.0.0.1', port=2000
      )
      self.db = self.conn.数据库名
      self.collection = self.db.集合名
      # 往哪个集合 (MongoDB将数据表称为集合) 下插入文档 (记录称为文档)
    def process_item (self, item, spider) :

      # 往集合下插入数据
      dict_data = dict (item)
```

```
        try:
          col.insert (dict_data)
          print ('数据插入成功')
        except Exception as err:
          print ('插入数据失败', err)

    def close_spider (self, spider) :
        self.mongo_client.close ()
        print (spider.name, '爬虫结束了')
```

数据存入 MySQL 数据库的步骤和存入 Mongodb 一致，具体修改内容就不在本书详述了。

第二节 数据预处理

在原始数据中必然存在着大量缺失和异常的情况，数据预处理阶段因此会占整个数据挖掘生命周期的 60%~70%，而且直接影响着数据建模的质量。数据预处理共分数据清洗、数据集成、数据转换和规约四个步骤，在实际应用中数据清洗和数据集成可同步进行。数据预处理也可以理解为是一项特征工程，它将原始数据尽可能地整理完整规范，以便提取特征更加清晰来供算法和模型使用，特征选取质量越高，模型的选择就更加简便灵活。

在这里我们不得不提到 Python 强大的第三方库。如果选择安装 Python 的 Anaconda 发行版，开发环境里就自带了 Numpy、Scipy、Pandas、Matplotlib、Scikit–Lerrn，其中前四个库是专门进行数据统计、处理分析和可视化的，最后一个则提供机器学习库。这些库中的方法应用是有相互依赖关系的，比如 Scipy、Pandas、Matplotlib 都依赖于 Numpy，使用它们之前都必须导入 Numpy 包。常用库的介绍如表 3–2 所示，如果读者想了解更多，请参考 Python 有关科学计算的书籍。

表 3–2 Python 数据挖掘常用库一览表

扩展库	简单描述
Numpy	提供数组处理操作的函数
Scipy	提供矩阵之间转换的计算

续表

扩展库	简单描述
Pandas	数据分析工具，并提供大量数据模型、数据集操作方法以及简单的数据可视化工具
Matplotlib	提供实现数据可视化的函数（后续章节会详细介绍），常用的有 pyplot 模块，风格与 Matlab 相似
Scikit-Lerrn	强大的机器学习库（如决策树、回归、随机森林、SVM 等）

一、数据清洗

数据清洗除了删除明显与主题不相关的数据（比如符号、乱码等）外，重点是针对原始数据集中的缺失值和异常值数据进行处理操作。

通常对缺失值的处理有两种方法，如下所示：

1. 删除元组

最简单粗暴的就是直接删除有缺失的对象，以达到数据完整的目的，这种对于缺失对象占比非常低的数据集是非常快速有效的方法。当然，这种方法有着明显的缺陷：第一，不能保证被删除的这些对象中没有隐藏有用信息；第二，如果缺失数据的占比较大且分布情况较为集中时，草率的删除将严重影响数据集对模型训练结果的可靠性。删除数据可使用 DataFrame 模块的 dropna 函数，代码如下：

```
import pandas
#读取数据到data变量中
data = pandas.read_csv (
  'D: \\...\\xxx.csv',
  encoding='utf8',
  engine='python'
)
#直接删除缺失值
dropNaData = data.dropna ()
```

2. 数据补齐

这种方法通常是基于统计学理论，根据初始数据集中完整的数据对象的分布情况来推测缺失值的预估值，常见的几种数据补齐方法，如表 3–3 所示。

表 3–3　常用补缺方法一览表

补缺方法	方法描述
平均值填充 / 众数插补	如果缺失值是数值类型的，可以使用平均值来插补缺失的值，比如年龄信息缺失；如果缺失值是分类数据，可以使用众数原理，即出现频率最高的值来补齐缺失的值，比如性别信息缺失
K 值最邻近填充法	先根据欧式距离或相关分析来确定距离具有缺失数据样本最近的 K 个样本，将这 K 个值加权平均来估计该样本的缺失数据
线性回归	基于完整的数据集建立拟合模型，将已知属性值分成训练集和测试集，利用线性回归预测的估计值来进行填充。当变量不是线性相关时会导致有偏差的估计
插值法	插值法是利用已知点建立合适的插值函数 $f(x)$，未知值由对应点 x_i 求出的函数值 $f(x_i)$ 近似替代。常用的有拉格朗日插值法和牛顿插值法

其中，上表里平均值填充相对比较简单，利用 sklearn 模块中的 Imputer 函数可以实现代码如下：

```
from sklearn.preprocessing import Imputer
imputer = Imputer (strategy='mean') #均值填充缺失值
data ['缺失对象'] = imputer.fit_transform (data [ ['缺失字段'] ] )
```

使用 Pandas 和 Numpy 库平均值填充缺失值的示例如下：

```
import pandas as pd
import numpy as np
#生成服从"0~1"均匀分布的随机样本值
df=pd.DataFrame (np.random.randn (7, 3) )
df.loc [0: 4, 1] =np.NaN#构造缺失值
df.loc [0: 2, 2] =np.NaN#构造缺失值

#使用属性的平均值来填充缺失值
df.fillna ({1: np.mean (df.loc [0: 6, 1] ) , 2: np.mean (df.loc [0: 6, 2] ) })
```

利用模型进行填充需要以下几个步骤。首先要定位需要填充的位置，接着将有缺失值的作为预测对象，然后将剩余数据进行建模作为机器学习的训练对象。可使用最邻近填充法将有缺失值的样本的两个最近邻居的平均特征值替换“np.nan”的缺失值，代码如下：

```
import numpy as np
```

```
from sklearn.experimental import enable_iterative_imputer
from sklearn.impute import IterativeImputer
imp = IterativeImputer (max_iter=10, random_state=0)
imp.fit ( [ [1, 2] , [3, 6] , [4, 8] , [np.nan, 3] , [7, np.nan] ] )
IterativeImputer (random_state=0)
X_test = [ [np.nan, 2] , [6, np.nan] , [np.nan, 6] ]
# the model learns that the second feature is double the first
print (np.round (imp.transform (X_test) ) )
结果如下:
[ [ 1.  2.]
[ 6. 12.]
[ 3.  6.] ]
```

使用线性回归模型来填充缺失值的示例，其实质还是利用了回归模型来预估缺失值（具体原理可参考第三章“机器学习中的回归分析”内容）。

```
#随机生成一个线性回归数据
from sklearn.datasets import make_regression
X, Y=make_regression (n_samples=100, n_features=1, n_targets=1, noise=10.5,
random_state=1)
import matplotlib.pyplot as plt
plt.scatter (
  X, #x坐标
  Y, #y坐标
);
plt.show ()

#构建模型的训练集与测试集
df=pd.merge (pd.DataFrame (X, columns={
  'x'}) , pd.DataFrame (Y, columns={
  'y'}) , \
        left_index=True, right_index=True)
df.loc [4: 6, "y"] =np.NaN#构造缺失值
X_train=pd.DataFrame (df.loc [21: 100, 'x'] )
y_train=pd.DataFrame (df.loc [21: 100, 'y'] )
X_test=pd.DataFrame (df.loc [10: 20, 'x'] )
y_test=pd.DataFrame (df.loc [10: 20, 'y'] )
```

```
from sklearn import linear_model
regr = linear_model.LinearRegression ()
regr.fit (X_train, y_train) #构造线性回归模型
print ('Train Set of Score: %.2f' % regr.score (X_train, y_train) )
print ('Train Set of Score: %.2f' % regr.score (X_test, y_test) )
#线性回归模型预测缺失值
regr.predict (pd.DataFrame (df.loc [4: 6, "x"] ) )
```

拉格朗日插值法中最简单的是线性插值。最简单的拉格朗日插值是通过两个点的插值多项式是一条直线，它依赖于每个插值节点对应的插值基函数。当每一次需要加入新插值节点时，所有的系数都要计算一遍，例如：当 n=4时，计算公式为：

$$f(x)=\frac{(x-x_1)(x-x_2)(x-x_3)}{(x_0-x_1)(x_0-x_2)(x_0-x_3)}y_0+\frac{(x-x_0)(x-x_2)(x-x_3)}{(x_1-x_0)(x_1-x_2)(x_1-x_3)}y_1$$
$$+\frac{(x-x_0)(x-x_1)(x-x_3)}{(x_2-x_0)(x_2-x_1)(x_2-x_3)}y_2+\frac{(x-x_0)(x-x_1)(x-x_2)}{(x_3-x_0)(x_3-x_1)(x_3-x_2)}y_3$$

from scipy.interplotate import lagrange 直接调用 lagrange（x，y）函数，并返回一个对象，参数 x、y 分别是对应各个点的 x 值和 y 值。为了提高精度，可用多点来进行，拉格朗日插值法的代码实现如下：

```
import pandas as pd #如果是文件数据补缺则需要读入文件的模块
from scipy.interpolate import lagrange #导入拉格朗日插值函数
#自定义列向量插值函数, s为列向量, n为被插值的位置, k为取前后的数据个数, 默认5

#此处添加需要读入的文件并赋值对象实例化
inputfile = '../data/餐饮销售.xls' #销量数据路径
outputfile = '../tmp/缺失值_拉格朗日.xls' #输出数据路径

data = pd.read_excel (inputfile) #读入数据
data [u'销量'] [ (data [u'销量'] < 400) | (data [u'销量'] > 5000) ] = None #过滤异常值,
将其变为空值

#自定义列向量插值函数
#s为列向量, n为被插值的位置, k为取前后的数据个数, 默认为5
def ployinterp_columns (s, n, k=5) :
```

```
    y = s [list (range (n-k, n) ) + list (range (n+1, n+1+k) ) ] #取数
    y = y [y.notnull () ] #剔除空值
    return lagrange (y.index, list (y) ) (n) #插值并返回插值结果

#逐个元素判断是否需要插值
for i in data.columns:
    for j in range (len (data) ) :
        if (data [i] .isnull () ) [j]: #如果为空即插值
            data [i] [j] = ployinterp_columns (data [i] , j)

#得到的结果会写文件, 以excel为例
data.to_excel (输出对象)
```

这里采用机器学习的思路完成线性回归，这与此前的统计方式不同，现在我们简单介绍一下统计模型与机器学习之间的区别。

（1）定义不同

机器学习：在无须事先对数据进行人工分析的情况下，将数据智能转换为规则并建立模型的算法称为机器学习，它旨在使最准确的预测成为可能。

统计模型：通常将统计模型指定为一个或多个随机变量与其他非随机变量之间的数学关系，用于推断变量之间的关系。

（2）在线性回归上的不同

机器学习的目的是获得可以进行可重复预测的模型。建模期间不知道模型将如何执行，直到训练期间能够“预测”出此数据不存在的或被称为测试集的其他数据。这种情况下，机器学习的目的是在测试集上获得最佳性能。通常不关心模型是否可解释，机器学习只看重结果。

而对于统计模型，只需计算所有数据的最小化均方误差，无须训练，也无须测试，更多的是发现变量之间的关系和这些关系的重要性，例如我们建立了线性回归模型，就必须要检查是否满足以下条件：

- 因变量和自变量之间的线性关系
- 错误项的独立性
- 错误项（残差）需要正态分布
- 平均独立
- 无多重共线性
- 需要方差

反观在机器学习算法中对统计线性、残差的正态分布等没有严格要求，

相对更加灵活。

（3）数据需求和应用场景不同

统计模型更偏向应用于属性较少且为可管理数据集，属性数量过多反而会使之极易过拟合（在训练数据集上表现出色，但在测试和其他数据上表现差强人意，因为它的训练效果太过于接近训练数据集，这是不希望出现的情况）。大部分统计模型都遵循参数化方法（例如线性回归、逻辑回归）。因此，以下应用场景适合统计模型：

• 不确定性很低，因为开始构建模型时，大多数假设都已满足

• 数据量不是很大

• 如果要隔离少量变量的影响

• 总体预测中允许不确定性 / 边际误差

• 各种自变量之间的相互作用相对较少，可以预先指定

• 需要高解释性

机器学习算法在训练时需要大量的数据用于观察结果，而且大部分都遵循非参数方法（K 最近邻、决策树、随机森林、梯度提升方法、SVM 等）。因此，机器学习在下面几种情况下是更好的选择：

• 当要预测的结果没有很强的随机性时

• 可以对无限数量的精确重复进行训练

• 当以整体预测为目标时，无法描述任何一个自变量的影响或变量之间的关系

• 人们对估计预测中的不确定性或所选预测器的影响不是很感兴趣

• 数据量巨大

• 低可解释性，模型成为“黑匣子”

3. 不处理

上述填充方法属于主观估计值，未必完全符合客观事实且有一定几率又增加了新的噪声，还要再次对数据集进行噪声降除。因此，在许多情况下不处理缺失值，直接进行数据挖掘。

首先对于异常值的处理不能一概而论，因为有些异常值恰恰反映出业务流程的错误漏洞，可通过 Pandas 库中的 describe 函数对数据集进行统计分析，能快速定位异常值的位置、数量等信息，然后分析异常值出现的可能原因，如果会造成后面分析结果的不准确，可将它视为缺失值处理的方式比较稳妥。

二、数据集成

数据拼接是数据集成中较为常见的方法。为了增大样本量，数据集成更像是在建数据仓库，但由于数据预处理阶段的数据拼接依赖的是不同数据集间的相同属性（关键词或其他的特征），而且不同类型的数据库架构也都不同，因此势必会带来以下问题：

（1）实体识别问题。例如，一个数据库中的 id 和另一个数据库中的 number 指的是同一实体，通常数据仓库的元数据可以帮助避免这类错误。

（2）冗余问题。①属性冗余，同一属性多次出现；②通过相关性分析检测，防止由于字段命名不一致造成数据集冗余。

（3）数据值规范化问题。数据字段类型要规范合理，比如姓名字段设置为 20 个字符就完全没有必要。

三、数据变换

数据变换的目的可以简单地概括为改变数据的特征，使数据适合后续的数据建模。首先，要进行规范化处理。数据中不同特征的量纲（指特征的计量单位）可能不一致，数据的含义就需要统一，不然这样的特征就不能放在一起进行分析。因此，需要对数据进行等比例缩放，使之落在一个特定的区间，这样基于距离的模型，如 KNN 模型、SVM 模型的效果会有明显提升。常见的数据变换过程有以下几种方法：

1. 规范化处理

①最大—最小规范化：将数据映射到［0，1］区间，如身高（cm）和体重（kg）的取值范围相差较大，在邻近度分析中就需要进行最小—最大规范化处理，消除量纲（单位）的影响。其标准化公式如下：

$$标准化值=\frac{原数据-\mathrm{MIN}}{\mathrm{MAX}-\mathrm{MIN}}$$

利用 sklearn 模块中的 MinMaxScaler 函数对数据集进行最小—最大规范化，具体实现代码如下：

```
import pandas

data = pandas.read_csv (
    '要分析的文档的绝对路径',
```

```
    engine='python', encoding='utf8'
)
#特征变量
x = data [ ['字段A', '字段B'] ]

#目标变量
y = data ['字段C']
from sklearn.preprocessing import MinMaxScaler
#生成标准化对象
scaler = MinMaxScaler ()
#训练标准化对象
scaler.fit (x)
#把数据转换为标准化数据
scalerX = scaler.transform (x)
```

② Z-Score 标准化：处理后的数据均值为 0，标准差为 1，其标准化公式如下：

$$标准化数据 = \frac{原数据 - 均值}{标准化}$$

在 sklearn 模块中，使用 StandardScaler 函数进行 Z-Score 规范化，scale 函数也可以对数据标准化。代码如下所示：

```
from sklearn.preprocessing import StandardScaler
#把数据转换为标准化数据
scaleX = scale (x)
```

但这两个函数稍微又有点不同：scale 必须把训练集和测试集合起来，计算出共同的期望和方差，而 StandardScaler 的结果可以直接应用到其他数据集，这就意味着只需要拿训练集计算出期望和方差，不涉及测试集。当需要测试集标准化时，直接采用训练集的结果即可。因此在机器学习中，StandardScaler 是更常用的方式。

2. 正则化

除了前面介绍的对数据集的各个特征分别进行标准化处理的方法 min-max、Z-score 以外，还有一种数据预处理方式正则化。正则化是依照特征矩阵的行处理数据，其目的在于样本向量在点乘运算或核函数方面计算相似性，例如文本分类和聚类中，对于两个 TF-IDF 向量的 L2 范数进行点积，就能够获得这两个向量的余弦类似性。对于每个样本缩放到单位范数（每个样本的范数为 1），主要有 L1 范数、L2 范数，即转化为"单位向量"，其数学表达式如下：

令 $x=(x_1, x_2, x_3, \cdots, x_n)T$

L1 范数：$||x||_1=|x_1|+|x_2|+\cdots+|x_n|$

L2 范数：$||x||2=(|x_1|^2+|x_2|^2+\cdots+|x_n|^2)^1/2$

p- 范数的计算公式：$||x||p=(|x_1|^p+|x_2|^p+...+|x_n|^p)^1/p$

使用 preproccessing 库的 Normalizer 类对数据进行正则化的代码如下：

```
import pandas
data = pandas.read_csv (
  '需要分析的文档的绝对路径',
    engine='python', encoding='utf8'
)
#特征变量
x = data [ ['字段A', '字段B'] ]
#目标变量
from sklearn.preprocessing import Normalizer
#生成标准化对象
scaler = Normalizer ()
#训练标准化对象
scaler.fit (x)
#把数据转换为标准化数据
scalerX = scaler.transform (x)
```

3. 二值化与离散化

由于某些分类器要求数据是分类属性格式，因此要把连续型和离散型的特征数据转换成二元类型的值，而二值化一般用于对图像的处理。用 sklearn 模块中的 load_digits 函数加载一个案例数据，再使用 sklearn 模块中的实用类 Binarizer 来完成，输入下面表 3–4 所列参数。

表 3–4　类 Binarizer 参数

sklearn.preprocessing. Binarizer（threshold=0.0）	
参数	描述
threshold	二值化的阈值，默认为 0

```
from sklearn.datasets import load_digits
#加载手写数字案例数据
mnist = load_digits ()

import numpy
#拿第一个样本出来演示
digitData = numpy.reshape (mnist.data [0] , (8, 8) )

from sklearn.preprocessing import Binarizer
#生成标准化对象
binarizer = Binarizer (threshold=0)
#把数据转换为标准化数据
binarizerData = binarizer.fit_transform (mnist.data)
import numpy
digitBZData = numpy.reshape (
            binarizerData [0] , (8, 8) )
```

而离散化的过程则主要包括确定分类的个数，并将数据集映射到这些分类中。常用的方法有下列三种：

①等宽法：将属性分布值分为几个等分的分布区间，分区的个数可以根据数据本身的特点，也可以程序设定，但如果数据本身分布不均匀，会影响建模的训练结果。

②等频法：将相同数量的记录放入每个区间，可能会出现不同数据被分在一个区间的情况。

③基于聚类的分析方法：将属性按照 K-means 算法进行聚类，然后根据聚类的分类，将同一聚类的记录合并到同一组内。

以上三种方法的代码实现步骤如下：

第一，导入数据集以及各种需要的库。

```
import pandas as pd
import matplotlib.pyplot as plt
data = 'chapter4/demo/data/discretization_data.xls'
data = pd.read_excel (data)
import numpy as np
```

第二，采用等宽离散法分组。

```
data = data ['肝气郁结证型系数'] .copy () #将数据集转化为集合
k = 4  #k值为组数
d1 = pd.cut (data, k, labels=range (k) )  #将集合分组
```

第三，使用等频离散法分组。

```
w = [i/k for i in range (k+1) ] #计算百分比
w = data.describe (percentiles=w) [4: 9] #计算各个百分位数
d2 = pd.cut (data, w, labels=range (k) )  #将集合分组
```

第四，用 k-means 分组。

```
from sklearn.cluster import KMeans  #导入kmeans
kmodel = KMeans (n_clusters = k)    #确定族数
kmodel.fit (data.values.reshape (len (data) , 1) )  #训练数据集
c = pd.DataFrame (np.sort (kmodel.cluster_centers_) ) #确定中心并排序
w = c.rolling (2) .mean () .iloc [1: ]     #取移动平均值
w = [0] +list (w [0] ) + [data.max () ]     #加上最大最小值作为边界值
w = list (np.sort (w) )        #再次排序
d3 = pd.cut (data, w, labels = range (k) )
```

四、数据规约

数据规约也分为两类。一类是通过创建 / 变换属性以达到压缩数据量、降低数据维度、删除冗余信息的目标；另一类是通过选取较小数据量来替代整体样本的属性对象集，这有助于存储和分析大量数据，同时仍旧保证子数据集近似于原始数据的完整性。常用的规约方法主要有聚集、抽样、主成分分析（PCA），其介绍分别如下：

聚集，是几个相似的对象合并成一个对象的思想，聚集数据相对更加稳定、变异性小，但缺点是会丢失一些细节数据。

抽样，是在原始数据集中抽取具有代表性的样本，但要注意被抽样对象本身必须是大样本量，不然会出现数据结构丢失的问题。

主成分分析，是一种连续属性的降维方法，先标准化 M 维的原始数据集，接着通过构建的协方差矩阵将得到的特征值降序排列，然后取 k（$k \leqslant M$）个特征向量构建特征子空间，降维后的特征子空间不影响模型效果，且能减少模型训练时间。

可利用 sklearn 模块完成主成分分析，PCA 常用参数如表 3-5 所示。

表 3-5 类 sklearn 模块参数

sklearn.decomposition.PCA（n_components=None，copy=True，whiten=False）	
参数	说明
n_components	PCA 算法中保留的主成分个数 *n*，即特征个数，int/string，默认是 None，意思是所有成分都保留。
copy	是否保留训练数据，默认为 True，表示原始数据不会更改，运算是在数据副本上进行。

以常用于分类实验数据集（Iris）来测试主成分分析，具体代码如下：

```
from sklearn import datasets

iris = datasets.load_iris ()
x = iris.data
y = iris.target

from sklearn.decomposition import PCA
pca = PCA (n_components=2)
x_2  = pca.fit_transform (x)
#将降维后的特征值绘制成散点图
import matplotlib.pyplot as plt
plt.figure ()
plt.scatter (x_2 [: , 0] , x_2 [: , 1] , c=y)
```

第三节 数据建模与分析

经过了数据采集和预处理后通过模型算法使得这些数据具有了实际应用意义。在第二章已经介绍了数据挖掘技术中机器学分类器，本节将学习利用机器学习工具库 Scikit-learn 完成分类器的实现、深度学习 Theano、TensorFlow 和 Keras 框架的应用以及如何将实际问题通过人工智能的途径加以解决。图 3-6 直观明了地显示了人工智能解决实际问题的过程。

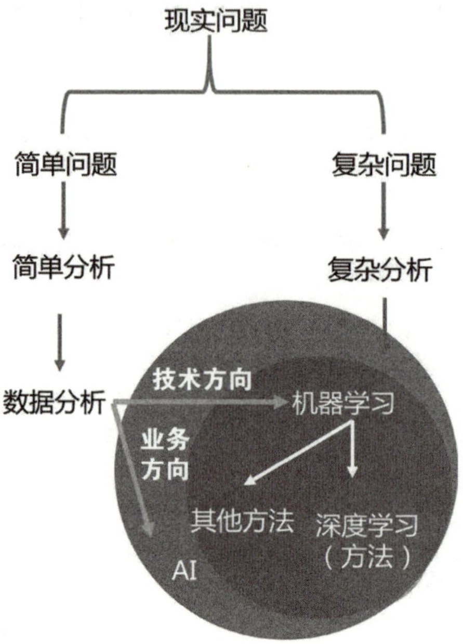

图 3-6　人工智能解决实际问题过程

一、机器学习

机器学习是人工智能的子集，研究和开发能够使机器在无监督的情况下执行特定的任务。机器将利用输入的数据集开始训练，根据算法建立数学模型，该模型对同数据源此后输入的新数据进行预测或决策。机器学习的最终目的是赋予计算机自主数据学习的能力，其流程大致如图 3-7 所示。

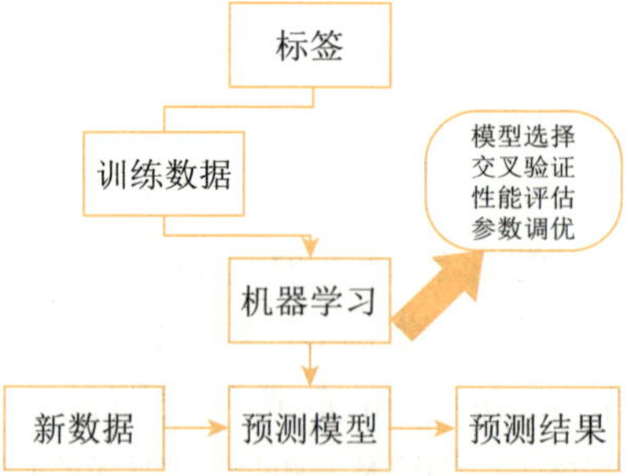

图 3-7　机器学习的工作流程

本节介绍上述工作流程的具体实现步骤，以进一步加深理解这些模型在机器学习整个流程中的作用。

（一）回归分析

回归分析从最早的最小二乘法算起，距今将近200年的时间，在数据挖掘模型当中相对算较容易理解的模型，通过已有的自变量和因变量的对应关系，对新自变量预测因变量的过程。回归模型中比较经典的几个算法是线性回归、非线性回归。

最小二乘法（又称最小平方法）是一种数学优化技术，通过最小化误差使得其平方和也最小化，以寻找最佳的未知数据匹配，即求得的数据与实际数据之间误差的平方和为最小。在实际应用中，可根据已知的样本数据，采用最小二乘法来预测线性回归模型参数的估计量。比如一家公司给自己的商品投放广告，并记录了每月投放广告的费用和当月的销售额。现在公司想了解，如果下月投放40万元的广告费会带来多少收益？根据回归分析的方法来解决这个问题，其步骤如下：

（1）根据需要预测的目标，确定自变量和因变量 x，很明显将广告费作为自变量，销售额作为因变量 y。

（2）根据已知数据确定是否存在线性关系，并确定模型类型。

（3）建立线性回归模型，利用 scikit-learn 库来进行。

（4）对回归模型进行检验，通过 sklearn 中的 score 函数计算出模型精度（一般用精度R2来表示回归模型拟合度）。

（5）利用回归模型推算出销售额的预测结果。

具体实现代码如下：

```
import pandas

data = pandas.read_csv ('…\\线性回归.csv',
                        engine='python', encoding='utf8')
#定义自变量

#定义因变量
y = data [ ["销售额 (万元) "] ]

#计算相关系数
data ['广告费用 (万元) '] .corr (data ['销售额 (万元) '] )
#导入sklearn.linear_model模块中的LinearRegression函数
```

```
from sklearn.linear_model import LinearRegression
#使用线性回归模型进行建模
lrModel = LinearRegression ()
#使用自变量 x 和因变量 y 训练模型
lrModel.fit (x, y)

#计算模型的精度
lrModel.score (x, y)

pX= pandas.DataFrame ({'广告费用 (万元) ': [40] })
#对未知的数据进行预测
lrModel.predict (pX)
```

如果遇到应用的场景自变量和因变量之间是非线性关系，该如何解决？其实只要把它的数学关系变化一下，将非线性方程变成多重线性方程再去求解因变量的预测值即可。根据上面线性求解，只多了一个步骤，即：

```
#数字从0开始，假设三重线性回归
data [x0] = data.自变量字段.pow (0)
data [x1] = data.自变量字段.pow (1)
data [x2] = data.自变量字段.pow (2)
data [x3] = data.自变量字段.pow (3)

#重新变化后的自变量
x = data [ ['x0', 'x1', 'x2', 'x3'] ]
```

如果觉得麻烦，也可以直接利用 scikit-learn 库的 PolynomialFeatures 来处理，具体如下：

```
from sklearn.preporcessing import PolynomialFeatures
polynomialFeatures = PolynomialFeatures (degree=4)
```

既然把非线性变成多重线性去解决，是不是分的阶数越高就越好？这里我们可以做个实验来说明此问题。假设有这样一组数据，反映了一款游戏发布后每天上线用户数量的情况表。我们还是通过 PolynomialFeatures 方法来完成，只不过它的参数值 degree 我们用一个简单的循环 for 来赋值，通过这种方式变换成几重阶数来比较最合理。

```
import pandas
from sklearn.preporcessing import PolynomialFeatures

data = pandas.read_csv (
   '…\\一元非线性回归.csv',
     engine='python', encoding='utf8')

x = data [ [""上线天数"] ]
ds = []
scores = []
for d in range (2, 20) :
    ds.append (d)
    polynomialFeatures = PolynomialFeatures (degree=d)
    x_d = polynomialFeatures.fit_transform (x)
    lrModel = LinearRegression ()
    lrModel.fit (x_d, y)
    scores.append (lrModel.score (x_d, y) )
dScores = pandas.DataFrame ({
   '阶次': ds,
   '模型得分': scores
})
```

通过实验我们不难发现阶数在从 5 阶以后模型的得分开始回落，如图 3–8 所示，因此得出结论并非阶数越高就越好，所以根据计算的复杂性考虑选择 3 阶是比较合理的。

阶次	模型得分
2	0.987426
3	0.997134
4	0.997779
5	0.997817
6	0.997813
7	0.996357
8	0.986865
9	0.907029

图 3–8　运行结果

（二）分类模型

分类模型的经典实现过程一般为最近邻算法（KNN 模型）、决策树、支持向量机和逻辑回归模型。可通过导入鸢尾花数据集（iris）的数据来实现各个分类器，这里为了直观感受各个分类器所得到的决策边界，会用到数据可视化工具，不过暂时不做解释。

1. KNN 模型

其实现的具体代码清单如下：

```
from sklearn.datasets import load_iris  #导入数据集iris
import numpy as np
import matplotlib.pyplot as plt #数据可视化第三章后续会讲到

#载入iris数据集
iris = load_iris ()
x = iris.data [:, [2, 3]]
y = iris.target

#随机拆分训练集和测试集
from sklearn.model_selection import train_test_split
X_train, X_test, y_train, y_test = train_test_split (X, y, test_size=0.3,
random_state = 1, stratify=y)

#数据标准化
from sklearn.preprocessing import StandardScaler
sc = StandardScaler ()
sc.fit (X_train)
X_train_std = sc.transform (X_train)
X_test_std = sc.transform (X_test)

from sklearn.neighbors import KNeighborsClassifier
#定义kNN分类模型
KNN = KNeighborsClassifier (n_neighbors=5, p=2, n_jobs=1)
KNN.fit (X_train_std, y_train)

plot_decision_regions (X_combined_std, y_combined,
                        Classifier=knn, test_idx= (105, 150) )
```

```
plt.xlabel ('长度')
plt.ylabel ('宽度')
plt.lengend (loc='upper left')
plt.tight_layout ()
plt.show ()
```

2. ID3 算法的决策树模型

这里还是用鸢尾花数据集（iris）的数据，最后使用 Graphviz 工具绘制二叉树，使其效果更加直观。使用安装过程读者可自行查找相关资料，绘制效果如图 3–9 所示。

```
import numpy as np
import matplotlib.pyplot as plt

from sklearn import tree
from sklearn.datasets import load_iris  #导入数据集iris

#载入iris数据集
iris = load_iris ()

#选用第一个和第三个特征作为X
X = iris.data [:, [0, 2] ]

#选用target作为label
y = iris.target
#设定最大深度为5的分类决策树
clf = tree.DecisionTreeClassifier (max_depth=5, criterion="entropy")
#建立决策树模型, 基于信息熵)
#有关tree.DecisionTreeClassifier参数定义, 读者可查阅官方文档。

#拟合数据
clf = clf.fit (X, y)

#引入graphviz模块用来导出图, 结果图如下所示
import graphviz
dot_data=tree.export_graphviz (clf, out_file=None, feature_names=
```

```
        iris.feature_names, class_names=iris.target_names, filled=
        True, rounded=True, special_characters=True)
graph=graphviz.Source (dot_data)
graph.view ()
```

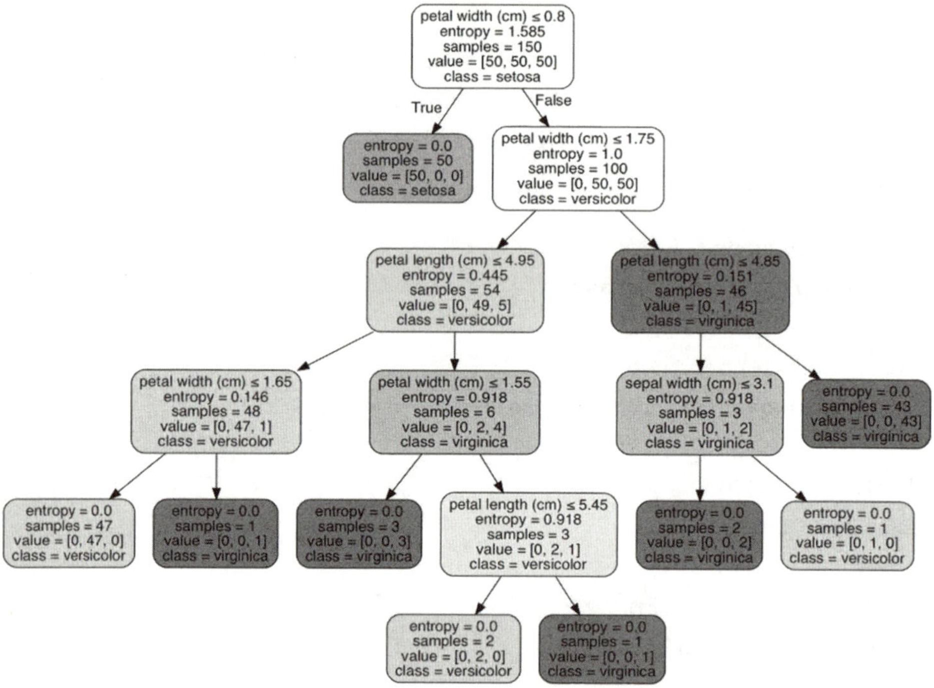

图 3–9 Graphviz 绘制二叉树

3. 支持向量机的实现

在第二章中我们讲到，SVM 是支持线性和非线性分类的。

首先，我们来实现一个数据集是线性可分的例子。这里直接使用 sklearn 自带的数据集，通过 sklearn.datasets.make_blobs 导入数据集并使用 svc 训练模型，其中 kernel 的参数值为 linear。

```
import numpy as np
import pandas as pd
import matplotlib.pyplot as plt
from scipy import stats
import seaborn as sns; sns.set ()
```

```
#创建实验数据
from sklearn.datasets.samples_generator import make_blobs
x, y = make_blobs (n_samples=50, centers=2, random_state=0, cluster_
std=0.60)
#n_samples=50意思取50个点, centers=2意思是将数据分为两部分
plt.scatter (x [: , 0] , x [: , 1] , c=y, s=50, cmap='autumn') #将图像展示出来

#建立模型
from sklearn.svm import SVC
model = SVC (kernel='linear', C=1E10)
model.fit (x, y)
```

接着如果遇到非线性数据时，一种方法是可以先使用属性变化将原数据投影到高维空间，比如二维空间转换为三维空间，完成分类后再变为原始空间就完成了非线性的决策边界；还有一种简单的方法就是核函数以数据圆圈为中心的径向基函数（也称为高斯核），可解决映射到高纬度昂贵的计算成本。

```
#生成实验数据
from sklearn.datasets.samples_generator import make_circles
x, y = make_circles (100, factor=.1, noise=.1)
clf = SVC (kernel='rbf', C=1E6) # 高斯核
clf.fit (x, y)
```

（三）机器学习模型评估的方法

模型评估一般涵盖三类回归、分类和聚类，本节我们主要介绍对回归模型和分类模型的评估。

1. 回归模型的评估

通常可用两个指标去评判建模的效果，具体如下所示：

① 平均绝对误差（Mean Absolute Error，MAE）

指预测值与真实值之间的平均相差，能更好地反映预测值误差的实际情况。

② 均方误差（Mean Squared Error，MSE）

指观测值与真值偏差的平方和与观测次数的比值，这也是线性回归中最常用的损失函数。MSE 可以评价数据的变化程度，MSE 值越小，说明预测模型描述的实验数据精确度越好。这里我们直接用 scikit-learn 库的 metrics 模块，里面包含机器学习模型效果的各种评价指标：

```
#sklearn的调用
from sklearn.metrics import mean_absolute_error
from sklearn.metrics import mean_squared_error

y_true_1= [3, -0.5, 2, 7]
y_pred_1= [2.5, 0.0, 2, 8]
print (mean_absolute_error (y_true_1, y_pred_1) ) #0.5
y_true_2= [ [0.5, 1] , [-1, 1] , [7, -6] ]
y_pred_2= [ [0, 2] , [-1, 2] , [8, -5] ]
print (mean_absolute_error (y_true_2, y_pred_2) ) #0.75

y_true_3= [3, -0.5, 2, 7]
y_pred_3= [2.5, 0.0, 2, 8]
print (mean_squared_error (y_true_3, y_pred_3) )
y_true_4= [ [0.5, 1] , [-1, 1] , [7, -6] ]
y_pred_4= [ [0, 2] , [-1, 2] , [8, -5] ]
print (mean_squared_error (y_true_4, y_pred_4) )
```

2. 分类模型的评估

一般可通过混淆矩阵计算出准确率、精确率、召回率、F1_score（其具体解释参见后文）的评估指标，常用方法有保持法和 K 折交叉验证。混淆矩阵是表示精度评价的一种标准格式，用 n 行 n 列的矩阵形式来表示，如图 3-10 所示。

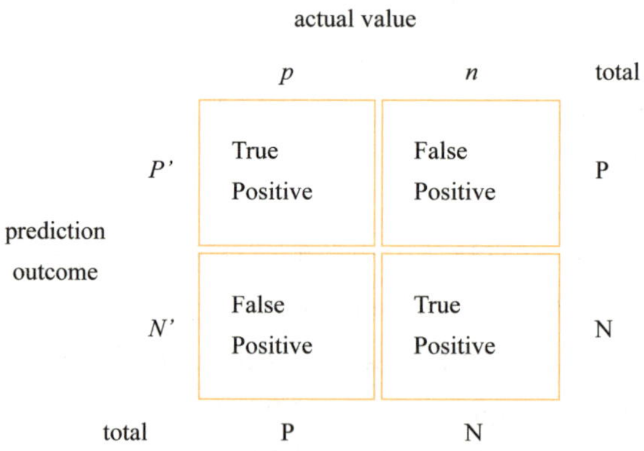

图 3-10　混淆矩阵

真阳性（True Positive，TP）：被模型预测为正的正样本。

假阳性（False Positive，FP）：被模型预测为正的负样本。

假阴性（False Negative，FN）：被模型预测为负的正样本。

真阴性（True Negative，TN）：被模型预测为负的负样本。

① 准确率（Accuracy）：对于给定的测试集，分类模型正确分类的样本数与总样本数之比，公式为 Accuracy =（TP+TN）/（TP+FN+FP+TN）；

② 精确率（Precision）：对于给定测试集的某一个类别，分类模型预测正确的比例，或者说分类模型预测的正样本中有多少是真正的正样本，其公式为 Precision = TP/（TP+FP）；

③ 召回率（Recall）：对于给定测试集的某一个类别，样本中的正类有多少被分类模型预测正确，其公式为 Recall = TP/（TP+FN）；

④ F1_score：在理想情况下，我们希望模型的精确率越高越好，同时召回率也越高越好，但是现实情况往往事与愿违。在现实情况下，精确率和召回率像是坐在跷跷板上一样，往往出现一个值升高，另一个值降低的情况。那么，有没有一个指标来综合考虑精确率和召回率呢？答案是肯定的，这个指标就是 F 值，其公式为 2/F1 = 1/Precision + 1/Recall。

使用 scikit-learn 库来加以举例说明：

```
from sklearn.metrics import accuracy_score, precision_score, recall_
score, f1_score
# accuracy_score
y_true = [0, 1, 0, 1]
y_pred = [1, 1, 1, 0]

```

# precision_score
y_true = [0, 1, 2, 0, 1, 2]
y_pred = [0, 0, 0, 0, 0, 0]

# recall_score
y_true = [0, 0, 0, 0, 0, 0]
y_pred = [0, 2, 1, 0, 0, 1]

#F1
y_true = [0, 1, 2, 0, 1, 2]
y_pred = [0, 2, 1, 0, 0, 1]
```
```

```
```

print ("accuracy score: ", accuracy_score (y_true=y_true, y_pred=y_pred)) #0.5
print ("precision score: ", precision_score (y_true=y_true, y_pred=y_pred)) # array ([0.33…, 0, 0.])
print ("recall score: ", recall_score (y_true=y_true, y_pred=y_pred)) # array ([0.5, 0, 0.])
print ("f1 score: ", f1_score (y_true=y_true, y_pred=y_pred)) # array ([0.8, 0, 0.])
```

保持方法：这是我们最经常用的方法，将标记的数据分成训练集和测试集，或者通过随机子采样的多次重复测试获得错误分布率。不过保持方法也有缺点，评估结果随数据子集的划分变化而变，模型性能往往不如用全部被标记的样本用于训练来得好。

K 折交叉验证：把数据集分为相同大小的 2 个以上子集，选择一个作为测试集，剩余的都是训练集，然后依次选择训练集的子集作为测试机，经过 K 次训练后，得到总测试错误率之和。K 折交叉验证有一种极端方法叫留一法，就是将 $k$ 值设置为样本数，保证每次迭代都使用一个数据用于测试，以保证尽可能充分地训练数据。无论分类还是回归模型，都可以使用 K 折交叉验证进行模型评估。

接着我们要介绍一个比较特殊的模型——逻辑回归。首先我们来了解一下这个名叫“回归”但实际却是个分类模型。逻辑回归属于广义线性模型，是一种简单强大的线性二元分类器。通过 Sigmoid 函数（又称 S 形函数），将自变量限定在（0，1）之间，这样不仅可以得到分类的结果，还能知道被分为某个分类的概率，而且 Sigmoid 函数因为处理数据的特殊方式，对深度学习也起着非常重要的作用。

我们可通过使用逻辑回归模型的实例来演示模型评价的实现过程。

```
from sklearn.datasets import load_iris #导入数据集iris
import numpy as np
import matplotlib.pyplot as plt

#载入iris数据集
iris = load_iris ()
```
```

```
x = iris.data [:, [2, 3]]
y = iris.target

#随机拆分训练集和测试集
from sklearn.model_selection import train_test_split
X_train, X_test, y_train, y_test = train_test_split (X, y, test_size=0.3,
                                        random_state = 1, stratify=y)

#数据标准化
from sklearn.preprocessing import StandardScaler
sc = StandardScaler ()
sc.fit (X_train)
X_train_std = sc.transform (X_train)
X_test_std = sc.transform (X_test)

from sklearn.linear_model import LogisticRegreesion
lr = LogisticRegreesion (C=100.0, random_state=1,
                          solver='lbfgs', muti_class='ovr')
lr.fit (X_train_std, y_train)

from sklearn.model_selection import cross_val_score
#进行K折交叉验证
cores = cross_val_score (lrModel, X=X_train, y=y_train, cv=10)
cores

#预测测试数据集的目标变量
y_test_predict = knnModel.predict (X_test)
#计算混淆矩阵
from sklearn.metrics import confusion_matrix
confusion_matrix (
    y_test,
    y_test_predict)

#精确率
from sklearn.metrics import precision_score
precision_score (y_test, y_test_predict)
```

```
#召回率
from sklearn.metrics import recall_score
recall_score (y_test, y_test_predict)

#f1值
from sklearn.metrics import f1_score
f1_score (y_test, y_test_predict)
```

二、深度学习

过去由于受到硬件条件的限制，神经网络一度沉寂，近十年随着计算能力的瓶颈被打破，ANN 模型又广泛流行起来，我们在第二章里提到的人工神经网络就属于深度学习的雏形。

我们先回顾一下前面章节学习的基本知识。基于生物神经元模型可得到多层感知器 MLP 的基本结构，包括输入层、隐层和输出层三层，各层是全连接方式（上一层的所有神经元与下一层的都相互连接），同时还介绍了神经网络的三个基本要素，即权重、偏置和激活函数，其中权重用于表示上层与下层神经元之间的强度，偏置通常指负的权重或阈值，尤其重要的是激活函数，它通过非线性映射的方式，将输出值幅度限制在（–1~1）或（0~1）之间，其中最常用的是 Sigmoid 函数，还有 tanh 和 ReLU 等函数，具体采用哪种激活函数需视具体情况而定。

MLP 最经典的范例就是数字识别，给出一张上面写有数字的图片并作为输入，最终判断出图片上的数字，其实现代码如下：

```
基于mnist数据集的手写数字识别
#构造了三层全连接层组成的多层感知机，最后一层为输出层
import keras
from keras.datasets import mnist
from keras.models import Sequential
from keras.layers import Dense, Dropout
from keras.optimizers import RMSprop

(x_train, y_train), (x_test, y_test) = mnist.load_data()
#载入数据，第一次运行时会从外部网络下载数据集到对应目录下
```

```
print (x_train.shape, y_train.shape)
print (x_test.shape, y_test.shape)

x_train = x_train.reshape (60000, 784)
x_test = x_test.reshape (10000, 784)
x_train = x_train.astype ('float32')
x_train = x_train.astype ('float32')
print (x_train.shape)
x_train = x_train/255
x_test = x_test/255
y_train = keras.utils.to_categorical (y_train, 10)
y_test = keras.utils.to_categorical (y_test, 10)

model.add (Dense (input_dim=3, output_dim=5) ) # 加入隐含层
model = Sequential ()
model.add (Dense (512, activation='relu', input_shape= (784, ) ) )
model.add (Dropout (0.2) )
model.add (Dense (512, activation='relu') ) #激活函数
model.add (Dropout (0.2) )
model.add (Dense (10, activation='softmax') ) #逻辑回归函数
model.summary ()
model.compile (loss='categorical_crossentropy', optimizer=RMSprop () ,
metrics= ['accuracy'] )
model.fit (x_train, y_train, batch_size=64, epochs=2, verbose=1, validation_
data= (x_test, y_test) )
score = model.evaluate (x_test, y_test, verbose=1)
print ('Test loss: ', score [0] )
print ('Test accuracy', score [1] )
```

将上面的代码导入 Keras 库。该工具库基于 Python 编写，是专门用于深度学习的工具库，可以作为 Tensorflow 和 Theano 的高阶应用后端接口。Keras 在代码结构上完全是高度模块化，支持 CNN（卷积神经网络）和 RNN（循环神经网络），大大简化了复杂算法的实现难度。此外，Keras 还有许多其他的扩展功能，如通过 h5py 包来保存管理 Keras 的 HDF5 二进制格式数据，加载 pydot 包可以用 GraphViz DOT 格式绘制图形来直观表达数据。另外，深度学习需要用到 GPU 的强大计算能力，只要导入 cuDNN 即可，图 3–11 展示的是

Keras 的架构。

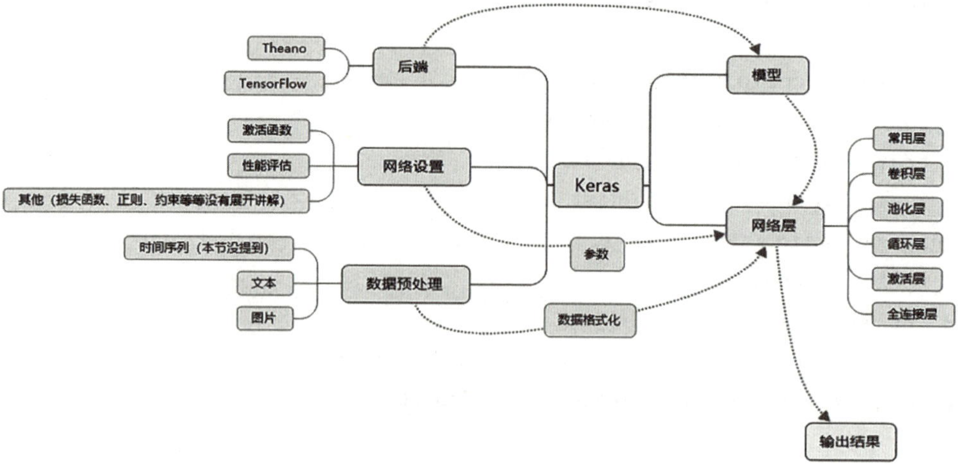

图 3-11　Keras 架构分布

下面对 Keras 框架中几个主要的模块做简单的介绍，即 Models 包、Layers 包和 Activations 包。Keras 框架构建流程如图 3-12 所示。

```
from keras.models import Sequential
model = Sequential () # 初始化模型
model.add (...) # 可使用add方法组装组件
from keras.layers import Dense # Dense表示BP层
model.add (Dense (input_dim=3, output_dim=5) ) # 加入隐含层

model.add (Dense (input_dim=3, output_dim=5, activation='sigmoid') ) # 加入
带激活函数 (sigmoid) 的隐含层
```

① Models 包：keras.models 是 Keras 中最主要的一个模块，用于对各个组件进行组装。

② Layers 包：keras.layers 模块主要用于生成神经网络层，包含多种类型，例如 Core 里面包含了 flatten（CNN 的全连接层之前需要把二维特征图 flatten 弄成一维的）、reshape（CNN 输入时将一维的向量弄成二维的）、dense（隐藏层）。

③ Activations 包：keras.activations 模块主要负责为神经层附加激活函数，如 linear、sigmoid、hard_sigmoid、tanh、softplus、softmax、relu 以及 LeakyReLU、PReLU 等比较新的激活函数。

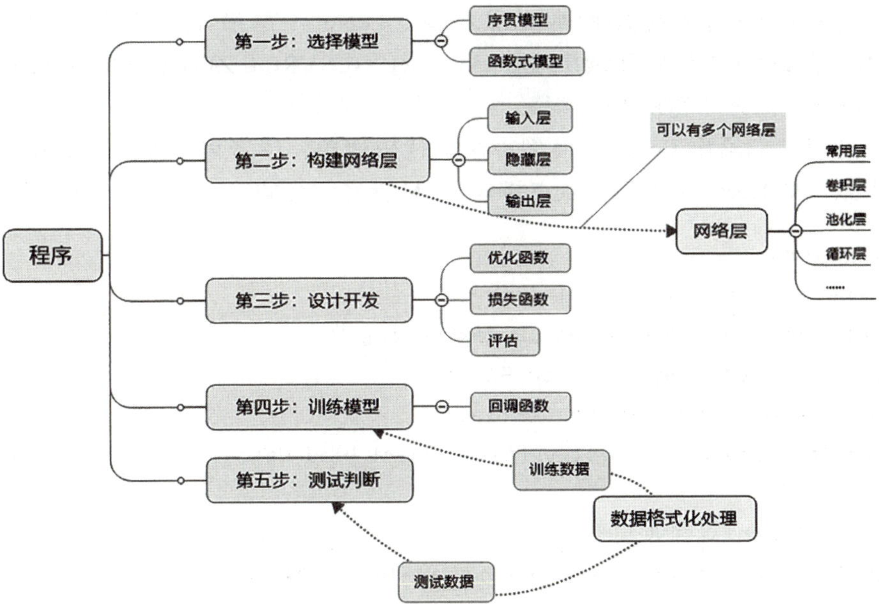

图 3–12　Keras 的实现流程

Keras 框架还可以用卷积神经网络（CNN）来处理图像和语音分析等分类领域二维网格的分类。简单来说，卷积（或内积）就是一种先把对应位置相乘再把结果相加的运算。通过卷积运算，可以使原信号特征增强，并且降低噪声，其创建步骤如图 3–13 所示。

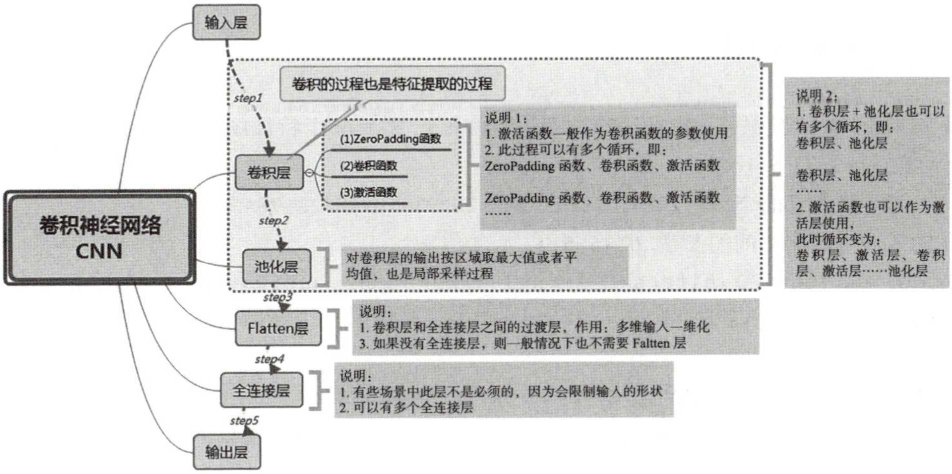

图 3–13　CNN 模型创建步骤

卷积神经网络有几种常见结构图，LeNet-5 是最早用于数字识别的 CNN，直到 2012 年后陆续出现了 AlexNet、ILSVRC、ZFNet、GoogLeNet 和 VGGNet 等优秀的卷积神经网络。

这里我们给出 Lenet-5 模型算法的代码清单，读者可以通过代码中的注释大致了解 Keras 是如何一点点搭建 CNN 神经网络的。

```
import keras
from keras.datasets import mnist
from keras.layers import Conv2D, MaxPooling2D
from keras.layers import Dense, Flatten
from keras.models import Sequential
 (x_train, y_train), (x_test, y_test) = mnist.load_data ()

# 输入数据为 mnist 数据集
x_train = x_train.reshape (x_train.shape [0] , 28, 28, 1)
x_test = x_test.reshape (x_test.shape [0] , 28, 28, 1)

x_train = x_train / 255
x_test = x_test / 255

y_train = keras.utils.to_categorical (y_train, 10)
y_test = keras.utils.to_categorical (y_test, 10)

model = Sequential ()

# 选取6个特征卷积核, 大小为5*5 (不包含偏置) , 得到66个特征图, 每个特征图的大小
为32-5+1=2832-5+1=28,
# 也就是神经元的个数由10241024减小到了28*28=78428*28=784。
# 输入层与C1层之间的参数: 6* (5*5+1)
model.add (Conv2D (filters=6, kernel_size= (5, 5) , activation='relu', input_
shape= (28, 28, 1) ) )

# 这一层的输入为第一层的输出, 是一个28*28*6的节点矩阵。
# 池化层采用的过滤器大小为2*2, 长和宽的步长均为2, 所以本层的输出矩阵大小为
14*14*6。
model.add (MaxPooling2D (pool_size= (2, 2) ) )
```

```
# 本层的输入矩阵大小为14*14*6，使用的过滤器大小为5*5，深度为16.本层不使用全0
填充，步长为1。
# 本层的输出矩阵大小为10*10*16。本层有5*5*6*16+16=2416个参数
model.add (Conv2D (16, kernel_size= (5, 5) , activation='relu') )

# 本层的输入矩阵大小10*10*16。本层采用的过滤器大小为2*2，长和宽的步长均为2，
所以本层的输出矩阵大小为5*5*16。
model.add (MaxPooling2D (pool_size= (2, 2) ) )

# 本层的输入矩阵大小为5*5*16，在LeNet-5中将这一层称为卷积层，但是因为过滤器
的大小就是5*5，
# 所以和全连接层没有区别。如果将5*5*16矩阵中的节点拉成一个向量，那么这一层和
全连接层就一样了。
# 本层的输出节点个数为120，总共有5*5*16*120+120=48120个参数。
model.add (Flatten () )
model.add (Dense (120, activation='relu') )

# 本层的输入节点个数为120个，输出节点个数为84个，总共参数为120*84
+84=10164个 (w + b)
model.add (Dense (84, activation='relu') )

# 本层的输入节点个数为84个，输出节点个数为10个，总共参数为84*10+10=850
model.add (Dense (10, activation='softmax') )
#主要负责设定神经网络的优化方法
model.compile (loss=keras.metrics.categorical_crossentropy,
optimizer=keras.optimizers.Adam () , metrics= ['accuracy'] )

model.fit (x_train, y_train, batch_size=128, epochs=20, verbose=1,
validation_data= (x_test, y_test) )
score = model.evaluate (x_test, y_test)
print ('Test Loss: ', score [0] )
print ('Test accuracy: ', score [1] )
```

本章节介绍了 Scikit-Learn 库和 Keras 库的强大功能，但只通过一些简单例子展现基本功能，它们真正强大的应用远不止这些。由于篇幅有限，无法对机器学习和深度学习做进一步的展开，有兴趣的读者可阅读一些相关书籍。

第四节 数据可视化

数据可视化最早可追溯到20世纪60年代人们使用办公自动化工具Excel所创建的那些图形，这是数据可视化最基础的应用。这些仅仅是数据信息的统计图表只表达了历史数据，缺乏过程性，然而面对复杂或海量的数据集，比如商业分析、舆情分析、气温状况分布、用户网上行为分析等，将数据中所挖掘到的隐含信息展现出来，这就是数据可视化的最终目标。

一、可视化概念

（一）数据可视化的定义

数据可视化是通过视觉直观的特点来帮助人们加深理解数据的内涵意义和记忆的科学技术研究。数据可视化的过程也可以视为是和软件工程一样的一个“可视化工程”，比如需求分析、数据维度和属性筛选，最后根据受众群体选用合适的呈现方式。比如为了观测和跟踪数据，强调可视化的展示要具有实时性的变化，还比如气候温度变化等。或者为了分析数据，帮助用户快速做出决策，就需要可视化具有交互式的功能，通过检索、平铺对比等方式展现数据间潜在的关联。又或者在教育教学方面，根据课程的应用方向，分析并选取必要的数据集，制作强大说服力的课件，进一步明确要表达的主题信息。

（二）数据可视化应用的领域

数据可视化应用于很多行业，如图3–14所示。比如在科学和工程领域数据，有环境监测、地理GIS三维空间测量、医学影像等数据。还有处理对象是非结构化数据，如各类格式文本文档、社交媒体、视频和图片等数据，提高从高维复杂数据中删除混淆信息，提纯有用信息的能力。在人机交互技术方面，加强可视交互界面的研究，将图形学、分析推理和3D技术融合在一起，VR技术就是数据可视化的一种功能实现，数据可视化正慢慢融入我们的生活。

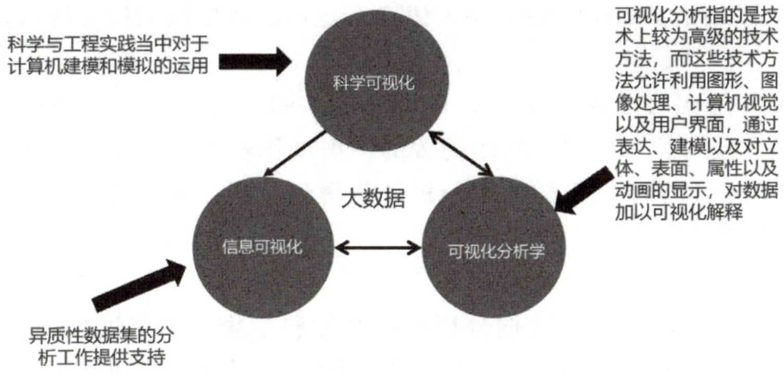

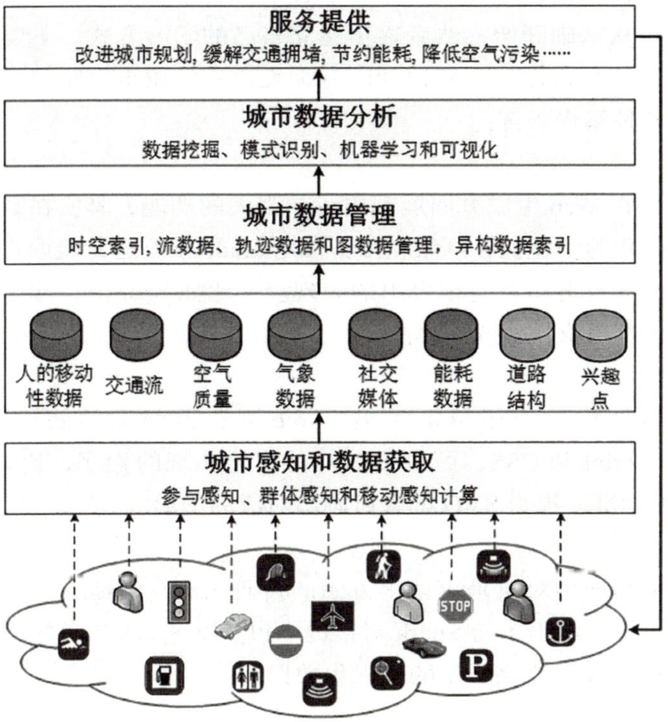

图 3–14　城市身边的数据挖掘可视化运用

二、可视化工具

（一）应用型可视化（非编程类）

第一类就是 Excel 最简单的应用性图表工具，对于处理少量的数据极为方便，使用数据透视图 / 表和 VBA 语言，也可制作出较为精美的可视化分析效果。

第二类是相对成熟的工具，比如 Power BI、Tableau、FineBI、魔镜等，这些工具直接封装了代码，利用简单的拖曳动作就可以实现丰富的可视化图表，如果需要对千万亿级的数据分析性能得到保证，可以根据实际情况购买功能强大的企业版。

（二）进阶版可视化（编程类）

对于寻求更高境界的数据分析师或数据科学家，掌握可视化编程技巧，可以赋予数据分析更加灵活多变的能力，因为除了自己能理解外，更重要的是让别人看得懂。支持数据可视化的编程语言有很多，不需要去掌握所有种类的语言，可从基础开始，然后逐步建立自己的学习方式。不要害怕写下第一句代码，可能很快你就会意识到所有编程语言的逻辑思路都是共通的。下面简单介绍几种编程语言：

1. PHP 语言

PHP 不仅在 Web 生成方面展现出了其强大的功能，其实在数据分析领域它也有很大的作为，比如在网络爬虫方面与 Hadoop 配合，爬取百万级别的网页数据，进行统计分析就有很突出的表现。又比如 Sparkline 库，通过访问数据库返回的内容可直接生成迷你图。

2. HTML、JavaScript 和 CSS 语言

随着 B/S 架构的应用越来越多，Web 浏览器前端的展示更加借助于 HTML、JavaScript 和 CSS，可直接运行可视化展现的程序，比如 D3.js 将数据变成 D3 的标准，再与 SVG 配合可画出对应的图形。

3. R 语言

R 语言最初使用对象是统计学方面的科研人员，但随着数据挖掘研究的热潮，R 语言也发展出了与 Spark 对接的 API。以 Spark 出色的数据分析能力为支撑，能提供 R 语言高质量的可视化数据。

三、可视化的实现

Python 除了在数据挖掘分词方面有突出的表现，在可视化方面也提供丰富的工具库，所以本节以 Python 作为实现工具，通过介绍两个层级的可视化库来展示数据可视化是如何应用的。入门级的数据可视化 Python 库有前文提到的 Matplotlib、Pandas、Seaborn、Pyecharts，进阶级的，如 Plotly、Folium。

（一）入门级可视化库

1. Matplotlib

Matplotlib 是使用最广泛的纯 python 的第三方库。Matplotlib 的执行依赖于 NumPy 和 Tkinter 模块，可以绘制多种图形，是数据可视化的重要工具。有两种使用这个库的方式：第一种是导入 Pyplot 模块和 Numpy 模块，另一种是直接使用 Pylab 接口，命令为：from pylab import *。这种方法是使用封装好的一些默认图形，通过调用 Pyplot 模块达到快速绘图表的目的。但如果是想自己控制数据可视化的风格的话，建议还是使用第一种方式，从建立一个项目开始，具体有下面几个步骤：①创建一个画布（figure）；②在画布上创建一个或多个子图（或称为区域）；③在子图上描绘点、线等内容；④在子图上添加各种属性（如标题、坐标轴、标签）；⑤保存和显示图形。其具体实现代码如下。

```
#注意区别from pylab import * 方式
import matplotlib.pyplot as plt
import numpy as np
data=np.arange (10)
plt.plot (data)
创建子图
fig = plt.figure ()
#不能使用空白的figure绘图，需要创建子图
ax1 = fig.add_subplot (2, 2, 1)
ax2 = fig.add_subplot (2, 2, 2)
ax3 = fig.add_subplot (2, 2, 3)
子图绘制
ax1.plot ( [1.5, 2, 3.5, -1, 1.6] )
```

运行代码如图 3–15 所示：

[<matplotlib.lines.Line2D at Oxle2c7b94588>]

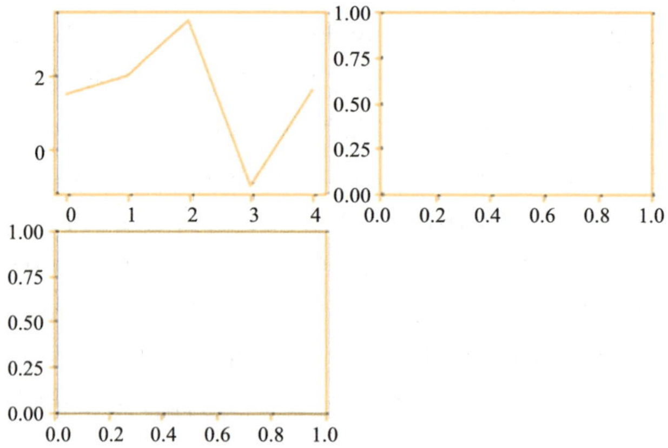

图 3–15 运行结果

Pyplot 添加画布还有其他元素，如表 3–6 所示。

表 3–6 类 Pyplot 方法参数

函数名称	函数作用
plt.title	在当前画布中添加标题位置、颜色、字体大小等参数
plt.xlabel	在当前画布中添加 x 轴名称位置、颜色、字体大小等参数
plt.ylabel	在当前画布中添加 y 轴名称位置、颜色、字体大小等参数
plt.xlim	指定当前画布 x 轴的数值区间
plt.ylim	指定当前画布 y 轴的数值区间
plt.xticks	指定 x 轴刻度值
plt.yticks	指定 y 轴刻度值
plt.legend	指定当前图形的图例大小、位置、标签等参数

Pyplot 绘制散点图实现代码如下：

```
import numpy as np
import matplotlib.pyplot as plt

n = 1024
X = np.random.normal (0, 1, n)
```

```
Y = np.random.normal (0, 1, n)
T = np.arctan2 (Y, X)

plt.axes ( [0.025, 0.025, 0.95, 0.95] )
plt.scatter (X, Y, s=75, c=T, alpha=.5)
""""
x, y: 接收array。表示x轴和y轴对应的数据。无默认。
s: 接收数值或者一维的array。指定点的大小, 若传入一维array则表示每个点的大小。默认为None。
c: 接收颜色或者一维的array。指定点的颜色, 若传入一维array则表示每个点的颜色。默认为None
marker: 接收特定string。表示绘制的点的类型。默认为None。
alpha: 接收0-1的小数。表示点的透明度。默认为None。
""""
plt.xlim (-1.5, 1.5) , plt.xticks ( [] )
plt.ylim (-1.5, 1.5) , plt.yticks ( [] )
# plt.savefig ('../figures/scatter_ex.png', dpi=48) 这里注意我们不保存了, 选择直接展示, 语法供参考
plt.show () #直接显示图形
```

pyplot 绘制条形图实现代码如下：

```
import numpy as np
import matplotlib.pyplot as plt


n = 12
X = np.arange (n)
Y1 = (1-X/float (n) ) * np.random.uniform (0.5, 1.0, n)
Y2 = (1-X/float (n) ) * np.random.uniform (0.5, 1.0, n)

plt.axes ( [0.025, 0.025, 0.95, 0.95] )
plt.bar (X, +Y1, facecolor='#9999ff', edgecolor='white')
plt.bar (X, -Y2, facecolor='#ff9999', edgecolor='white')

for x, y in zip (X, Y1) :
    plt.text (x+0.4, y+0.05, '%.2f' % y, ha='center', va= 'bottom')
```

```
for x, y in zip (X, Y2) :
    plt.text (x+0.4, -y-0.05, '%.2f' % y, ha='center', va= 'top')
plt.xlim (-.5, n) , plt.xticks ( [] )
plt.ylim (-1.25, +1.25) , plt.yticks ( [] )

# savefig ('../figures/bar_ex.png', dpi=48)
plt.show ()
```

至于展现数据占比情况的饼图 matplotlib.pylot.pei（ ），以及用来表现连续变化数据的折线图 matplotlib.pylot.plot（ ），还有导入 Axes3D 库来绘制三维图的例子就不再举例介绍了，有兴趣的读者可自行查找相关资料。

2. Pandas

Pandas 库中集成了 Matplotlib 的基础模块，可以实现简单的可视化图表，在 Series 和 DataFrame 模块中都有绘制各类图表的 plot 方法。下面列举一些常用图形的实现代码。

```
import numpy as np
import pandas as pd
import matplotlib, pyplot as plt

s = pd.Series (np.random.normal (size = 10) ) #线型图
s.plot ()

#只需在plot函数中加参数kind ='bar', 也可以绘制水平柱状图kind = 'barh'
stu = {`name`: [`小明`, `小芳`, `赵平`, `李红`, `李翰`],
`sex`: [`male`, `female`, `female`, `female`, `male`],
`year`: [`2008`, `2005`, `2002`, `2000`, `2009`] }
data = pd.DataFrame (stu)
print (data [`sex`] .value_counts () .plot (kind = `bar`, rot = 30) )

#直方图用于观察数据值的大致分布规律, 使用hist方法绘制。
wy = pd.Series (np.random.normal (size = 70) )
s.hist (bins = 15, grid = False)

#通过plot函数的kind ='kde'绘制表现正态分布的密度图
wy = pd.Series (np.random.normal (size = 70) )
```

```
s.plot (kind = `kde`)

#通过plot函数的kind = 'scatter'可以进行绘制散点图
data = pd.DataFrame (np.arange (10) , columns = [`A`] )
data [`B`] = 2*data [`A`] + 4
data.plot (kind = `scatter`, x = `A`, y = `B`)
```

3. Seaborn 可视化

Seaborn 是由 Python 开源社区开发的绘图模块，是对 Matplotlib 的补充，导入模块 import seaborn as sns 即可调用更高级的 API，不需要再去花时间记忆图形的各类参数。

4. Pyecharts 可视化

Pyecharts 是百度开源的可视化图表类库，主要基于 web 浏览器进行显示，绘制的图形有漏斗图、地图、极坐标图等。使用 pyecharts 时，需要安装相应的库，安装命令为 pip install pyecharts。

在这里，Seaborn 和 Pyecharts 我们只做简略介绍，具体用法请读者自行查找相关资料。

（二）进阶级可视化库

1. Plotly

Plotly 是交互式 Python 图形库，除了基本的图形外还提供统计图表、科学绘图和三维绘图。Plotly 可以在 Jupyter notebook 编辑器上直接展示绘制效果，也支持 HTML 格式，语法相对简单，通过 Figure（画布）上添加图形对应的参数即可，其具体步骤如下面代码所示。

首先安装 plotly 库。

```
pip install plotly
```

然后打开编辑器并键入以下代码。

```
import plotly.graph_objects as go
import numpy as np
N = 1000
t = np.linspace (0, 10, 100)
y = np.sin (t)
fig = go.Figure (data=go.Scatter (x=t, y=y, mode='markers') )
fig.show ()
```

还可以通过 add_trace 命令来追加添加绘图对象。

```
import plotly.graph_objects as go
import numpy as np
np.random.seed (1)
N = 100
random_x = np.linspace (0, 1, N)
random_y0 = np.random.randn (N) + 5
random_y1 = np.random.randn (N)
random_y2 = np.random.randn (N) -5
fig = go.Figure ()
# Add traces
fig.add_trace (go.Scatter (x=random_x, y=random_y0, mode='markers',
name='markers') )
fig.add_trace (go.Scatter (x=random_x, y=random_y1, mode='lines+markers',
name='lines+markers') )
fig.add_trace (go.Scatter (x=random_x, y=random_y2, mode='lines',
name='lines') )
fig.show ()
```

Plotly 也支持绘制一些简单的机器学习图表，如线性回归。

```
import numpy as np
import plotly.express as px
import plotly.graph_objects as go
from sklearn.linear_model import LinearRegression

df = px.data.tips ()
X = df.total_bill.values.reshape (-1, 1)

model = LinearRegression ()
model.fit (X, df.tip)

x_range = np.linspace (X.min () , X.max () , 100)
y_range = model.predict (x_range.reshape (-1, 1) )

fig = px.scatter (df, x='total_bill', y='tip', opacity=0.65)
```

```
fig.add_traces (go.Scatter (x=x_range, y=y_range, name='Regression Fit') )
fig.show ()
```

Plotly 还可以应用到科学领域用的描述，比如绘制热力图。

```
import plotly.graph_objects as go

fig = go.Figure (data=go.Heatmap (
        z= [ [1, None, 30, 50, 1] , [20, 1, 60, 80, 30] , [30, 60, 1, -10, 20] ] ,
        x= ['Monday', 'Tuesday', 'Wednesday', 'Thursday', 'Friday'] ,
        y= ['Morning', 'Afternoon', 'Evening'] ,
        hoverongaps = False) )
fig.show ()
```

但要注意的是随着数据的增加，Plotly 会开始卡滞，建议数据点在小于 500K 时，使用 Plotly 比较合适。另外，还需注意通常情况下我们都是在“离线模式”下调试，因为“在线模式”并不免费。

2. Folium

Folium 是著名的地理数据可视化库。Python 可以通过 Folium 提供的接口来调用 leaflet.js 库的相关功能，自带的 Open Street Map 资源可以完成交互式地图。如果保存为 html 格式，文件可以直接用浏览器打开，但为了调式方便，通常会使用 Jupyter Notebook 进行文件保存。首先，创建一张指定中心坐标的地图，这里以上海市为例，代码如下。

```
import folium

# 上海地图
m = folium.Map (location= [31.22, 121.48] ) # [纬度, 经度]
m.save ('index.html') #一种保存方式, 用浏览器打开

#显示黑白的街道
b = folium.Map (
    location= [31.22, 121.48] ,
    tiles='Stamen Toner',
    zoom_start=10 #地图的缩放尺寸, 数值越大放大程度越大
)
m #直接输入对象名调用显示效果
```

有了最基本底层地图，接下来还可以添加标记、圆圈和弹出窗口等元素。通过 folium.Marker () 方法，创建一个简单的标记，并通过 add_to () 将定义好的部件施加于先前创建的 Map 对象上。folium.Marker () 的常用参数介绍如下：

location：同 folium.Map () 中的同名参数，用于确定标记部件的经纬位置；

popup：str 型或 folium.Popup () 对象输入，用于控制标记部件的具体样式（folium 内部自建了许多样式），默认为 None，即不显示部件；

icon：folium.Icon () 对象，用于设置 popup 定义的部件的具体颜色、图标内容等。

下面是几个简单的例子。

```
m = folium.Map (location= [29.488869, 106.571034] ,
                zoom_start=15)

#为m添加标记部件,并将部件上的图形设置为云朵
folium.Marker ( [29.488869, 106.571034] ,
                popup='Mt. Hood Meadows',
                icon=folium.Icon (icon='cloud') ) .add_to (m)


#显示m
m
```

同样也可使用 folium.Circle () 来绘制指定圆心和半径的圆圈，使用 add_child () 来完成弹出窗口触发事件，常用的参数如表 3–7 所示。

表 3–7　add_child 方法参数表

add_child（参数方法）	
动态放置标记	folium.ClickForMarker（popup=' Waypoint'）
获取经纬值	folium.LatLngPopup ()

绘制热力图，可利用 folium.plugins.HeatMap () 方法。该方法传入的参数较为简单，其格式为［［纬度，经度，数值］,［纬度，经度，数值］，…，［纬度，经度，数值］］，其中前两个数值为地理位置，控制热力程度的值由第三个值表示。下面是一个简单的例子，我们随机生成一些坐标值，不妨看下效果。

```
import numpy as np
data = (
    np.random.normal (size= (100, 3) ) *
    np.array ( [ [0.1, 0.1, 0.1] ] ) +
    np.array ( [ [40, 116.5, 1] ] ) ) .tolist ()
data [: 3] #显示生成的数据集

# HeatMap
from folium.plugins import HeatMap
m = folium.Map ( [39.93, 116.38] , tiles='热力图', zoom_start=6)
HeatMap (data) .add_to (m)
# m.save (os.path.join ('results', 'Heatmap.html') ) 保存为html格式
m
```

Folium 还有自定义地图区域的扩展功能，涉及 GeoJSON 和 TopoJSON 数据的处理，具体用法这里我们不做展开，有兴趣的读者可以自行查找相关文档。

（三）总结

我们前面介绍了一些数据可视化的实现工具和方法，可能会让读者感觉眼花缭乱，但要记住，可视化表现过了头也会适得其反。过分追求美观和展现技巧不是数据可视化的初衷，随意堆砌图表和臃肿的数据无法表达最核心的数据结论，所以选取的数据集要具有客观性，能反映真实业务状况。

思考与练习

一、单项选择题

专业词汇

1. 将原始数据进行集成、变换、维度规约、数值规约属于以下哪个步骤的任务？（　　）

A. 频繁模式挖掘　　B. 分类和预测

C. 数据预处理　　D. 数据流挖掘

2. 什么是 KDD？（　　）

A. 数据挖掘与知识发现　　B. 领域知识发现

C. 文档知识发现　　D. 动态知识发现

3. 通过聚集多个分类器的预测来提高分类准确率的技术称为（　　）。

A. 组合（ensemble）　　B. 聚集（aggregate）

C. 合并（combination）　　D. 投票（voting）

4. 以下关于人工神经网络（ANN）的描述，错误的有（　　）。

A. 神经网络对训练数据中的噪声非常鲁棒

B. 可以处理冗余特征

C. 训练 ANN 是一个很耗时的过程

D. 至少含有一个隐藏层的多层神经网络

二、多项选择题

1. 数据挖掘的预测建模任务主要包括哪几类问题？（　　）

A. 分类　　B. 回归

C. 模式发现　　D. 模式匹配

2. 以下哪些学科和数据挖掘有密切联系？（　　）

A. 统计　　B. 计算机组成原理

C. 矿产挖掘　　D. 人工智能

三、简答题

1. 在现实世界的数据中，元组在某些属性上缺少值是常有的现象，描述处理该问题的各种方法有哪些？

2. 在数据挖掘之前为什么要对原始数据进行预处理？

3. 简述数据预处理的方法和内容。

参考答案

第四章　旅游大数据应用场景与实践

本章导读

本章将新型理论方法和前沿思想应用充实到教材中，注重实践操作技能和理论知识讲解的融会贯通，提供符合旅游行业需求和社会发展的教学内容，达到知行合一、以用促学的目的。

学习目标

1. 学习使用“标准地图服务”制作工具完成数据地图可视化。

2. 学习利用网络爬虫工具实现数据获取，并实现简单数据预处理和分析。

3. 学习使用 LDA 主题模型实现新闻主题提取、使用 K-means 聚类算法实现用户细分分析、使用深度学习方法实现酒店情感分析。

思维导图

第一节　新冠肺炎疫情实时数据采集与可视化

一、案例背景与思路

突如其来的新冠肺炎疫情给经济社会发展和人们日常生活带来重大影响，旅游业更是遭遇前所未有的严重冲击。适时，“腾讯新闻”推出“新型冠状病毒肺炎疫情实时追踪”网站和小程序，聚合权威媒体来源的动态疫情报道，方便民众获得及时的疫情信息。

二、需求分析

利用八爪鱼采集器、后羿采集器等网络爬虫工具，获取最新新型冠状病毒肺炎疫情数据，并使用开源可视化库 Pyecharts 实现新确诊病例、累计确诊病例、治愈数、死亡数等数据可视化显示。

三、数据来源与采集方法

（一）新冠肺炎疫情实时数据

“腾讯新闻—新型冠状病毒肺炎疫情实时追踪”网站和小程序涵盖新确诊病例、累计确诊病例、治愈数、死亡数等统计维度。

操作视频 4-1

（二）后羿采集器简介

后羿采集器功能强大，操作简单，是为广大无编程基础的产品、运营、销售、金融、新闻、电商和数据分析从业者，以及政府机关和学术研究等用户量身打造的一款产品。后羿采集器不仅能够进行数据的自动化采集，而且在采集过程中还可以对数据进行清洗。通过使用后羿采集器，用户能够快速、准确地获取海量网页数据，从而解决了人工收集数据所面临的难题，降低获取信息的成本，提高工作效率。

后羿采集器具有行业领先的技术优势，可以同时支持 Windows、Mac 和 Linux 全操作系统，同时支持智能采集模式和流程图采集模式。其中，智能采集模式操作极其简单，只需要输入网址就能智能识别网页中的内容，无须配置任何采集规则就能够完成数据的采集；流程图采集模式则完全符合人工浏览网页的思维方式，用户只需要打开被采集的网站，根据软件给出的提示，点击鼠标就能自动生成复杂的数据采集规则。后羿采集器软件支持个人免费版，且个人免费版满足本教学案例的使用。

（三）疫情数据智能采集

在后羿采集器的智能采集搜索框输入“腾讯新闻——新型冠状病毒肺炎疫情实时追踪”的网址，点击“智能采集”按钮，即可出现任务设置界面，如图 4–1 所示。

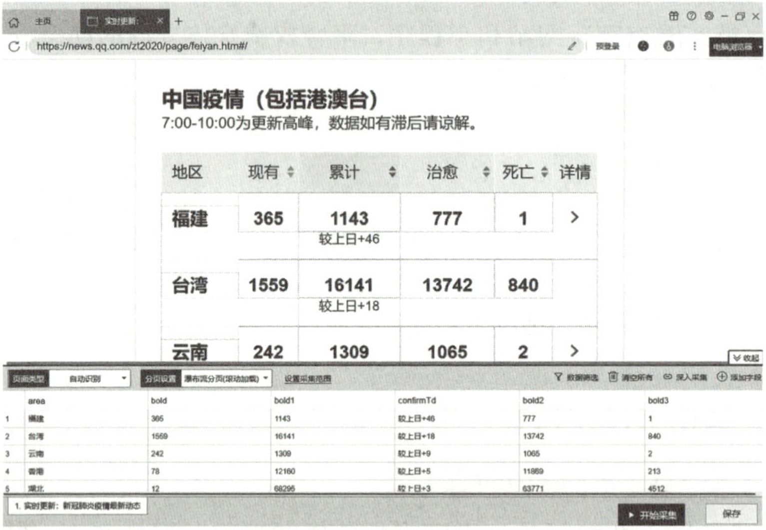

图 4–1 任务设置界面

如果被采集的网站需要登录，可以点击“预登录”按钮跳转到登录界面，并在完成登录后点击“登录完毕”按钮跳转回任务设置界面。如果用户需要进行点击操作，可以点击“预执行操作”按钮，完成任务执行点击或者文本输入的操作，并在设置完毕后点击“保存并退出”按钮跳转回任务设置界面。同时，用户可以根据需求设置手动打码、切换代理功能、网页安全设置、切换浏览器，以及设置采集范围、采集停止条件、数据筛选或者清空数据。

如果需要修改字段名称，可以直接选中字段，点右键并选择“修改字段名称”来执行（其他字段设置功能可自行探索）。本案例可依次将字段修改成“地区”“现有”“累计”“新增”“治愈”“死亡”（或者在数据量不大的情况下，可于导出的 Excel 电子表格中手动修改）。

完成任务设置后，点击“开始采集”按钮，弹出启动设置界面，如图 4–2 所示：在定时启动设置中，可将采集任务设置为循环采集或者定时启动；在智能策略设置中，可开启代理和相应的设置，一般情况下推荐使用默认的智能切换；在自动导出设置中，可设置任务在采集的同时自动导出采集结果。本案例采用默认的启动设置配置，不做任何修改。

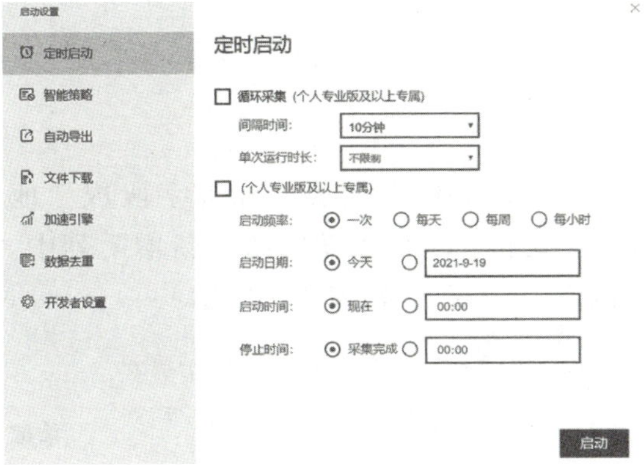

图 4–2　启动设置界面

完成启动设置后，点击“启动”按钮开始采集，弹出实时运行界面，如图 4–3 所示。在运行采集任务的过程中会自动记录运行日志，实时了解当前软件运行的状态。用户可点击“暂停”或者“停止”按钮终止当前的采集任务，也可在右侧展示窗口设置“立即加速”功能来加速当前的采集任务。

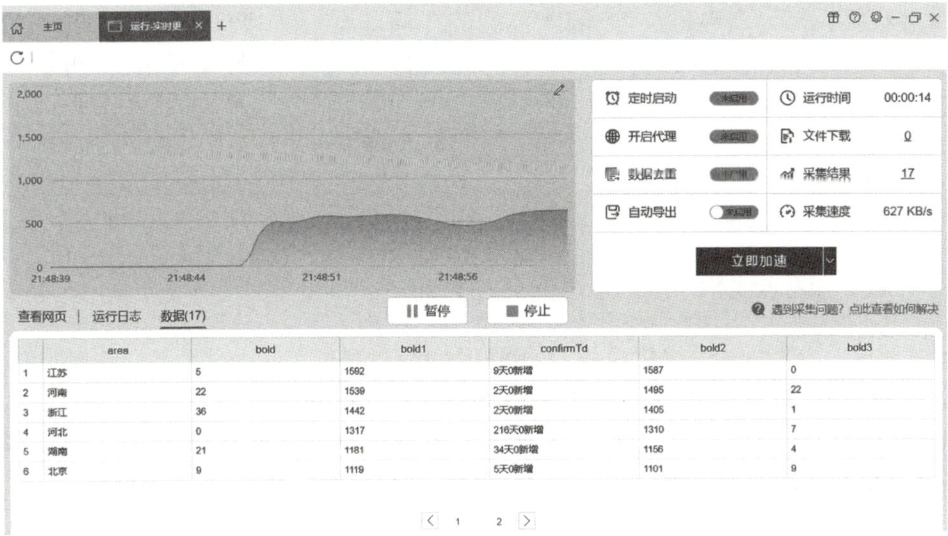

图 4–3　实时运行界面

采集任务完成后，会自动弹出“本次采集已完成”提示，点击“导出设置”按钮，弹出导出设置界面。后羿采集器提供多种导出设置，用户可根据需要选择导出方式和导出范围。完成导出设置后，点击“导出”按钮导出采集的数据。

四、数据预处理

打开采集的数据，依次手动修改行标签字段成“地区”“现有”“累计”“新增”“治愈”“死亡”，并手动修改“新增”列中“较上日 +46”为“46”，“583 天 0 新增”为“0”，如表 4–1 所示。

表 4–1　采集数据预处理一览表

地区	现有	累计	新增	治愈	死亡
福建	365	1143	较上日 +46 → 46	777	1
台湾	1559	16141	18	13742	840
云南	242	1309	9	1065	2
香港	78	12160	5	11869	213
湖北	12	68295	3	63771	4512
…	…	…	…	…	…
广东	52	3142	2	3082	8
澳门	0	63	0	63	0
青海	0	18	0	18	0
西藏	0	1	583 天 0 新增 → 0	1	0

五、数据建模与分析

（一）ECharts 可视化库和 Pyecharts 接口介绍

ECharts 是百度开源的基于 Java Script 实现的可视化库，可以流畅地运行在 PC 和移动设备上，兼容当前绝大部分浏览器，底层依赖矢量图形库 ZRender，提供直观、交互丰富、可高度个性化定制的数据可视化图表。

Pyecharts 是 Python 与 ECharts 结合的开源可视化库，支持 Jupyter Notebook 环境，囊括 30+ 种常见图表，支持原生百度地图，为地理数据可视化提供强有力的支持。

（二）新冠肺炎疫情实时数据动态柱状图和地图可视化显示实现

导入 Pandas 数据分析库、Pyecharts 可视化库中 Bar 柱状图 / 条形图模块和 Map 地图模块。

```
# -*-coding: utf-8 -*-
import pandas as pd
from pyecharts.charts import Bar
from pyecharts.charts import Map
import pyecharts.options as opts
```

使用 read_excel () 函数读取“新冠肺炎疫情最新动态 .xlsx”数据，使用 list () 函数将（地区，累计）元组数据转换为列表数据格式。

```
data = pd.read_excel ("新冠肺炎疫情最新动态-采集的数据-后羿采集器 (2021-9-19-21) .xlsx")
list_data = list (zip (data ['地区'] , data ['累计'] ) )
print (list_data)
```

调用 Bar 柱状图 / 条形图模块实现新冠肺炎疫情实时数据动态柱状图可视化显示。

```
bar = (
   Bar ()
   .add_xaxis (list (data ['地区'] ) ) #新增 X 轴数据
.add_yaxis ("累计", list (data ['累计'] ) ) #新增 Y 轴数据
.set_colors ("#000000")
   .set_global_opts (title_opts=opts.TitleOpts (title="全国新冠肺炎疫情最新动态柱状图 (累计确诊数) ") ) #设置图例
)
bar.render ('全国新冠肺炎疫情最新动态柱状图.html') #渲染图表到 HTML 文件
```

调用 Map 地图模块实现新冠肺炎疫情实时数据动态地图可视化显示。

```
map = (
   Map ()
   .add ('中国', list_data, 'china')
   .set_global_opts (title_opts=opts.TitleOpts (title='全国新冠肺炎疫情最新动态地图 (累计确诊数) '), #设置图例
```

```
    visualmap_opts=opts.VisualMapOpts(is_show=True,
                split_number=6,
                is_piecewise=True, # 是否为分段型
                pos_top='center',
                pieces=[
                  # 不指定 max
                  {'min': 10000, 'color': '#7f1818'},
                  {'min': 1000, 'max': 10000},
                  {'min': 500, 'max': 999},
                  {'min': 100, 'max': 499},
                  {'min': 10, 'max': 99},
                  {'min': 0, 'max': 5}],
                ),
  )
)
map.render('全国新冠肺炎疫情最新动态地图.html')
```

六、数据可视化与数据报告

调用 bar.render_notebook ()，实现在 Jupyter Notebook 中展示新冠肺炎疫情实时数据动态柱状图可视化，如图 4–4 所示。而调用 map.render_notebook () 新冠肺炎疫情实时数据动态地图可视化显示可自行练习。

图 4–4 新冠肺炎疫情实时数据动态地图可视化显示

（以 2021.9.19 21:00 采集为例）

七、案例总结

本案例利用后羿采集器，获取最新新型冠状病毒肺炎疫情数据，并使用开源可视化库 Pyecharts 实现累计确诊病例动态数据可视化显示。

可参考本案例，适当修改代码，实现新确诊病例、治愈数、死亡数等动态数据可视化显示。或者查阅 Pyecharts 官方文档，适当添加代码，实现更加绚丽的可视化效果。

第二节　利用 selenium 爬取新浪滚动页面新闻

一、案例背景与思路

对于用户行为反爬这种情况，我们可以模仿自然人访问网站，利用 selenium 工具完成动态网页的爬取，这样既可以得到有用的数据，也能不影响爬取对象正常访问。

二、需求分析阶段

首先，明确滚动新闻需要的抓取对象：新闻标题、创建时间、新闻来源以及新闻的正文部分。

接着，确定爬虫数据的保存方式。第一种是选择存入 MongoDB 数据库，如果后期爬取的数据越来越多，并且数据类型多元化，推荐使用存入数据库的方式持久化；另一种是直接保存为 CSV 格式，这种格式可以直接用 Excel 打开，方便直接查看爬取的结果，对于开发前期的调试和数据挖掘研究更有利。

三、爬虫功能设计阶段

Selenium 是最广泛使用的开源 Web UI（用户界面）自动化测试套件之一。它最初由 Jason Huggins 于 2004 年开发，作为 Thought Works 的内部工具。Selenium 支持跨不同浏览器、平台和编程语言的自动化。Selenium 支持的语言包括 C#、Java、Perl、PHP、Python 和 Ruby。

这里我们以 Python 的安装为例：

方法 1：cmd 环境下用 pip install selenium 可能会很慢。

方法 2：下载 selenium 安装包手动安装。

下载地址为 https://pypi.org/project/selenium/ 选择扩展名为 gz 的源码包进行下载。下载后解压，cmd 环境进入到 setup.py 文件所在目录。

运行 python setup.py install 命令进行安装。

安装完后用 pip list 可看到 selenium 的信息。此时就可以用 import selenium 引入 selenium 包了。

通过查看网页源码，搜索第一条新闻标题，发现当前页面没有对应的内容，因此判断网页采用动态生成的反爬策略，并且每隔 1 分钟滚动新闻会更新，如图 4–5 所示。

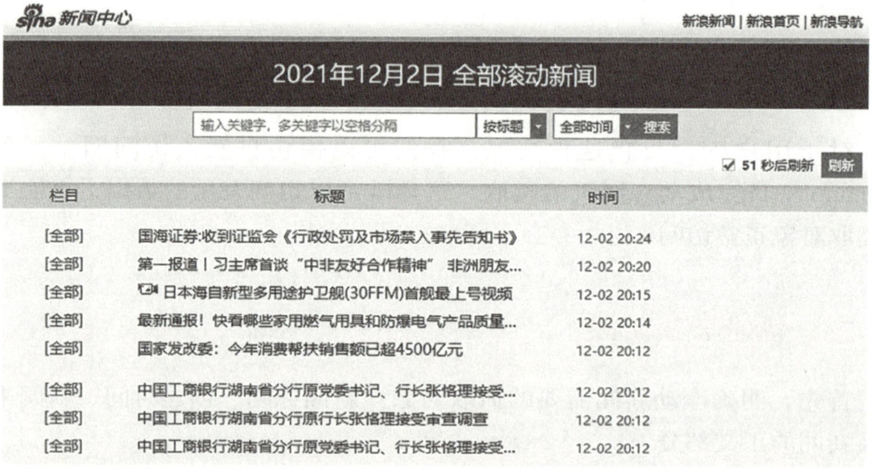

图 4–5　滚动网页首页

四、开发阶段

由于网页采取了反爬策略，因此仅通过 requests 请求，无法直接得到页面新闻列表信息。因此，我们采取 selenium 模拟浏览器访问网站，案例完整代码见二维码。程序主体框架如下：

```
import pymongo
import requests
from requests import RequestException
from selenium import webdriver
from bs4 import BeautifulSoup
```

拓展知识：完整代码

```
from selenium.common.exceptions import NoSuchElementException

def get_response (url):
    pass

def get_news (link):
    # 获取新闻的详细信息
    pass

def get_page_news ():
    #获取当前页面所有新闻的url
    pass

if __name__ =='__main__':
     #连接mongodb
     client = pymongo.MongoClient ('mongodb: //localhost: 27017')
     #指定数据库
     db = client.News
     #指定集合
     news_col = db.sinaRollNews
     #打开浏览器
     browser = webdriver.Chrome ()
     browser.implicitly_wait (10)
     #打开网址
     browser.get ('https: //news.sina.com.cn/roll/')
     #获取当前页面新闻的url
     get_page_news ()
     while True:
          try:
               #找到下一页按钮并点击
               '''
                    <a href="javascript: void (0) " onclick="newsList.page.next () ;
return false; ">下一页</a>
               '''
                    browser.find_element_by_xpath ('//a [@onclick="newsList.page.
next () ; return false; "] ') .click ()
```

```
            #获取下一页新闻的url
            get_page_news ()
    except NoSuchElementException:
        print ("NoSuchElementException")
        browser.close ()
        break
```

接着根据既定的功能完成对应的模块：get_page_news ()、get_response（url）、get_news（link），使用 chrome 浏览器按 F12 键，检查当前页面新闻的 url，如图 4–6 所示。

```
▼<div class="d_list_txt" id="d_list" style="width:100%;">
  ▼<ul>
    ▼<li class>
       <span class="c_chl">[全部]</span>
      ▼<span class="c_tit">
         <a href="https://mil.news.sina.com.cn/world/2019-07-20/doc-ihytcitm3399107.shtml" target="_blank">美再对伊朗实施单边制裁 美伊正处在动荡的十字路口</a>
       </span>
       <span class="c_time" s="1563612372">07-20 16:46</span>
     </li>
    ▸<li class>…</li>
    ▸<li>…</li>
    ▸<li>…</li>
    ▸<li>…</li>
   </ul>
  ▸<ul>…</ul>
  ▸<ul>…</ul>
  ▸<ul>…</ul>
  ▸<ul>…</ul>
```

图 4–6　浏览器查看源码截图

```
def get_page_news ():
    #获取当前页面所有包含新闻的a标签, 里面是URL信息
     news = browser.find_elements_by_xpath ('//div [@class="d_list_txt"] /ul/
li/span/a')
    for i in news:
        link = i.get_attribute ('href') #得到新闻url
        print (link, i.text)
        if not news_col.find_one ({'link': link}): #通过url去重
            get_news (link)
```

接着获取页面的详细信息，发现点击一条新闻详细页面并不是动态页面，所以可以使用 requests 对正文进行爬取。

```
#首先爬取每条新闻的页面信息
def get_response (url):
    try:
```

```
        #添加User-Agent, 放在headers中, 伪装成浏览器
        headers = {
            'User-Agent': 'Mozilla/5.0 (Macintosh; Intel Mac OS X 10_14_5)
AppleWebKit/537.36 (KHTML, like Gecko) Chrome/75.0.3770.100 Safari/537.36'
        }
        response = requests.get (url, headers=headers)
        if response.status_code == 200:
            response.encoding = 'utf-8'
            return response.text
        return None
    except RequestException:
        return None
```

解析页面信息，获取每条新闻的详细信息，新闻正文分布在下图 div 标签的每个 p 标签中。

```
def get_news (link) :
    # 获取新闻的详细信息
    html = get_response (link)
    #使用beautifulsoup进行解析
    soup = BeautifulSoup (html, 'lxml')

    #标题
    '''
    <h1 class="main-title">……</h1>
    '''
    title = soup.select ('.main-title')
    #可能有小部分标题的标签不是上述格式　对其进行补充
    if not title:
        title = soup.select ('#artibodyTitle')
    if title:
        title = title [0] .text
    print (title)

    #日期
    '''
    <span class="date">……</span>
```

```
'''
date = soup.select ('.date')
# 可能有小部分日期的标签不是上述格式   对其进行补充
if not date:
    date = soup.select ('#pub_date')
if date:
    date = date [0] .text
print (date)

#来源
'''
<span class="source ent-source">……</span>
'''
source = soup.select ('.source')
# 可能有小部分来源的标签不是上述格式   对其进行补充
if not source:
    source = soup.select (' [data-sudaclick="media_name"] ')
if source:
    source = source [0] .text
print (source)

#正文
article = soup.select ('div [class="article"] p')
if not article:
    article = soup.select ('div [id="artibody"] p')
if article:
   #把正文放在一个列表中 每个p标签的内容为列表的一项
   article_list = []
   for i in article:
      print (i.text)
      article_list.append (i.text)
#转为字典格式
 news = {'link': link, 'title': title, 'date': date, 'source': source, 'article':
article_list}

news_col.insert_one (news)
```

爬取存储效果，如图 4-7 所示：

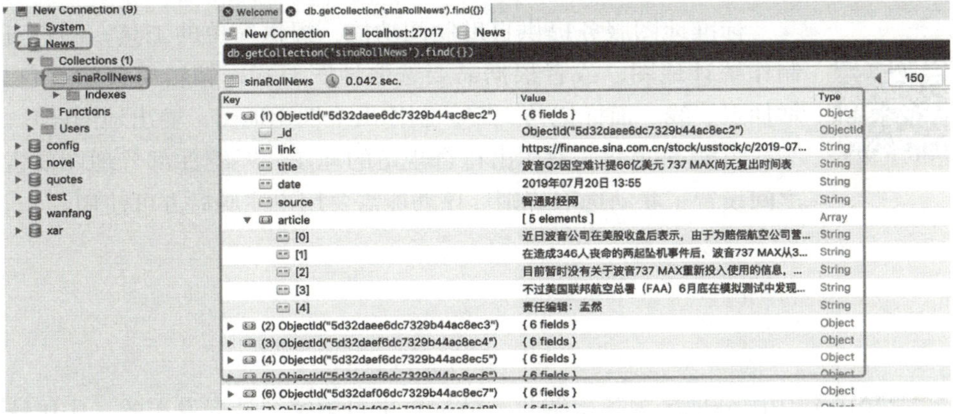

图 4-7　数据库查看所爬取的内容

五、总结

本案例利用 Selenium 分布式的自动化测试工具，获取新浪滚动页面新闻数据。Selenium 是一个非常棒的工具，它对 Ajax 支持非常好，同时提供强大的定位元素的方法，关键可以结合 phantomJS 自动化测试的优势模拟人为填写表单，点击按钮即可完成滚动页面等操作。

第三节　标准地图服务工具使用与制作

一、标准地图服务网站

制作工具选择“标准地图服务”网站（http://bzdt.ch.mnr.gov.cn），标准地图依据中国和世界各国国界线画法标准编制而成，可用于新闻宣传用图、书刊报纸插图、广告展示背景图、工艺品设计底图等，也可作为编制公开版地图的参考底图。社会公众可以免费浏览、下载标准地图，直接使用标准地图时需要标注审图号。标准地图有 JPG、EPS 两种数据格式，地图幅面分为 64 开、32 开、16 开、8 开、4 开、对开等。需要编辑 EPS 格式地图时，建议使用 Adobe Illustrator 软件。对地图内容编辑（包括放大、缩小和裁切）改动的，公开使用前需要送自然资源主管部门审核。

二、自助制图

操作视频 4-2

标准地图服务提供自助制图功能，提供简单的工具，用户可制作统计地图，或者根据需要选取地图要素，编辑要素的颜色，增加点、线、面标记与文字，制作出个性化地图，输出地图图片。为尽可能方便公众制作出符合规定的地图，系统在部分地图要素之间设置了联动选取规则。该功能需要用户注册后方可使用。

三、制作流程

1. 2019 年中国分地区国际旅游收入数据图制作

“2019 年中国分地区国际旅游收入数据”来自国家统计局发布的《中国统计年鉴 2020》。地图制作步骤如下：

①打开“标准地图服务”网站，点击“自助制图”，选择中国地图。

②点击“统计地图”，下载分段数据模板，将数据输入 Excel 模板后点击“上传文档”。

③点击“自定义分段阈值”，自行设置段数及分段阈值。渲染颜色也可自行选择。

④勾选“数值”和“省级行政区名”，最后导出图片。

2. 2020 年福建省 A 级旅游景区分布图制作

数据统计来自福建省文化和旅游厅于 2021 年 2 月发布的《福建省 A 级旅游景区名录（截止 2020.12.30）》，如表 4–2 所示。

表 4–2　福建省各市 A 级景区数量统计

地区	国家 5A 旅游景区	国家 4A 旅游景区	国家 3A 旅游景区
福州市	1	16	33
厦门市	1	11	9
莆田市	1	5	15
三明市	1	18	41
宁德市	2	2	26
龙岩市	3	12	38
南平市	1	13	40
漳州市	0	12	9
泉州市	1	11	26

具体步骤如下：

①行政区域。选择福建省标准地图服务，进入自助制图，系统默认打开福建省行政区域板块。

②图层编辑。点击操作面板“图层编辑”Tab 页。在“图层编辑”中可选择显示或隐藏；省级行政区的“设区市界”和市级行政区的“县界”可修改界线颜色；省级行政区的“分设区市设色”和市级行政区的“分县设色”可修改各行政区面积底色。

③统计地图。点击操作面板“统计地图”Tab 页。可选择统计类型和底图类型，系统共显示 11 类统计地图类型。选择“简单图表”中的“多系列柱状图”，系统提示“是否切换到统计地图岛状底图”。选择切换底图，之前所添加的图层编辑和标注将被清空，系统会重新提供一份干净的统计底图用于统计数据渲染，可以在此底图上渲染统计数据。选定多系列柱状图后，进入数据上传面板，面板提供数据表说明、统计地图示意图、数据模板下载和数据上传功能。同时，地图板块显示该统计地图默认效果图。

④数据导入。点击“下载模板数据”，在 Excel 模板中填入“福建省 A 级景区名录”数据，保存后点击“上传数据”。数据上传后，打开“行政区域”和“数值”，数据地图基本完成。

⑤导入导出。地图导出为位图导出，点击“地图导出”后，弹出图名添加窗口，添加图名，点击右下角“保存”。

需特别注意：根据《中华人民共和国测绘法》等有关法律、法规，在中华人民共和国境内公开出版地图、引进地图、展示、登载地图以及在生产与加工的产品上附加的地图图形都需要经审核，审核通过后编发审图号，才能进行正式发表和公布。

四、案例总结

本案例基于标准地图服务，分别以“2019 年中国分地区国际旅游收入数据图”和“2020 年福建省 A 级景区数据分布图”为例，实现了分区域、分地区的旅游数据地图的制作。

第四节　基于 LDA 模型新闻主题抽取的案例

一、案例设计背景和思路

操作视频 4-3

网络上通过各种来源获得的新闻质量良莠不齐。有些新闻标题无法真实地反映文章主题内容。为了提升用户体验，通常会构建一个分类器来自动过滤低质量的新闻。可以人工设计一些传统特征，如新闻来源站点、新闻内容长度、图片数量、新闻热度等。除了这些人工特征，也可利用主题模型来计算每篇新闻的主题分布，作为附加特征与人工特征一起组成新特征集合。

二、需求分析

我们对 7000 篇新闻进行人工标注，新闻质量划分为 0、1、2 共 3 个档位，其中 2 档表示质量最优。我们采用 5000 篇新闻进行训练，并在另外 2000 篇标注新闻数据上做测试。从这些实验结果可以看出，主题分布作为特征扩充可以有效提升分类器的效果。

首先，由狄利克雷分布得到话题分布的参数的分布，随机生成一个文本的话题分布，之后在该文本的每个位置，依据该文本的话题分布随机生成一个话题。然后，由狄利克雷分布得到单词分布的参数的分布，再得到话题的单词分布，在该位置依据该话题的单词分布随机生成一个单词，直到文本的最后一个位置，生成整个文本。最后，重复以上过程，生成所有的文本。

三、设计阶段

根据要求案例设计可分为读取数据、预处理数据、将文档转化为向量、训练一个 LDA 模型几个功能模块。

先读取数据集转化为列表存储，利用分词工具（中文用 jieba，英文可用 nltk），要求去掉停用词，例如数字、特殊符号和长度为 1 的词。再利用 Gensim 工具将语料库转化为词袋向量，即 LDA 需要这种类型的输入。该工具包是一个简单高效的自然语言处理 Python 库，通过抽取文档的语义主题，用模型训练、相似度计算，来实现信息检索等功能。该库支持包括 TF-IDF、

LSA、LDA 和 word2vec 等多种主题模型算法。

我们先了解一下 Python 结巴分词的实现。

（一）结巴分词介绍

结巴中文分词是 python 最好的中文分词组件，支持中文简体、繁体分词，还支持自定义词库。

（二）JIEBA 分词

（1）jieba.cut 方法接受三个输入参数，即需要分词的字符串、cut_all 参数用来控制是否采用全模式、HMM 参数用来控制是否使用。

（2）jieba.cut_for_search 方法接受两个参数，即需要分词的字符串和是否使用 HMM 模型。此方法比较适用于搜索引擎建立分词索引，而且它的分词粒度比较细，使用 jieba 分词工具时有几点需要注意：

第一，虽然支持待分词的字符串为 unicode、UTF-8 和 GBK 编码，但因 jieba 库的内部转换默认是 UTF-8，因此建议直接使用 UTF-8 格式。

第二，使用 for 循环来获得分词后得到的每一个词语（unicode），而用 jieba.cut 和 jieba.cut_for_search 可直接返回 list。

```
import jieba
list = jieba.cut ("待分词字符串", cut_all = Ture)
print ("全模式: "+"\".join (list) )

list = jieba.cut ("待分词字符串", cut_all = False)
print ("精确模式: "+"\".join (list) )

list = jieba.cut_for_search ("待分词字符串")
print ("搜索引擎模式: "+"\".join (list) )
```

第三，接着我们尝试通过基于 TF-IDF 算法的特征词抽取。这里我们将利用 jieba 模块的另一个功能 analyse。

```
import jieba.analyse
jieba.analyse.extract_tags (sentence, topK=20, withWeight=False,
allowPOS= () )
```

其中上述参数的含义分别为：sentence 为待提取的文本、topK 表示选取的排序前几个 TF/IDF 权重最大的关键词、withWeight 表示关键词的权值是否需要一并返回、allowPOS 表示是否筛选指定的词性（动词、名词、形容词等），默认是全显示。

```
jieba.analyse.TFIDF (idf_path=None) #新建 TFIDF 实例, idf_path为IDF频率文件
```

特征词提取所使用逆向文件频率（IDF）文本语料库可以切换成自定义语料库的路径用法：

```
jieba.analyse.set_idf_path (file_name) # file_name为自定义语料库的路径
```

特征词提取所使用停止词（Stop Words）文本语料库可以切换成自定义语料库的路径用法：

```
jieba.analyse.set_stop_words (file_name) # file_name为自定义语料库的路径
```

第四，jieba 词频统计排序。

```
from jieba import analyse
import jieba
# 引入TF-IDF特征词抽取接口
textrank = analyse.TFIDF
# 原始文本
article=open (u'../data/xxx.txt', encoding='utf-8', errors='ignore') .read ()
words = jieba.cut (article, cut_all = False)
word_freq = {}
for word in words:
    if word in word_freq:
        word_freq [word] += 1
    else:
        word_freq [word] = 1
freq_word = []
for word, freq in word_freq.items () :
    freq_word.append ( (word, freq) )
freq_word.sort (key = lambda x: x [1] , reverse = True)
#反序排列, 根据第二个参数
max_number = int (input (u"需要前多少位高频词? ") )
for word, freq in freq_word [: max_number] :
    print (word, freq)
```

（3）自定义停用词集合。jieba 分词中，不论是基于 TF-IDF 算法还是 TextRank 算法均需要利用停用词对候选词进行过滤。Jieba 库中的 KeywordExtractor 类中实现了一个 set_stop_words () 方法，可以根据用户指定的路径，加载用户提供的停用词集合（类 Key word Extractor 的源码在 jieba/analyse/tfidf.py）。

四、开发阶段

对训练语料的预处理就是将文档中原始的字符文本转换成 Gensim 模型所能理解的稀疏向量的过程。

首先，中文分词、去除停用词等操作可使用 Jieba 库来完成这项工作。接着调用 Gensim 的 API 建立语料的构建词频矩阵，并将转化为词袋的稀疏向量。

```
from gensim import corpora
dictionary = corpora.Dictionary (texts) # 建立索引字典
corpus = [dictionary.doc2bow (text) for text in texts]
print corpus [0] # [ (0, 1) , (1, 1) , (2, 1) ]
```

预处理工作完成后，得到了语料中每一篇文档对应的稀疏向量（注意这里用的是 bow 向量），向量的每一个元素代表了每个特征词在这篇文档中的词频。主题向量的变换将语料中隐藏的语义结构特征，通过向量的变换得到一个简洁高效的文本向量。

最后将训练好的模型应用到新文档上。

在文本表示模型的章节中我们提到 LDA 经常被用来识别海量文档集或语料库来作为训练。它先将文档集分为若干个主题子集，然后再构建词频特征向量矩阵，从而将文本信息转化为易于建模的数字信息，具体流程如图 4–8 所示。

根据前面的步骤分析，尝试抽取新闻主题案例来感受具体的实现，具体流程如图 4–9 所示，其步骤如下：

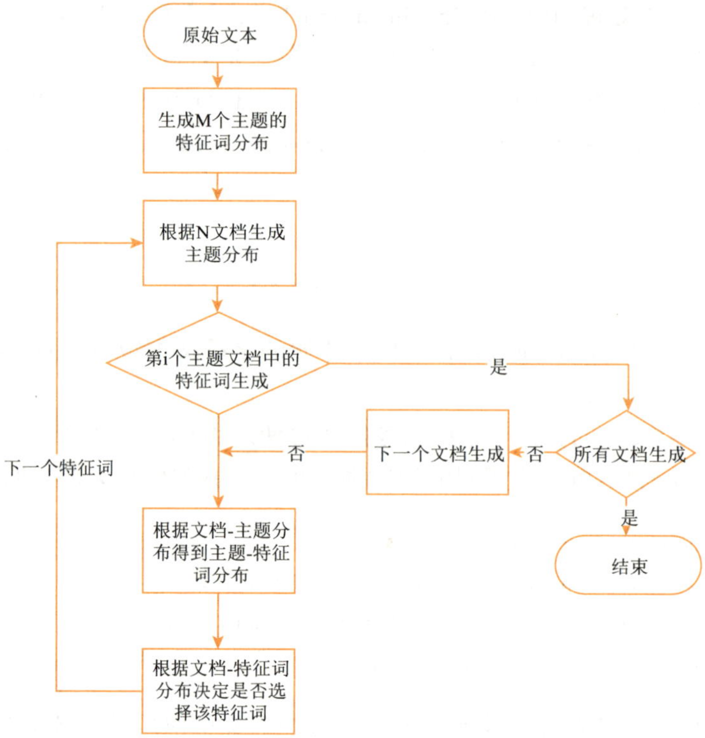

图 4-8　LDA 主题文档生成算法流程图

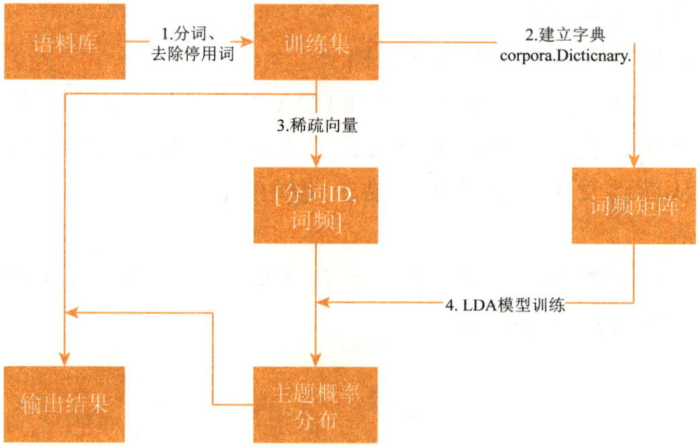

图 4-9　抽取新闻主题流程

（1）对新闻数据集进行预处理

首先导入读取新闻数据，数据集中有 5000 条新闻，共有 10 类新闻，即体育、财经、房产、家居、教育、科技、时尚、时政、游戏、娱乐，每类有500条新闻。接着，对文本进行清理，去掉停用词、非汉字的特殊字符等，用jieba进行分词。最后，将分词结果保存作为语料库备用。

```
#!/usr/bin/python
# -*-coding: utf-8 -*-

import jieba, os, re
from gensim import corpora, models, similarities

"""创建停用词列表"""
def stopwordslist ():
    stopwords = [line.strip () for line in open ('./stopwords.txt', encoding='
UTF-8') .readlines () ]
    return stopwords
"""对句子进行中文分词"""
def seg_depart (sentence):
    sentence_depart = jieba.cut (sentence.strip () )
    stopwords = stopwordslist ()
    outstr = ''
    for word in sentence_depart:
        if word not in stopwords:
            outstr += word
            outstr += " "
    # outstr: '黄蜂 湖人 首发 科比 带伤 战 保罗 加索尔 ...'
    return outstr

"""判断文档是否分词"""
if not os.path.exists ('./cnews.train_jieba.txt'):
    # 给出文档路径
    filename = "./cnews.train.txt"
    outfilename = "./cnews.train_jieba.txt"
    inputs = open (filename, 'r', encoding='UTF-8')
    outputs = open (outfilename, 'w', encoding='UTF-8')

    # 把非汉字的字符全部去掉
```

```
    for line in inputs:
        line = line.split ('\t') [1]
        line = re.sub (r' [^\u4e00-\u9fa5] +', '', line)
        line_seg = seg_depart (line.strip () )
        outputs.write (line_seg.strip () + '\n')

    outputs.close ()
    inputs.close ()
print ("删除停用词和分词成功！！！")
```

（2）构建词频矩阵，训练 LDA 模型

首先，将语料库中每篇新闻进行数字化，然后赋值给 corpus 对象。Gensim 有特定的输入格式，即［’分词 1’，’分词 2’，’分词 3’，...］，每一条列表记录就代表一篇文档，其中元素为词语。

接着，得到新闻 ID 化后的结果为 corpus［0］:［(0，1)，(1，1)，(2，1)，(3，1)，(4，1)，...］，每个元素由一对数值组成，分别表示新闻分词的 ID 号和词频。

最后，训练 LDA 模型并选择主题的个数，这里直接输出 LDA 模型训练后的 10 个主题的单词分布。

```
"""准备好训练语料，整理成gensim需要的输入格式"""
fr = open ('./cnews.train_jieba.txt', 'r', encoding='utf-8')
train = []
for line in fr.readlines () :
    line = [word.strip () for word in line.split (' ') ]
    train.append (line)
    # train: [ ['黄蜂', '湖人', '首发', '科比', '带伤', '战', ...] , [...] , ...]

"""构建词频矩阵，训练LDA模型"""
dictionary = corpora.Dictionary (train)
# corpus [0] : [ (0, 1) , (1, 1) , (2, 1) , (3, 1) , (4, 1) , ...]
# corpus是把每条新闻ID化后的结果，每个元素是新闻中的每个词语，在字典中的ID和
频率
corpus = [dictionary.doc2bow (text) for text in train]

lda = models.LdaModel (corpus=corpus, id2word=dictionary, num_topics=10)
```

```
topic_list = lda.print_topics(10)
print("10个主题的单词分布为: \n")
for topic in topic_list:
    print(topic)
```

```
10个主题的单词分布为:

(0, '0.008*"中" + 0.005*"市场" + 0.004*"中国" + 0.004*"货币" + 0.004*"托管" + 0.003*"新" + 0.003*"债券" + 0.003*"说" + 0.003*"公司" + 0.003*"做"')
(1, '0.081*"基金" + 0.013*"公司" + 0.011*"投资" + 0.008*"行业" + 0.007*"中国" + 0.007*"市场" + 0.007*"中" + 0.007*"亿元" + 0.006*"规模" + 0.005*"新"')
(2, '0.013*"功能" + 0.009*"采用" + 0.008*"机身" + 0.007*"设计" + 0.007*"支持" + 0.007*"中" + 0.005*"玩家" + 0.005*"拍摄" + 0.005*"拥有" + 0.005*"倍"')
(3, '0.007*"中" + 0.006*"佣金" + 0.006*"企业" + 0.004*"考" + 0.004*"万家" + 0.003*"市场" + 0.003*"单词" + 0.003*"橱柜" + 0.003*"说" + 0.003*"行业"')
(4, '0.012*"拍摄" + 0.007*"中" + 0.007*"万" + 0.006*"镜头" + 0.005*"搭载" + 0.005*"英寸" + 0.005*"高清" + 0.005*"约" + 0.004*"拥有" + 0.004*"元"')
(5, '0.007*"中" + 0.004*"拍摄" + 0.004*"说" + 0.003*"英语" + 0.002*"时间" + 0.002*"柯达" + 0.002*"中国" + 0.002*"国泰" + 0.002*"市场" + 0.002*"电影"')
(6, '0.024*"考试" + 0.010*"相机" + 0.008*"套装" + 0.007*"拍摄" + 0.005*"万" + 0.005*"玩家" + 0.005*"中" + 0.004*"英寸" + 0.004*"索尼" + 0.004*"四级"')
(7, '0.019*"赎回" + 0.007*"基金" + 0.007*"净" + 0.006*"中" + 0.004*"市场" + 0.004*"资产" + 0.004*"收益" + 0.003*"中国" + 0.003*"债券" + 0.003*"说"')
(8, '0.010*"基金" + 0.010*"中" + 0.006*"公司" + 0.005*"产品" + 0.005*"市场" + 0.004*"元" + 0.004*"中国" + 0.004*"投资" + 0.004*"信息" + 0.004*"考试"')
(9, '0.085*"基金" + 0.016*"市场" + 0.014*"公司" + 0.013*"投资" + 0.012*"股票" + 0.011*"分红" + 0.008*"中" + 0.007*"一季度" + 0.006*"经理" + 0.006*"收益"')
```

我们对比进行分析。其中第 7 条主题分布（从 0 开始计数）的词语分布为“考试、四级”等词，可以推断出是教育的新闻居多，而通过第 10 条主题的单词分布也可大致判断是财经类主题。

（3）评判主题概率分类新闻

我们已经通过 LDA 的模型训练，得到每条新闻属于各主题的可能性的概率分布，因此，此后通过再次计算一条新的新闻的主题概率分布，就能判断出这条新闻的分类。

随机选择三条新闻记录，分别是体育、娱乐和科技新闻：

①“体育 马晓旭意外受伤让国奥警惕 无奈大雨格外青睐殷家军 记者傅亚雨沈阳报道 来到沈阳，国奥队依然没有摆脱雨水的困扰……”

②“娱乐 尚雯婕筹备回沪献演 晨报记者 郭翔鹤 北京摄影报道 3 月在北京举行了自己的首唱“尚佳分享·尚雯婕 2008 北京演唱会”后……”

③“科技 摩托罗拉：GPON 在 FTTH 中比 EPON 更有优势 作者：鲁义轩 2009 年，在国内光进铜退的火热趋势下，摩托罗拉携其在……”

同样对其进行分词、向量化等步骤操作，接着使用 lda.get_document_topics () 这个函数得到每条新闻的主题分布，代码如下所示：

```
"""抽取新闻的主题"""
# 用来测试的三条新闻，分别为体育、娱乐和科技新闻
file_test = "./cnews.test.txt"
news_test = open (file_test, 'r', encoding='UTF-8')

test = []
# 处理成正确的输入格式
for line in news_test:
    line = line.split ('\t') [1]
    line = re.sub (r' [^\u4e00-\u9fa5] +', '', line)
    line_seg = seg_depart (line.strip () )
    line_seg = [word.strip () for word in line_seg.split (' ') ]
    test.append (line_seg)

# 新闻ID化
corpus_test = [dictionary.doc2bow (text) for text in test]
# 得到每条新闻的主题分布
topics_test = lda.get_document_topics (corpus_test)
labels = ['体育', '娱乐', '科技']
for i in range (3) :
    print ('这条'+labels [i] +'新闻的主题分布为: \n')
    print (topics_test [i] , '\n')

fr.close ()
news_test.close ()
```

```
这条体育新闻的主题分布为:

[ (2, 0.022305986) , (3, 0.20627314) , (4, 0.039145608) , (5, 0.60399055) ]

这条娱乐新闻的主题分布为:

[ (3, 0.06871579) , (4, 0.46593386) , (7, 0.23081028) , (8, 0.23132402) ]

这条科技新闻的主题分布为:

[ (2, 0.38577113) , (5, 0.14801453) , (6, 0.09730849) , (7, 0.36559567) ]
```

从结果中可以看到体育新闻的第 6 个主题的权重最大，为（5, 0.60399055），可惜从第 6 个主题的单词分布来看，貌似这是个娱乐主题，因此光从主题分布还不能准确地进行分类。

读者不禁要问是不是每次抽取主题都要再次训练模型，其实 Gensim 还支持将训练好的模型可以持久化到硬盘，通过设计的通用接口和结构，只要调用训练好的模型接口，重载模板化模型到内存，使多个进程之间可以共享相同的数据，减小硬件方面的压力。比如搜索引擎通过关键字搜索相关的网页内容，就是通过将关键字作为文档主题与语料库内容做相似度计算，这里就会用到 gensim 的 similarities 模块。

```
# 相似度计算作为调用模块，返回逆序排序前10条信息
def most_similar (origin_query, model, top_n=10) :
    from gensim import similarities

    # 将搜索关键字转化为向量
    vec_bow = dictionary.doc2bow (origin_query.lower () .split () )
    vec_model = model [vec_bow]

    #计算文档vec_model与语料中每一篇文档的相似度
    #调用模块化LDA训练函数 (model_LDA [corpus] )
    index = similarities.MatrixSimilarity (model_LDA [corpus] )
    sims = index [vec_model]
```

```
#排序
sims = sorted (enumerate (sims) , key=lambda item: -item [1] )
return sims [: top_n]
```

五、案例总结

（1）可以加入搜狗词库等扩充分词词库，在进行参数调优过程出现的干扰词加入到停用词典中过滤，解决分词效果不好、高频词、干扰词太多的问题，影响主题的词分布。

（2）计算 tf 和 df 时过滤指定阈值的高频词和低频词，采用 TF-IDF 计算词的权重，选取 TF-IDF 均值较大的 5000 个词作为 LDA 的词典，这样也可以过滤一些低频词，尤其是针对训练集比较大、词库较大的情况一定要采用 TF-IDF 进行过滤。

（3）如果计算出的文章主题效果较差，和文章不太相关，比如主题得分最大值和第二大值相差较多，则只保留最大得分主题。或者选择 N 个主题，N 小于 M（主题总数），计算其得分值的方差，若方差较小，则主题之间的区分度较低，可将其挑出进行人工处理。

第五节 基于 RFM 理论的用户细分分析

一、案例背景与思路

面对激烈的市场竞争，诸多在线服务企业面临着用户流失、竞争力下降和资源分配不充分等经营危机。在此情形下，如何得到客户、如何留住客户以及如何极大化客户价值对企业的生存和发展非常重要。

二、需求分析

电子商务的迅速发展积累了大量的客户消费数据，如何利用这些数据建立合理的客户价值评估模型，准确地细分客户，对客户进行评价归类和有效管理，进而制定出合理的营销策略，针对不同用户提供个性化服务，成为亟待研究和解决的热点问题。本案使用在线销售 Online Retail 数据集，结合客户关系管理（CRM）的分析模式——RFM 模型，采用 K-means 聚类算法，对客户进行评价归类，以便制定合理的营销策略。

三、数据来源和描述性分析

（一）数据来源

在线销售 Online Retail 数据集（来自 kaggle 官网）包含某在线零售商在 2010 年 12 月 1 日到 2011 年 12 月 9 日之间发生的所有交易数据，共 541909 条记录，其中包括订单编号、产品代码、产品描述、购买数量、订单日期、产品价格、用户 ID 和用户所在国家等特征，如表 4–3 所示：

表 4–3　Online Retail 数据集特征

特征名称	特征说明
InvoiceNo	订单编号，如果订单以 ‘c’ 开头，则意味这个订单已取消
StockCode	产品代码
Description	产品描述
Quantity	购买数量
InvoiceDate	订单日期
UnitPrice	产品价格
CustomerID	用户 ID
Country	用户所在国家

此外，在线销售 Online Retail II 数据集（来自 kaggle 官网）包含某在线零售商在 2009 年 12 月 1 日到 2011 年 12 月 9 日之间发生的所有交易数据，共 1067371 条记录，其数据特征与在线销售 Online Retail 数据集一样，可供读者拓展实践使用。

（二）数据描述性分析

导入数据分析库 Pandas、科学计算库 Numpy 和 Scipy、数据可视化库 Seaborn 和 Matplotlib 及机器学习库 Sklearn 中 StandardScaler 归一化 / 标准化模块和 KMeans 聚类算法模块。

```
import pandas as pd
import numpy as np
```

```
import matplotlib.pyplot as plt
import seaborn as sns

from scipy import stats
from sklearn.preprocessing import StandardScaler
from sklearn.cluster import KMeans
```

读取并展示 Online Retail 数据集详情，如表 4–4 所示。

```
import warnings
warnings.filterwarnings ("ignore")
df = pd.read_excel ('Online Retail.xlsx')
df.head ()
```

表 4–4　Online Retail 数据集详情

No	Invoice No	Stock Code	Description	Quantity	Invoice Date	Unit Price	Customer ID	Country
0	536365	85123A	WHITE HANGING HEART T-LIGHT HOLDER	6	2010-12-01 08:26:00	2.55	17850.0	United Kingdom
1	536365	71053	WHITE METAL LANTERN	6	2010-12-01 08:26:00	3.39	17850.0	United Kingdom
2	536365	84406B	CREAM CUPID HEARTS COAT HANGER	8	2010-12-01 08:26:00	2.75	17850.0	United Kingdom
3	536365	84029G	KNITTED UNION FLAG HOT WATER BOTTLE	6	2010-12-01 08:26:00	3.39	17850.0	United Kingdom
4	536365	84029E	RED WOOLLY HOTTIE WHITE HEART.	6	2010-12-01 08:26:00	3.39	17850.0	United Kingdom

四、数据预处理（特征工程）

数据预处理和特征工程，两者并无明显的界限，都是为了更好地探索数据集的结构，获得更多的信息，将数据送入模型中之前进行整理。可以说数据预处理是初级的特征处理，特征工程是高级的数据预处理，也可以说这里的预处理过程是广义的，包含所有的建模前的数据预处理过程。

（一）数据预处理

选取地理位置为英国客户的数据（其占大部分客户数据）；移除购买数量（Quantity）和产品价格（UnitPrice）中负数的数据；移除用户 ID（CustomerID）中为空值的数据。

```
df = df [df.Country == 'United Kingdom']
df = df [df.Quantity > 0]
df = df [df.UnitPrice > 0]
df = df [pd.notnull (df ['CustomerID'] ) ]
```

添加产品总价（TotalPrice）的新列数据。

```
df ['TotalPrice'] = df ['Quantity'] *df ['UnitPrice']
```

以 2011 年 12 月 9 日（最近的订单日期），分别计算最近一次购买时间间隔（Recency，R），在这个时间段里的购买次数（Frequency，F）和在这个时间段里客户购买总金额（或平均金额，Monetary，M），得到用户的 R–F–M 数据，如表 4–5 所示。

```
import datetime as dt
NOW = dt.date (2011, 12, 9)
df ['date'] = pd.DatetimeIndex (df.InvoiceDate) .date
df_recency = df.groupby ( ['CustomerID'] , as_index=False) ['date'] .max ()
df_recency.columns = ['CustomerID', 'Last_Purchase_Date']
df_recency ['Recency'] = df_recency.Last_Purchase_Date.apply (
  lambda x: (NOW -x) .days)
df_recency.drop (columns= ['Last_Purchase_Date'] , inplace=True)
FM_Table = df.groupby ('CustomerID') .agg ({'InvoiceNo': lambda x: len (x) ,
                                           'TotalPrice': lambda x: x.sum () })
FM_Table.rename (columns={'InvoiceNo': 'Frequency',
                          'TotalPrice': 'Monetary_Value'}, inplace=True)
RFM_Table = df_recency.merge (FM_Table, left_on='CustomerID', right_
on='CustomerID')
RFM_Table.head ()
```

表 4-5 用户的 R-F-M 数据表

No	CustomerID	Recency	Frequency	Monetary_Value
0	12346.0	325	1	77183.60
1	12747.0	2	103	4196.01
2	12748.0	0	4595	33719.73
3	12749.0	3	199	4090.88
4	12820.0	3	59	942.34

（二）特征工程

特征工程，是指用一系列工程化的方式从原始数据中筛选出更好的数据特征，以提升模型的训练效果。业内有一句广为流传的话是：数据和特征决定机器学习的上限，而模型和算法是在逼近这个上限而已。特征工程通常包括特征构建、特征提取、特征选择等部分。

偏度（Skewness），也称为偏态，是统计数据分布偏斜方向和程度的度量，是统计数据分布非对称程度的数字特征。对于正态分布的数据，偏度应该在 0 左右。对于单峰连续分布，偏度值大于 0 意味着在分布的右尾有更多的权重。数据预处理前时间间隔（Recency）、购买次数（Frequency）和购买总金额（或平均金额，Monetary）数据的偏度和分布，如图 4-19 所示。

```
def check_skew (df_skew, column):
    skew = stats.skew (df_skew [column] )
    skewtest = stats.skewtest (df_skew [column] )
    plt.title ('Distribution of ' + column)
    sns.distplot (df_skew [column] )
    print ("{}'s: Skew: {}, : {}".format (column, skew, skewtest) )
    return
```

其中，stats.skew（array，axis = 0，bias = True）函数用来计算数据集的偏度；stats.skewtest（array，axis = 0）函数用来测试偏度是否与正态分布不同。参数如下：

array：具有元素的输入数组或对象；

axis：要测量偏度值的轴。默认情况下，轴 = 0；

bias：布尔如果设置为 False，则针对统计偏差对计算进行校正。

```
plt.figure(figsize=(9, 9))
plt.subplot(3, 1, 1)
check_skew(RFM_Table, 'Recency')
plt.subplot(3, 1, 2)
check_skew(RFM_Table, 'Frequency')
plt.subplot(3, 1, 3)
check_skew(RFM_Table, 'Monetary_Value')
plt.tight_layout()
plt.savefig('before_transform1006.png', format='png', dpi=1000)
```

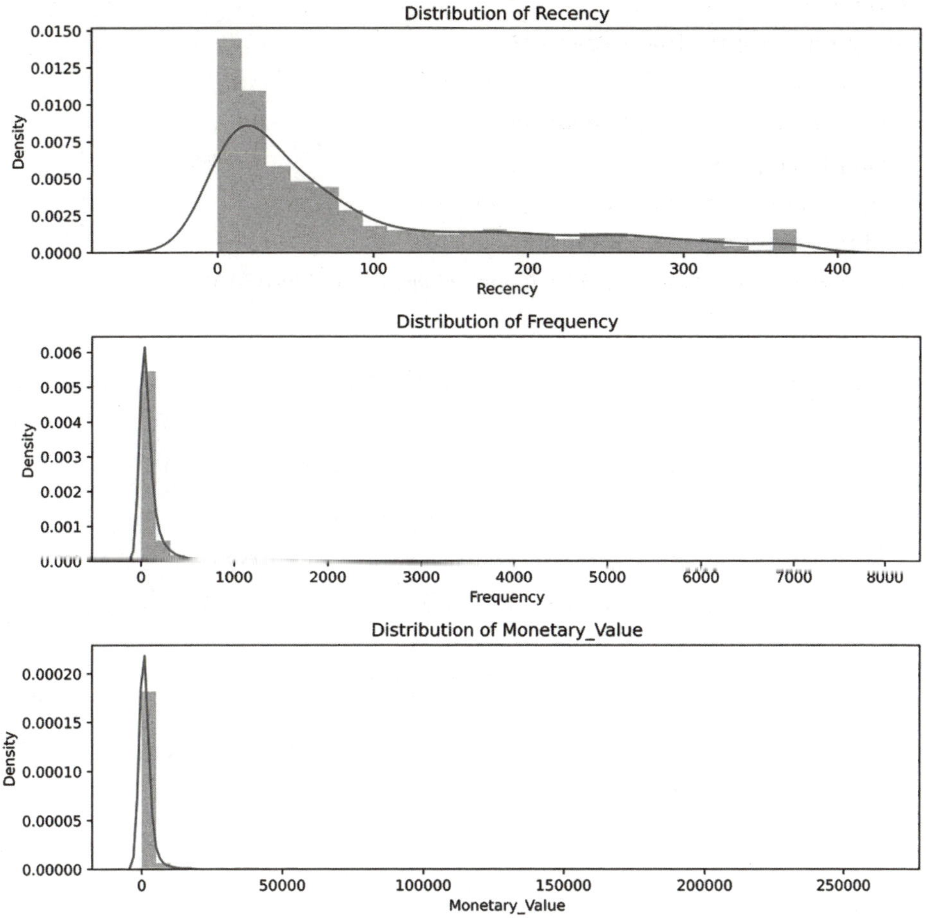

图 4–10　预处理前时间间隔 / 购买次数 / 购买总金额偏度与分布图

图 4–19 说明数据是高度倾斜的，因此执行 log 对数变换以减少每个变量（时间间隔 / 购买次数 / 购买总金额）的倾斜，并加上常数以使得对数变换后的值都是正的。

```
df_rfm_log = RFM_Table.copy()
df_rfm_log = np.log(df_rfm_log+1)
```

数据预处理后时间间隔（Recency）、购买次数（Frequency）和购买总金额（或平均金额，Monetary）数据的偏度和分布，如图 4–20 所示。

```
plt.figure(figsize=(9, 9))
plt.subplot(3, 1, 1)
check_skew(df_rfm_log, 'Recency')
plt.subplot(3, 1, 2)
check_skew(df_rfm_log, 'Frequency')
plt.subplot(3, 1, 3)
check_skew(df_rfm_log, 'Monetary_Value')
plt.tight_layout()
plt.savefig('after_transform1006.png', format='png', dpi=1000)
```

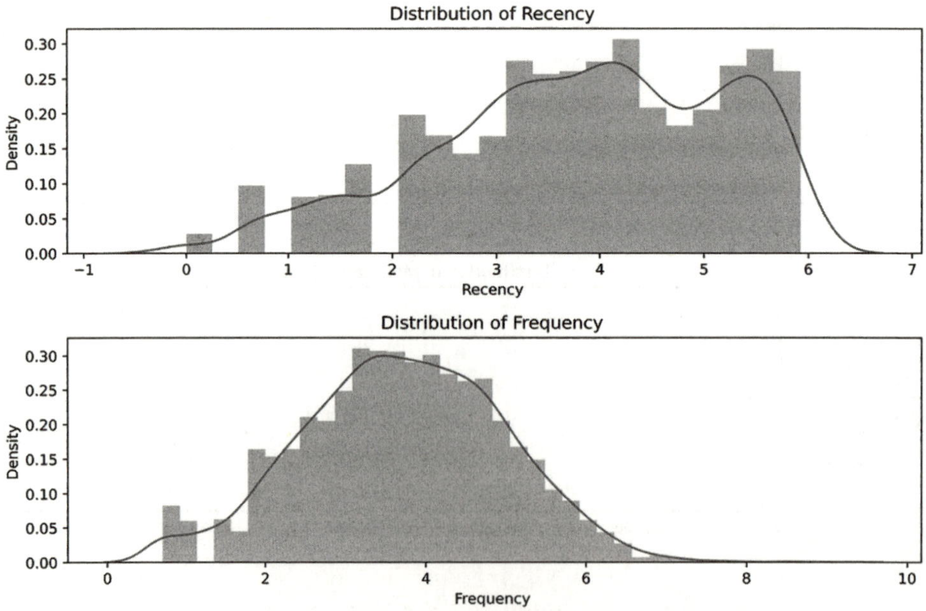

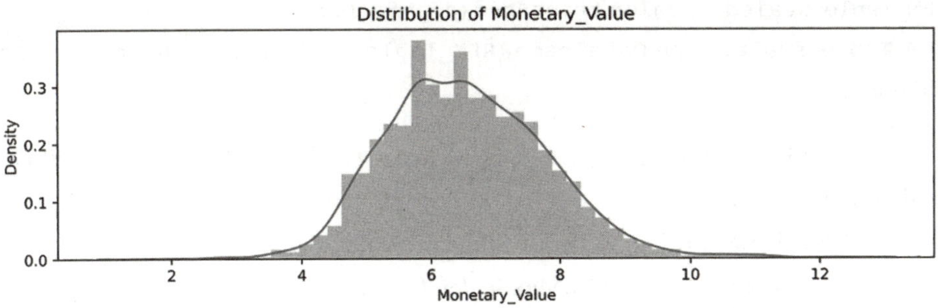

图 4-11　预处理后时间间隔 / 购买次数 / 购买总金额偏度与分布

截尾（Winsorizer），是一种处理离群值的方法，即将超出变量特定百分位范围的数值替换为其特定百分位数值，在公司金融、财务管理等微观领域应用非常广泛。

```
from feature_engine.outliers import Winsorizer
windsoriser = Winsorizer (capping_method='gaussian',
              tail='both', # cap left, right or both tails
              fold=2,
              variables= ['Recency', 'Frequency', 'Monetary_Value']
              )

windsoriser.fit (df_rfm_log)
df_rfm_log = windsoriser.transform (df_rfm_log)
```

离群点（异常）检测，是数据挖掘中重要的一部分，它的任务是发现与大部分其他对象显著不同的对象。大部分数据挖掘方法都将这种差异信息视为噪声而丢弃或替换（比如本案例），然而在一些应用中，罕见的异常数据可能蕴含着更大的研究价值，比如诈骗检测、入侵检测、故障检测等领域。

数据标准化（Normalization），也称归一化，其目的是把不同来源的数据统一到同一个参考坐标系下或一定的范围内。数据标准化处理是数据挖掘的一项基础工作，为了消除指标之间的量纲影响，需要对数据进行归一化处理。归一化使得后面数据的处理更为方便，它有两大优点：一是归一化可以加快梯度下降，提升优化算法收敛速度；二是归一化有可能提高模型精度。

```
scaler = StandardScaler ()
scaler.fit (df_rfm_log)
```

```
RFM_Table_scaled = scaler.transform(df_rfm_log)
RFM_Table_scaled = pd.DataFrame(RFM_Table_scaled, columns=df_rfm_log.
columns)
```

参考 Sklearn 的官方文档（来自 Sklearn 官网），数据标准化（也称归一化）常见方法如下：

· 缩放到均值为 0，方差为 1（StandardScaler（））；
· 缩放到 0 和 1 之间（MinMaxScaler（））；
· 缩放到 –1 和 1 之间（MaxAbsScaler（））；
· 缩放到 0 和 1 之间，保留原始数据的分布（Normalizer（））。

五、数据建模与分析

（一）RFM 理论与细分客户营销策略

1. 客户细分的概念

客户细分是由美国学者温德尔·史密斯（Wendell R.Smith）于 20 世纪 50 年代中期提出的，指企业在明确的战略业务模式和特定的市场中，根据客户的属性、行为、需求、偏好以价值等因素对客户进行分类，不同分类的客户群之间存在明显的差异性，同一分类的客户群内有很大的相似性，并为不同客户群提供有针对性的产品、服务和销售模式。客户细分作为客户关系管理（Customer Relationship Management，简称 CRM）的有效组成部分，是分门别类研究客户、进行有效客户评估、合理分配服务资源、成功实施客户策略的基本原则之一，为企业最大化客户价值提供理论和方法指导。

2. 基于 RFM 模型的客户细分

在众多的客户关系管理（CRM）的分析模式中比较受欢迎的分析方法是 RFM 分析，RFM 模型是衡量客户价值和客户创利能力的重要工具。传统的 RFM 模型最初是由 Hughes 于 1994 年提出的，曾被广泛应用于直销领域，包括 R（Recency）、F（Frequency）、M（Monetary）三个变量。Recency（R）表示最近一次购买时间，理论上最近一次购买时间越近的用户对提供即时的商品或是服务也最有可能会有反应。因为最近一次购买时间指标定义的是一个时间段，并且与当前时间相关，因此是一直在变动的，所以 R 越小越好。最近一次购买时间对营销来说是一个重要指标，在企业采取吸引用户的策略时，R 越小的用户反馈越及时，给企业带来的价值越大。Frequency（F）表示某个时间段里的购买次数，最常购买的消费者，越有意向再次购买，忠诚度越高，给企业带来的价值也越大，所以 F 越大越好，增加顾客购买的次数意味着从竞争对手处获得市场占有率，由别人的手中赚取营业额。Monetary（M）表示某个时间段里客户购买总金额或平均金额，是对企业产能最直接的衡量指标，购买金额越大，给企业带来的价值越大，所以 M 越大越好。

根据帕累托定律 80% 的利润是有 20% 的客户提供的，对企业来说，那些最近有过购买行为，一段时间内经常购买以及产生更多消费额的客户是企业重点关注的目标用户，对应的客户价值及客户忠诚度也越高。通过 RFM 模型对用户价值的评估，识别企业有价值的用户，再结合 RFM 变量对用户分类，如表 4–6 所示，识别用户的行为特征和人口特征，以帮助企业选择目标客户实施有效的营销策略。

表 4–6　RFM 模型的用户分类

Recency	Frequency	Monetary	客户类型
+	+	+	重要价值用户
+	–	+	重要发展用户
–	+	+	重要保持用户
–	–	+	重要挽留用户
+	+	–	一般价值用户
+	–	–	一般发展用户
–	+	–	一般保持用户
–	–	–	一般挽留用户

RFM 模型包括三个变量，无法用平面坐标图来展示，所以这里使用三维坐标系进行展示，其中 R 轴表示 Recency、F 轴表示 Frequency、M 轴表示 Monetary，坐标系的 8 个象限分别表示 8 类用户。根据表 4–6 中的分类，可以用以下三维象限图进行描述。

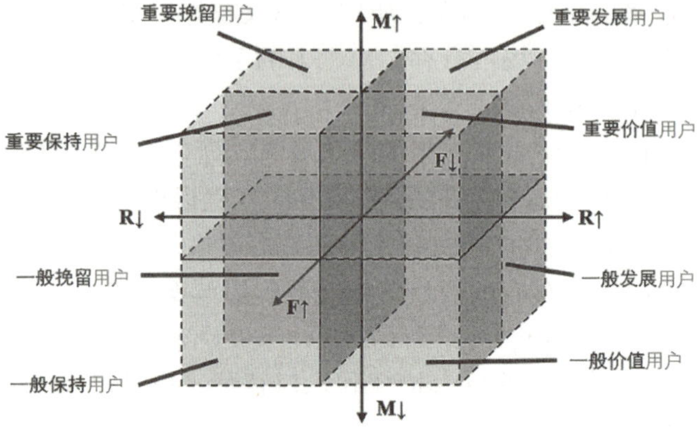

图 4-12　RFM 模型三维象限图

经过前文对在线销售 Online Retail 数据集的数据分析和预处理，接下来我们使用机器学习库 sklearn 提供的 K-means 聚类算法实现电商用户群体进行划分。

（二）K-means 聚类分析与 sklearn 库的简介

Scikit-learn（简称 Sklearn）是基于 Python 语言的机器学习库，建立在数值计算库 NumPy、科学计算库 SciPy 和绘图库 Matplotlib 上的简单高效的数据挖掘和数据分析工具，具有开源、便捷使用的特点，其常用算法如图 4-13 所示（来自 Scikit-learn 官网）。

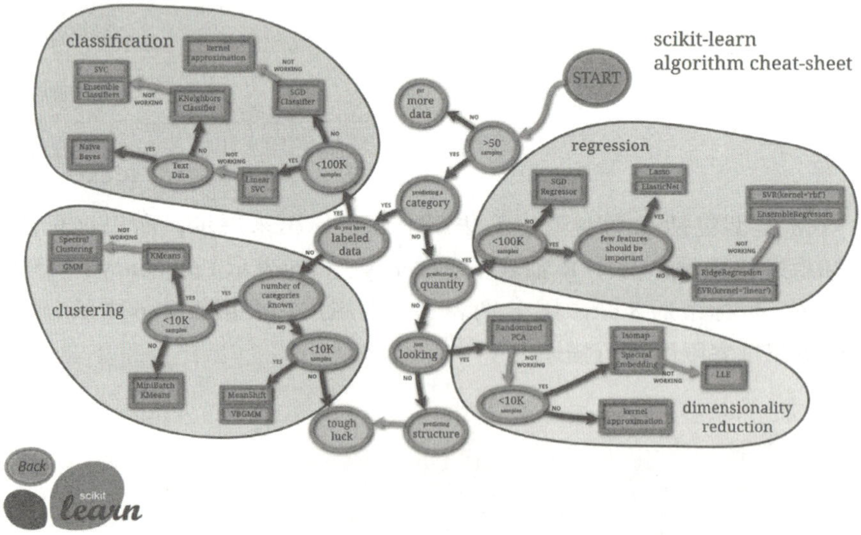

图 4-13　Scikit-learn 机器学习库算法速查一览图

K-means Clustering（K 均值聚类）是一种迭代求解的聚类分析算法。其步骤是预将数据分为 K 组，则随机选取 K 个对象作为初始的聚类中心，然后计算每个对象与各个种子聚类中心之间的距离，把每个对象分配给距离它最近的聚类中心。聚类中心以及分配给它们的对象就代表一个聚类。每分配一个样本，聚类的聚类中心会根据聚类中现有的对象被重新计算。这个过程将不断重复直到满足某个终止条件。终止条件可以是没有（或最小数目）对象被重新分配给不同的聚类，或者没有（或最小数目）聚类中心再发生变化，或者误差平方和局部最小。

```
def clustering_algorithm(normalised_df_rfm, clusters_number):

#  K-means Clustering (k均值聚类)
   clustering = KMeans(n_clusters=clusters_number, random_state=80471)
   clustering.fit(normalised_df_rfm)

   return clustering
```

分别指定 K 均值聚类（或谱聚类）算法的簇数量为 3、4 或 5，得到相应的聚类中心（cluster_centers_）等结果。

```
df_rfm_c3 = clustering_algorithm(RFM_Table_scaled, 3)

df_rfm_c4 = clustering_algorithm(RFM_Table_scaled, 4)

df rfm c5 = clustering_algorithm(RFM_Table_scaled, 5)
```

六、数据可视化与数据报告

根据上述聚类算法相应的聚类中心（cluster_centers_）结果，定义 linechart_plot( ) 函数，进而得到簇数量分别为 3、4 或 5 的折线图（LineChart），如图 4-14 所示。

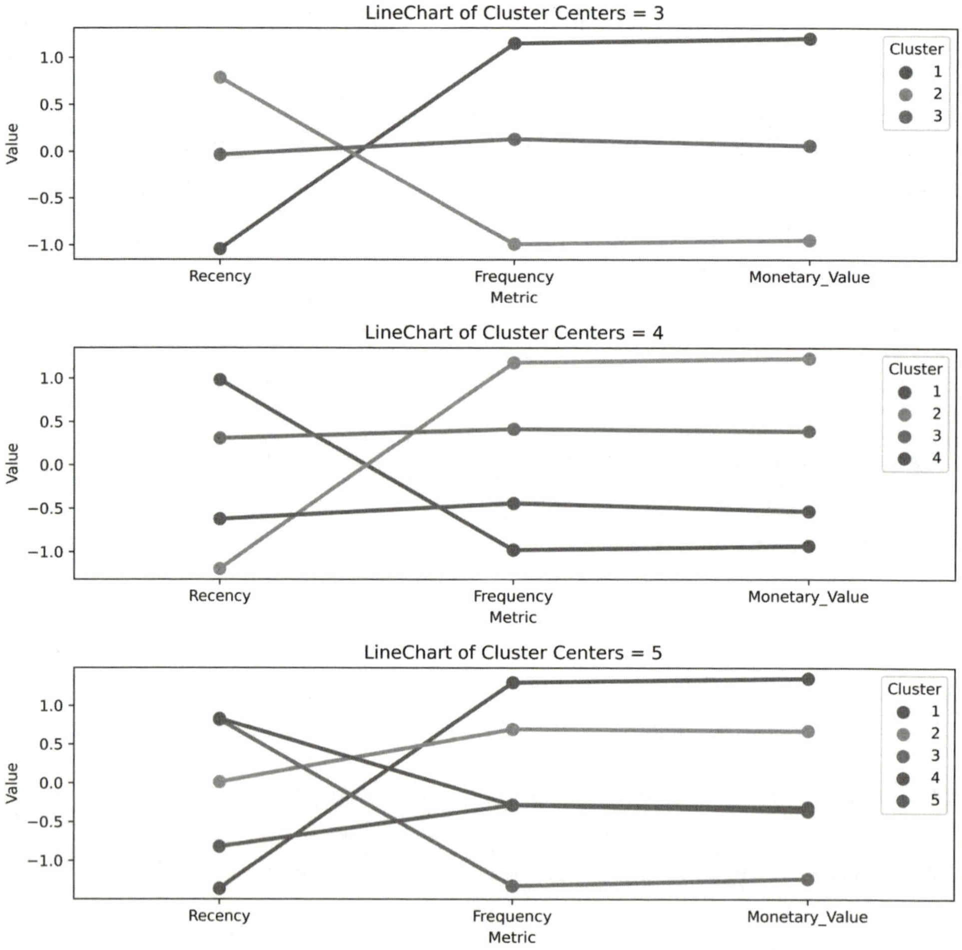

图 4-14　聚类簇数量分别为 3、4 或 5 的折线图

```
def linechart_plot(df_rfm_clustering):

    cluster_centers = pd.DataFrame(df_rfm_clustering.cluster_centers_,
columns=[
                                   'Recency', 'Frequency', 'Monetary_Value'])
   cluster_centers['Cluster'] = cluster_centers.reset_index().index+1

   # Melt data into long format
   df_melt = pd.melt(cluster_centers.reset_index(),
```

```
                id_vars=['Cluster'],
                value_vars=['Recency', 'Frequency', 'Monetary_Value'],
                var_name='Metric',
                value_name='Value')

    plt.xlabel('Metric')
    plt.ylabel('Value')
    sns.pointplot(data=df_melt, x='Metric', y='Value', hue='Cluster')

    return
```

利用 Matplotlib 绘图库 subplot 方法绘制一组折线图（LineChart）。

```
plt.figure(figsize=(9, 9))

plt.subplot(3, 1, 1)
plt.title('LineChart of Cluster Centers = 3')
linechart_plot(df_rfm_c3)

plt.subplot(3, 1, 2)
plt.title('LineChart of Cluster Centers = 4')
linechart_plot(df_rfm_c4)

plt.subplot(3, 1, 3)
plt.title('LineChart of Cluster Centers = 5')
linechart_plot(df_rfm_c5)

plt.tight_layout()
plt.savefig('linechart_cluster_centers1006.png', format='png', dpi=1000)
```

从折线图可以明显看出，聚类算法簇数量为 4，可以很好地细分客户。当然，也可以增加聚类算法簇的数量，这取决于想要如何细分客户。

由于之前对数据进行对数变换、归一化等处理，现将用对应映射的实际簇中心计算出来，如表 4-7 所示。

```
def rfm_values(df):
```

```
    df_new = df.groupby(['Cluster']).agg({
        'Recency': 'mean',
        'Frequency': 'mean',
        'Monetary_Value': ['mean', 'count']
        }).round(0)

        return df_new

df_rfm = RFM_Table.assign(Cluster = df_rfm_c4.labels_+1)
rfm_values(df_rfm)
```

表 4-7　聚类算法簇数量为 4 时实际簇中心一览

Cluster	Recency mean	Frequency mean	Monetary mean	Value mean
1	197.0	15.0	294.0	1168
2	12.0	260.0	5830.0	853
3	89.0	81.0	1449.0	1130
4	25.0	30.0	461.0	769

分析表 4-7 可发现：

（1）第 1 个客户群体属于“一般挽留客户”，其最近一次购买时间间隔较长，在这个时间段里购买次数较少，且在这个时间段里购买平均金额较少，但其总的购买次数较多。

（2）第 2 个客户群体属于“重要价值客户”，其最近一次购买时间间隔较短，在这个时间段里购买次数较多，且在这个时间段里购买总金额（平均金额）较多。

（3）第 3 个客户群体属于“重要挽留客户”，其最近一次购买时间间隔较长，在这个时间段里购买次数一般，且在这个时间段里购买平均金额一般，但其总的购买次数较多。

（4）第 4 个客户群体属于“一般保持客户”，其最近一次购买时间间隔较长，在这个时间段里购买次数一般，在这个时间段里购买平均金额一般，且其总的购买次数一般。

七、案例总结

参考本案例，适当修改代码，如数据标准化（也称归一化）处理方法的调整、聚类算法的选取，进而得到相应的客户评价归类结果；或者尝试利用在线销售 Online Retail II 数据集实现基于 RFM 理论的用户细分分析。

第六节　基于深度学习酒店评论情感分析

一、案例背景与思路

文本情感分析（Sentiment Analysis）又称意见挖掘，主要指的是对带有情感色彩的文本进行分析和处理，继而挖掘评论者想要表达的情感。情感分析技术应用场景很多，例如民意调查、舆论分析、商品评价等，企业等部门可以根据评论信息加强自身服务质量，提高自身核心竞争力。潜在的用户可以通过浏览评论信息来了解舆论倾向和商品质量等。“信息爆炸”及大数据的不断扩展，使得情感分析的作用变得越来越重要。

二、需求分析

本案例针对中文酒店评论数据“谭松波——酒店评论语料”进行情感分析，为商家加强服务质量和对网民（潜在客户）在选择商品时提供数据对比支持。

利用中文分词库 jieba 和词云库 wordcloud 实现词云可视化，基于 EasyDL 零门槛 AI 开发平台（无代码）和 AI Studio 一站式 AI 开发实训平台（少量代码）实现酒店情感分析实践。

三、数据来源

本案例使用的中文酒店评论数据“谭松波——酒店评论语料”（选自 ChnSentiCorp_htl_all 公开数据集）包括有标注数据 6530 条（去重后 6512 条），其中积极评论数据（pos）数目 5358 条（去重后 5340 条）、消极评论数据（neg）数目 1172 条；标签分为两类，分别为 1（积极）和 –1（消极）；文本长度最大为 1979，平均为 122。

四、数据分析和词云可视化

（一）数据读取和描述性统计

利用 pd.read_csv () 方法读入 ChnSentiCorp 酒店评论数据集，展示数据集详情如表 4–8 所示，并对数据集进行描述性统计。

1. 数据预览

```
import pandas as pd
hotel_neg = pd.read_csv ('data/data34774/hotel_neg.csv', engine ='python')
hotel_pos = pd.read_csv ('data/data34774/hotel_pos.csv', engine ='python')
print (hotel_neg.shape) # 消极数据1172条
print (hotel_pos.shape) # 积极数据5358条
hotel_neg.head (3)  # 展示数据详情: id 序号; text内容; label标签
```

表 4–8　酒店评论数据详情

id	text	label
0	标准间太差房间还不如 3 星的而且设施非常陈旧，建议酒店把老的标准间重新改善。	–1
1	服务态度极其差，前台接待好像没有受过培训，连基本的礼貌都不懂，竟然同时接待几个客人；大堂副理···	–1
2	地理位置还不错，到哪里都比较方便，但是服务不像是豪生集团管理的，比较差。下午睡了一觉并洗了一···	–1

2. 标签分布

标签分为两类，分别为 1（积极）和 –1（消极）。可以看到，积极数据数量占大部分，消极数量占少部分。此外，数据中若还包含少量的未知标签，可将其视为异常数据剔除。

```
file = [hotel_pos, hotel_neg]
hotel_reviews = pd.concat (file, axis=0)
hotel_reviews.to_csv ("hotel_reviews.csv", index=0, sep=', ')
print (hotel_reviews.shape)
print (hotel_reviews.columns)
# 标签分布, 可以看到, 积极数据数量占大部分, 消极数量占少部分
%matplotlib inline
hotel_reviews ['label'] .value_counts (normalize=False) .plot (kind='bar') ;
```

```
# 清除异常标签数据
# hotel_reviews = hotel_reviews [hotel_reviews ['label'] .isin ( ['-1', '1'] ) ]
```

3. 文本长度

利用 str.len ().describe () 函数获取训练文本的长度，为后续深度学习模型参数的设定提供依据，训练时长与训练文本的长度和数量成正比关系。

```
# 训练集文本长度最大为1979, 平均为122
hotel_reviews ['text'] .str.len () .describe ()
```

（二）酒店评论分词处理和评论热词提取

Jieba（结巴）是目前最好的 Python 中文分词库，它主要有以下 3 种特性：支持 4 分词模式——精确模式、全模式、搜索引擎、Paddle 模式；支持繁体分词；支持自定义词典。

TF-IDF 算法的主要思想是如果某个词语在一篇文章中出现的频率高，并且在其他文章中较少出现，则认为该词语能较好地代表当前文章的含义，即一个词语的重要性与它在文档中出现的次数成正比，与它在语料库中文档出现的频率成反比。其中，词频（Term Frequency，TF）指某一给定词语在当前文件中出现的频率；逆向文件频率（Inverse Document Frequency，IDF）是一个词语普遍重要性的度量，即如果一个词语只在很少的文件中出现，表示更能代表文件的主旨，它的权重也就越大；如果一个词在大量文件中都出现，表示不清楚代表什么内容，它的权重就应该小。

TextRank 算法基于 PageRank 算法，主要思想是把文本拆分成词汇作为网络节点，组成词汇网络图模型，将词语间的相似关系看成是一种推荐或投票关系，使其可以计算每一个词语的重要性。PageRank 算法是根据网页间相互的超链接来计算网页重要性的技术，算法借鉴学术界评判学术论文重要性的方法，即查看论文的被引用次数。PageRank 算法的核心思想是认为网页重要性由两部分组成：如果一个网页被大量其他网页链接说明这个网页比较重要，即被链接网页的数量；如果一个网页被排名很高的网页链接说明这个网页比较重要，即被链接网页的权重。

```
import jieba.analyse
jieba.analyse.set_stop_words ("stopwords/baidu_stopwords.txt")

contents= " ".join (i for i in hotel_reviews ['text'] )
```

```
# 分别用TF-IDF和TextRank算法提取关键字 (热词)

result1 =pd.DataFrame (columns= ('酒店评论热词', '热度') )
for x, w in jieba.analyse.extract_tags (contents, topK=20, withWeight=True,
allowPOS= ('ns', 'n', 'vn', 'v') ) :
    result1 = result1.append (pd.DataFrame ({'酒店评论热词': [x] , '热度': [w] }) ,
ignore_index=True)
   result1.to_csv ("hotel_reviews_hotwordTF.csv", index=False, sep=', ')

result2 =pd.DataFrame (columns= ('酒店评论热词', '热度') )
for x, w in jieba.analyse.textrank (contents, topK=20, withWeight=True,
allowPOS= ('ns', 'n', 'vn', 'v') ) :
    result2 = result2.append (pd.DataFrame ({'酒店评论热词': [x] , '热度': [w] }) ,
ignore_index=True)
   result2.to_csv ("hotel_reviews_hotwordTR.csv", index=False, sep=', ')
```

jieba.analyse.extract_tags 或 jieba.analyse.textrank 参数说明：

contents 需要提取的字符串，必须是 str 类型，不能是 list

topK 提取前多少个关键词

withWeight 是否返回每个关键词的权重

allowPOS 是可以提取指定词性的关键词，默认为 allowPOS= ‘ns’，‘n’，‘vn’，‘v’，提取地名、名词、动名词、动词。

词性和专名类别标签集合如表 4-9，其中词性标签 24 个（小写字母），专名类别标签 4 个（大写字母）。

表 4-9　词性和专名类别标签集合

标签	含义	标签	含义	标签	含义	标签	含义
n	普通名词	f	方位名词	s	处所名词	t	时间
nr	人名	ns	地名	nt	机构名	nw	作品名
nz	其他专名	v	普通动词	vd	动副词	vn	名动词
a	形容词	ad	副形词	an	名形词	d	副词
m	数量词	q	量词	r	代词	p	介词

续表

标签	含义	标签	含义	标签	含义	标签	含义
c	连词	u	助词	xc	其他虚词	w	标点符号
PER	人名	LOC	地名	ORG	机构名	TIME	时间

（三）酒店评论词云可视化显示

WordCloud（词云）是优秀的第三方 python 词云库，其特点（优势）是填充所有的可用空间，可以轻松修改，实现高效。

```
import wordcloud
from matplotlib import pyplot as plt

data = pd.read_csv ("hotel_reviews_hotwordTR.csv")
words = data ['酒店评论热词'] .values.tolist ()
wc=wordcloud.WordCloud (font_path='work/Fonts/Alibaba-PuHuiTi-Bold.otf',
height=800, width=1000, background_color='white')
wc.generate (' '.join (words) )
plt.imshow (wc)
plt.savefig ('hotel_reviews_hotwordTR.png')
```

分别用 TF-IDF 和 TextRank 算法提取关键词，其词云可视化结果如图 4-15 所示。

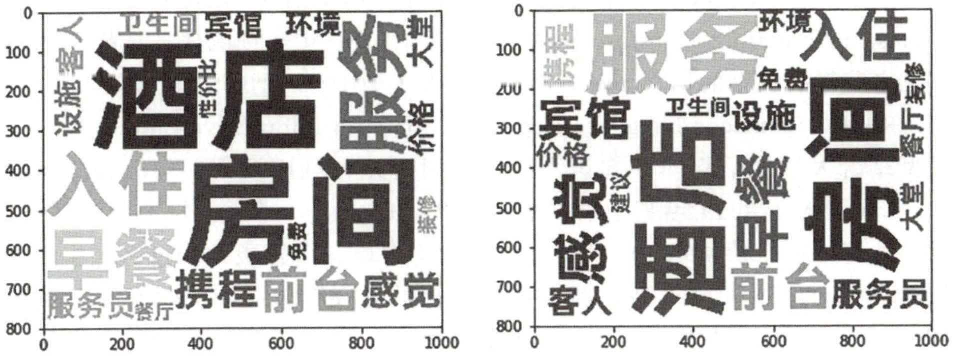

图 4-15　TF-IDF 和 TextRank 算法提取关键词的词云可视化结果

五、数据建模与分析

（一）情感分析与预训练模型简介

随着信息时代和人工智能浪潮的到来，越来越多的人在电商平台和社交媒体表达自己的看法和观点，产生大量的属性级（也称细粒度，如产品、服务或者话题）和多模态（如文本、图像、语音或视频）数据，如何利用计算机技术全面准确地挖掘数据的潜在观点、情感和情绪成为亟待解决和极具挑战的问题。情感分析（Sentiment Analysis），也称意见挖掘，旨在挖掘数据的潜在观点、情感和情绪的研究领域，在商业营销、公共管理和社会保障等方面有许多实际的应用场景。文本情感分析目前被广泛应用于诸如电影评论分析、电商平台评论分析、政治选举结果预测、金融股票走势预测等。其中，在影视传播领域，片方可以通过观众对电影的正负面评论数据预测电影票房。电商平台可以通过顾客的褒贬评价数据改进自己的商品质量或者提升服务。顾客可以通过以往的评论数据综合对比相同商品不同商家进而择优选择。政府部门可以通过公众对热点事件的评价数据及时掌握舆情信息，做到及时把握，有效处理等。随着新媒体和大数据时代的到来，情感分析任务不再是简单的文本分类任务（即积极的、消极的和中性的情感极性分类），已逐渐转变为基于深度学习的、面向复杂场景的极具探索挑战的任务。

预先训练一直是学习深度神经网络参数的有效策略，早在 2006 年 Hinton 等人就指出通过“预先训练”可以得到比较接近最优模型参数的初始化权值，并经“全局微调”达到模型优化重建的目的。Devlin 等人于 2018 年提出基于多层双向 Transformer 结构的语义表征模型 BERT（Bidirectional Encoder Representations from Transformers），同时利用下一句子预测任务和掩码语言模型来获得高级别的语义表征。Zhang 等人于 2019 年提出增强的语言表征模型 ERNIE（Enhanced Language Representation with Informative Entities），该模型结合大规模语料库和知识图谱，可同时充分利用词汇、句法和知识信息。Liu 等人于 2019 年基于语义表征模型 BERT，去掉下一句子预测任务，设计动态更新掩蔽模式，以及使用更大的语料库、设置更大的批次大小和更长的训练时间的训练策略，提出强力优化的 BERT 语义表征模型 RoBERTa（Robustly Optimized BERT Pre-training Approach）。Cui 等人于 2019 年利用全词掩蔽 WWM（Whole Word Masking）来替代 BERT 模型采用的部分词掩蔽方法，提出更适合中文自然语言处理任务的 BERT-wwm 模型，并在综述文章中介绍基于全词掩蔽的强力优化语义表征扩展模型 RoBERTa-wwm-ext。

（二）基于 EasyDL 零门槛 AI 开发平台的酒店情感分析实践

1. EasyDL 零门槛 AI 开发平台简介

EasyDL 是百度大脑推出的零门槛 AI 开发平台，面向各行各业有定制 AI 需求、零算法基础或者追求高效率开发 AI 的企业用户。支持包括数据管理与数据标注、模型训练、模型部署的一站式 AI 开发流程，原始图片、文本、音频、视频等数据，经过 EasyDL 加工、学习、部署，可通过公有云 API 调用，或部署在本地服务器、小型设备、软硬一体方案的专项适配硬件上，通过 SDK 或 API 进一步集成。

2. 酒店情感分析数据集创建和导入

选择“EasyData 数据服务”目录下数据总览，点击“创建数据集”按钮，弹出创建数据集界面。输入数据集名称，选择数据集属性：是否对数据进行去重操作，详细方法见数据去重策略。选择标注模板，这里有两种选择：如果待导入数据集是中文简体 / 繁体，请选择“短文本单标签”；如果待导入数据集是非中文的其他语言，请选择“多语种文本单标签”，点击可查看支持的全部语言种类。

点击“完成”按钮，在数据总览目录下可以看到生成一个空数据集项目，如图 4–16 所示。

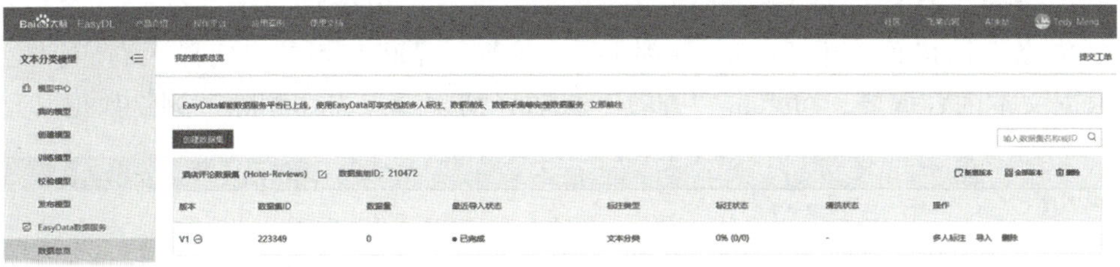

图 4–16　数据总览目录图

点击“导入”，弹出数据导入界面，如图 4–17 所示操作。其中，对于上传的 Excel 文件，其格式要求：使用第一列作为待标注文本，每行是一组样本，首行为表头默认将被忽略，每组数据文本内容的字符数不超过 512 个字符（包括中英文、数字、符号等），超出的字符可正常保存，但可能无法参与训练。文件类型支持 xlsx 格式，单次上传限制 100 个文件。

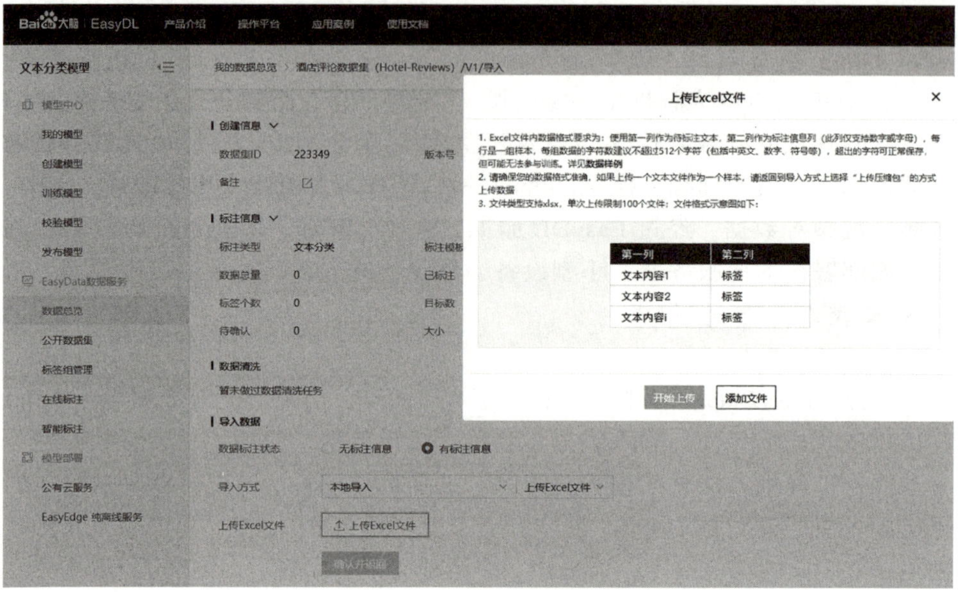

图 4-17　数据导入界面

全部数据正确导入后，点击“查看”，弹出数据预览界面，如图 4-18 所示，全部“有标注信息（6512，去重后）”下，积极评论数据（pos）数目 5340 条，消极评论数据（neg）数目 1172 条。界面右侧是对应导入酒店评论数据文本内容摘要，可点击“查看”获取详情，或点击“删除”删除数据。

图 4-18　数据预览界面

3. 酒店情感分析模型创建和训练

选择“模型中心”目录下“我的模型”，点击“创建模型”按钮，弹出创建模型界面，如图 4–19 所示，并按图所示操作。选择任务场景，这里有三种选择：“短文本分类任务”适用于文本长度小于 512 字符的中文文本数据；“长文本分类任务”适用于文本长度在 512~10 000 字符之间的中文文本数据；“多语种文本分类任务”适用于除中文以外，全球 94 种语言，且单条文本长度小于 512 字符的文本数据。输入模型名称、电子邮箱、联系方式（有效的联系方式将有助于更快获得模型效果优化、模型部署等官方支持）和简单功能描述。

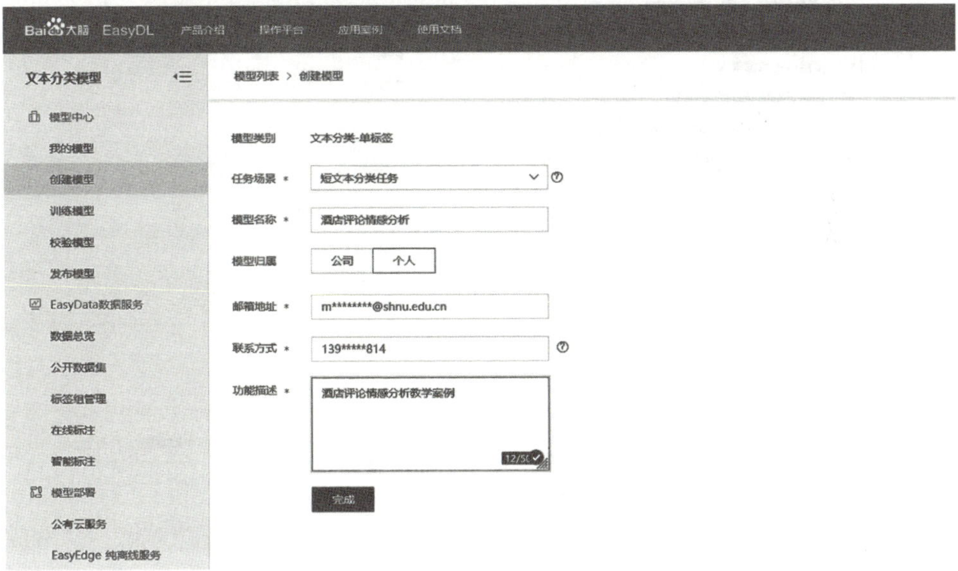

图 4–19　创建模型界面

点击“完成”按钮，在“我的模型”目录下可以看到生成一个空模型项目，点击“模型训练”，弹出训练模型界面，如图 4–20、图 4–21 所示，并按图所示操作。选择模型（如“酒店评论情感分析”），进行训练配置：配置部署方式（建议“公有云部署”，参考表 4–10），配置选择算法（建议“高精度”，即预测准确率效果更高，少于 1000 条的数据集同样有好的训练效果，训练时长与训练文本的长度和数量成正比关系，1000 个短文本样本预计在 20 分钟左右可完成训练），配置筛选指标（建议“模型兼顾 Precision 和 Recall”），其中：模型兼顾 Precision 和 Recall，即兼顾 Precision 精确度和 Recall 召回率，如场景中没有对精度或召回的特别要求，建议用此默认指标；Precision 最高的模型，即优先挑选 Precision 精度最高的模型作为部署模型；Recall 最多的模型，即优先选择召回率最高的模型作为部署模型；ACC 最大的模型，即优先挑选预测样本数最多的模型作为部署模型；Loss 最小的模型，即优先挑选预测偏差最小的模型作为部署模型。

添加数据，选择“酒店评论数据集”作为添加训练数据，选择免费的“GPU P40”作为训练环境。

图 4–20　训练模型界面 a

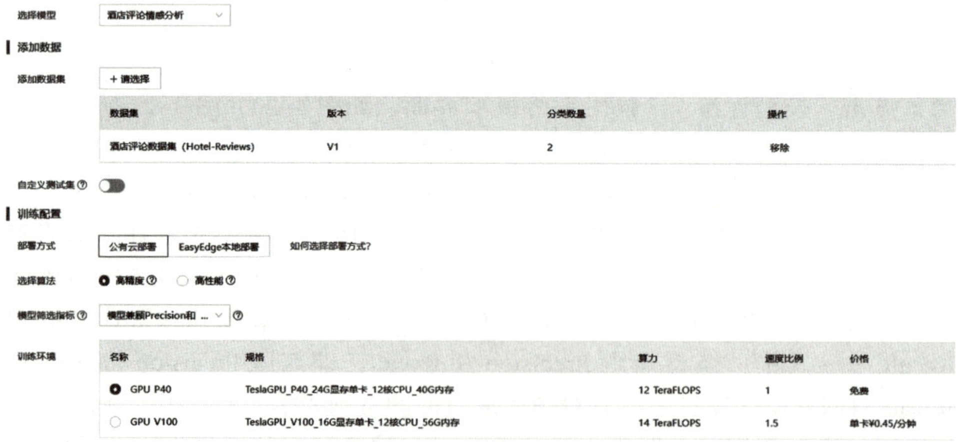

图 4–21　训练模型界面 b

表 4-10 配置部署方式表

部署方式	支持的硬件	支持的系统	技术文档
公有云 API	无须关注硬件，发布到公有云	不限制	文本分类、短文本相似度、情感倾向分析、文本实体抽取、文本实体关系抽取
EasyEdge 本地 - 私有服务器部署［私有 API］	x86-64 CPU	Linux	文本分类、短文本相似度、情感倾向分析、文本实体抽取、文本实体关系抽取
	Nvidia GPU	Linux	文本分类、短文本相似度、情感倾向分析、文本实体抽取、文本实体关系抽取

点击“开始训练”按钮，在“我的模型”目录下可以看到正在训练的模型状态，点击“查看版本配置”获取模型配置信息，点击“终止训练”终止正在训练的模型。

待模型训练完成，点击“完成评估结果”可查看模型评估报告；点击“校验”可启动模型校验服务并验证模型预测效果。模型评估报告和验证模型预测效果见后面“数据可视化与数据报告”。

（三）基于 AI Studio 一站式 AI 开发平台的酒店情感分析实践

1. 百度 AI Studio 一站式 AI 开发实训平台

百度 AIStudio 是针对 AI 学习者的在线一体化学习与实训社区。本平台集合了 AI 教程、深度学习样例工程、各领域的经典数据集、云端的超强运算及存储资源以及比赛平台和社区。从而解决学习者在 AI 学习过程中的一系列难题，例如教程水平不一、教程和样例代码难以衔接、高质量的数据集不易获得以及本地难以使用大体量数据集进行模型训练。

2. 酒店情感分析实践

近年来随着深度学习的发展，模型参数数量飞速增长，为了训练这些参数，需要更大的数据集来避免过拟合。最近的研究表明，基于大规模未标注语料库的预训练模型（Pretrained Models，PTM）能够习得通用的语言表示，从预训练模型微调（Fine-tune）到下游任务，能够获得出色的表现。另外，预训练模型能够避免从零开始训练模型。使用 PaddleHub Fine-tune API 进行微调，可以分为 4 个步骤，即选择模型→加载自定义数据集→选择优化策略和运行配置→执行 fine-tune 并评估模型。

（1）选择模型

```
pip install -U paddlehub -i https: //pypi.tuna.tsinghua.edu.cn/simple
```

```
import paddlehub as hub
import paddle
model = hub.Module (name="ernie", task='seq-cls', num_classes=2)
```

其中，hub.Module 的参数说明如下：

name：模型名称，可以选择 ernie、bert-base-cased、roberta-wwm-ext 等；
task：fine-tune 任务。此处为 seq-cls，表示文本分类任务；
num_classes：表示当前文本分类任务的类别数，默认为 2。

PaddleHub 还提供 BERT 等模型可供选择，当前支持文本分类任务的模型对应的加载，示例如表 4-11。

表 4-11　PaddleHub 支持的文本分类任务模型一览表

模型名	PaddleHub Module
ERNIE，Chinese	hub.Module（name='ernie'）
BERT-Base，Chinese	hub.Module（name='bert-base-chinese'）
BERT-wwm，Chinese	hub.Module（name='chinese-bert-wwm'）
BERT-wwm-ext，Chinese	hub.Module（name='chinese-bert-wwm-ext'）
RoBERTa-wwm-ext，Chinese	hub.Module（name='roberta-wwm-ext'）
RoBERTa-wwm-ext-large，Chinese	hub.Module（name='roberta-wwm-ext-large'）
RBT3，Chinese	hub.Module（name='rbt3'）
RBTL3，Chinese	hub.Module（name='rbtl3'）
ELECTRA-Base，Chinese	hub.Module（name='chinese-electra-base'）
ELECTRA-Small，Chinese	hub.Module（name='chinese-elcctra-small'）

（2）加载自定义数据集

利用 sklearn 机器学习库中 train_test_split () 函数（https://scikit-learn.org/stable/modules/generated/sklearn.model_selection.train_test_split.html）实现训练集、验证集（测试集）的划分。

```
import pandas as pd
hotel_neg = pd.read_csv ('data/data34774/hotel_neg.csv', engine ='python')
hotel_pos = pd.read_csv ('data/data34774/hotel_pos.csv', engine ='python')
```

```
file = [hotel_pos, hotel_neg]
hotel_reviews = pd.concat (file, axis=0)
# 划分验证集, 保存格式 text [\t] label
from sklearn.model_selection import train_test_split

hotel_reviews = hotel_reviews [ ['text', 'label'] ]
train, valid = train_test_split (train_data=hotel_reviews, test_size=0.2,
random_state=80471)
train.to_csv ('/home/aistudio/data/data34774/train.txt', index=False,
header=False, sep='\t')
valid.to_csv ('/home/aistudio/data/data34774/valid.txt', index=False,
header=False, sep='\t')
```

其中，train_test_split 的参数用法如下：

> train_data：所要划分的样本特征集；
>
> test_size：样本占比，如果是整数的话就是样本的数量；
>
> random_state：是随机数的种子。随机数种子是该组随机数的编号，在需要重复试验的时候，保证得到一组一样的随机数。比如每次都填某个整数，其他参数一样的情况下得到的随机数组是一样的。不填的话默认值为False，即每次切分的比例虽然相同，但是切分的结果不同。

加载自定义数据集，用户仅需要继承 TextClassificationDataset 类。具体详情可参考加载自定义数据集（https://github.com/PaddlePaddle/PaddleHub/blob/release/v2.0.0-rc/docs/docs_ch/tutorial/how_to_load_data.md）。

```
import os, io, csv
from paddlehub.datasets.base_nlp_dataset import InputExample,
TextClassificationDataset

# 数据集存放位置
DATA_DIR="/home/aistudio/data/data34774"

class Sentiment_Analysis (TextClassificationDataset) :
    def __init__ (self, tokenizer, mode='train', max_seq_len=128) :
        if mode == 'train':
            data_file = 'train.txt'
```

```
        elif mode == 'test':
            data_file = 'valid.txt'
        else:
            data_file = 'valid.txt'
        super(Sentiment_Analysis, self).__init__(
            base_path=DATA_DIR,
            data_file=data_file,
            tokenizer=tokenizer,
            max_seq_len=max_seq_len,
            mode=mode,
            is_file_with_header=True,
            # 数据集的标签列表
            label_list=['-1', '1'])

    # 解析文本文件里的样本
    def _read_file(self, input_file, is_file_with_header: bool = False):
        if not os.path.exists(input_file):
            raise RuntimeError("The file {} is not found.".format(input_file))
        else:
            with io.open(input_file, "r", encoding="UTF-8") as f:
                reader = csv.reader(f, delimiter="\t", quotechar=None)
                examples = []
                seq_id = 0
                header = next(reader) if is_file_with_header else None
                for line in reader:
                        example = InputExample(guid=seq_id, text_a=line[0],
label=line[1])
                    seq_id += 1
                    examples.append(example)
                return examples

train_dataset = Sentiment_Analysis(model.get_tokenizer(), mode='train',
max_seq_len=128)
dev_dataset = Sentiment_Analysis(model.get_tokenizer(), mode='dev', max_
seq_len=128)
test_dataset = Sentiment_Analysis(model.get_tokenizer(), mode='test',
```

```
max_seq_len=128)
for e in train_dataset.examples [: 10] :
    print (e)
```

（3）选择优化策略和运行配置

Paddle2.0 提供多种优化器选择，如 SGD、Adam、Adamax 等。

```
# 优化器的选择和参数配置
optimizer = paddle.optimizer.Adam (learning_rate=5e-5, parameters=model.
parameters () )

# fine-tune任务的执行者
trainer = hub.Trainer (model, optimizer, checkpoint_dir='./ckpt', use_
gpu=True)
```

其中，本案例中采用 Adam 优化器，其参数说明如下：

learning_rate：全局学习率。默认为 1e-3；
parameters：待优化模型参数。

Trainer 主要控制 Fine-tune 任务的训练，是任务的发起者，其参数说明如下：

model：被优化模型；
optimizer：优化器选择；
use_gpu：是否使用 gpu 训练；
use_vdl：是否使用 vdl 可视化训练过程；
checkpoint_dir：保存模型参数的地址；
compare_metrics：保存最优模型的衡量指标。

（4）执行 fine-tune 并评估模型

```
# 配置训练参数，启动训练，并指定验证集
trainer.train (train_dataset, epochs=3, batch_size=32, eval_dataset=dev_
dataset, save_interval=1)
```

trainer.train 主要控制具体的训练过程，其参数说明如下：

train_dataset：训练时所用的数据集；
epochs：训练轮数；
batch_size：训练的批大小；
num_workers：works 的数量，默认为 0；
eval_dataset：验证集；
log_interval：打印日志的间隔，单位为执行批训练的次数；
save_interval：保存模型的间隔频次，单位为执行训练的轮数。

```
# 在测试集上评估当前训练模型
result = trainer.evaluate (test_dataset, batch_size=32)
```

当前训练模型在测试集上的评估结果 Acc 准确率为 0.9387，说明如下：

［2021-09-05 18：07：23，305］［ INFO ］-Evaluation on validation dataset：\
［2021-09-05 18：07：26，369］［ EVAL ］-Evaluation on validation dataset：|⋯⋯［Evaluation result］avg_acc=0.9387

六、数据可视化与数据报告

（一）混淆矩阵与分类评价指标

混淆矩阵（Confusion Matrix）常用于衡量分类器的分类准确程度。混淆矩阵适用于包含多个分类器的问题，为便于理解，以二元分类为例进行讲解。

混淆矩阵中 C_{ij} 表示已知样本的真实类别为 i，实际模型的预测类别为 j。在分类问题中，C_{00} 表示样本的真实类别是正例，并且模型的预测类别也是正例，称真阳性（True Positive，TP）；C_{11} 表示样本的真实类别是负例，并且模型的预测类别也为负例，称真阴性（True Negative，TN）；C_{01} 表示样本的真实类别是负例，但是模型的预测类别为正例，称假阳性（False Positive，FP）；C_{10} 表示样本的真实类别是正例，但是模型的预测类别为负例，称假阴性（False Negative，FN），如表 4-12 所示。

表 4-12 混淆矩阵

混淆矩阵 C_{ij} Confusion Matrix		真实值 Real	
		Positive	Negative
预测值 Predicted	Positive	TP	FP
	Negative	FN	TN

准确率（Accuracy，Acc）表示分类模型所有判断正确的结果占总观测值的比重。其公式定义为：$Acc = \dfrac{TP + TN}{TP + FP + FN + TN}$。

精确率（Precision，P），又称查准率，表示分类模型所有被判定为正类（$TP+FP$）中，真实的正类（TP）占的比例。其公式定义为：$P = \dfrac{TP}{TP + FP}$。

召回率（Recall，R），又称查全率，表示分类模型所有真实为正类（$TP+FN$）中，被判定为正类（TP）占的比例。其公式定义为：$R = \dfrac{TP}{TP + FN}$。

F1-Score 指标综合查准率 Precision 与查全率 Recall 的结果。F1-Score 的取值范围是从 0 到 1 的，1 代表模型的输出最好，0 代表模型的输出结果最差，其公式定义为：$F1 - score = \dfrac{2 \times P \times R}{P + R}$。

（二）基于 EasyDL 零门槛 AI 开发平台的酒店情感分析结果与分析

按照“基于 EasyDL 零门槛 AI 开发平台的酒店情感分析实践”的步骤完成待模型训练，点击“完成评估结果”可查看模型评估报告，如图 4-22 所示。

同样完成待模型训练，点击“校验”可启动模型校验服务并验证模型预测效果，如图 4-23 所示。

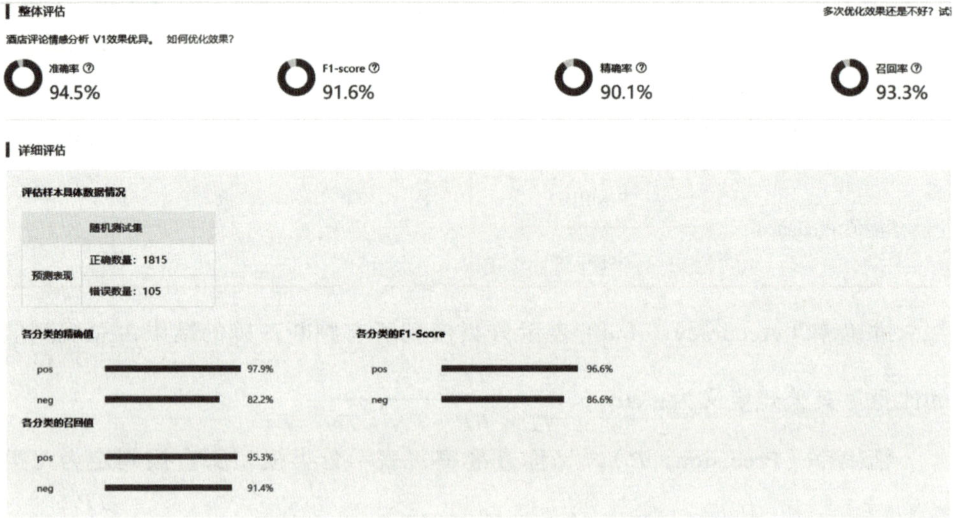

图 4-22　模型评估报告

图 4-23　模型验证预测效果

可以看出，评估结果准确率 Acc 为 94.5%，综合评价 F1-Score 为 91.6%，精确率 Precision 为 90.1%，召回率 Recall 为 93.3%。

（三）基于 AI Studio 一站式 AI 开发平台的酒店情感分析结果与分析

按照“基于 AI Studio 一站式 AI 开发平台的酒店情感分析实践”的步骤

完成 Finetune 模型微调和训练，可加载训练后保存的最佳模型来进行预测，完整预测代码如下：

```
data = [
    ["房间比较干净,但是窗户打不开,空气不太好。早餐很好。总体不错。"],
     ["绝对是超三星标准, 地处商业区, 购物还是很方便的, 对门有家羊杂店, 绝对正宗。除了价格稍贵,总体还是很满意的"],
    ["1房间很小,地毯很脏,白毛巾显黑色;2中央空调有异响,后半夜只好关掉;3洗澡水忽冷忽热"],
    ["房间设施还可以,但酒店内非常的冷,冬天不推荐入住。"]
]

label_list= ['-1', '1']
label_map = {
   idx: label_text for idx, label_text in enumerate (label_list)
}

model = hub.Module (
    name='ernie',
    task='seq-cls',
    load_checkpoint='./ckpt/best_model/model.pdparams',
    label_map=label_map)
results = model.predict (data, max_seq_len=128, batch_size=1, use_gpu=True)
for idx, text in enumerate (data) :
    print ('Data: {} \t Lable: {}'.format (text [0] , results [idx] ) )
```

得到预测结果如下所示：

Data：房间比较干净，但是窗户打不开，空气不太好。早餐很好。总体不错。 Lable：1

Data：绝对是超三星标准，地处商业区，购物还是很方便的，对门有家羊杂店，绝对正宗。除了价格稍贵，总体还是很满意的。 Lable：1

Data：1 房间很小，地毯很脏，白毛巾显黑色；2 中央空调有异响，后半夜只好关掉；3 洗澡水忽冷忽热。 Lable：–1

Data：房间设施还可以，但酒店内非常的冷，冬天不推荐入住。 Lable：–1

结合上述可以看出，训练模型在测试集上的评估结果 Acc 准确率为 0.9387；同样，上述 4 条实例的准确预测表明基于 ERNIE 预训练模型的酒店评论情感分析（单标签文本分类）模型的高效。

七、案例总结

参考基于 EasyDL 零门槛 AI 开发平台的酒店情感分析（单标签文本分类）实践案例，可尝试文本、图像、语音、视频等方面案例的实践；或者参考基于 AI Studio 一站式 AI 开发平台的酒店情感分析实践案例，可选择适当的模型、优化策略和运行配置，以达到更优的模型效果。

第五章　旅游大数据伦理

本章导读

在这个“一切都被记录，一切都被分析”的时代，大数据技术给人们带来生活便利的同时，也随之带来了隐私问题、数据鸿沟和信息权利等一系列伦理困境。本章围绕数据伦理、数据素养、数据隐私与安全、数字鸿沟等关键词展开，以期能找到应对数据伦理危机的解决之道。

学习目标

1. 理解数据伦理、数据素养、数据鸿沟的定义及内涵。
2. 了解目前公民数据素养提示所面临的问题。
3. 掌握大数据时代下隐私伦理问题的表现。
4. 懂得如何去应对数据伦理问题。

思维导图

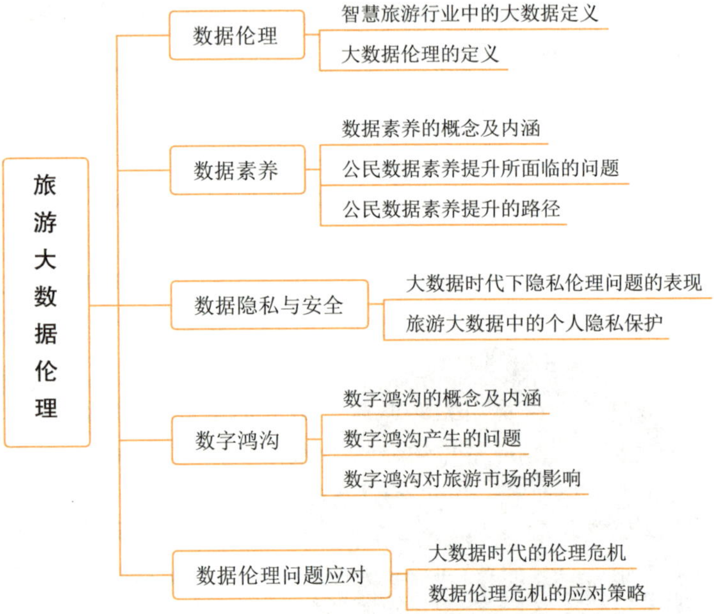

第一节　数据伦理

当今时代，互联网以及各种智能设备的使用越来越普遍，云计算等技术可以帮助我们更好地处理广泛的信息，人类社会已经进入大数据时代。当前，全球数据量仍在飞速增长的阶段。根据国际权威机构 Statista 的统计，全球数据产生量预计 2035 年将达到 2142 ZB，迎来大规模爆发。企业普遍重视大数据的开发和应用，各个领域大数据应用广泛（于乐，2021）。经过多年发展，移动通信、互联网、人工智能与大数据已经成为发展智慧旅游的重要技术支撑。在这个时代中，各种数据高度自由与共享，自然会引发人们对数据安全问题的担忧，而大数据与伦理这一问题，也逐渐进入公众视野。

一、智慧旅游行业中的大数据定义

在旅游行业中，大数据主要是将云计算作为信息储存和处理工具，把大量不断变化的非结构数据信息储存起来，随时完成计算及对计算情况的分析，计算和分析得出的结果可为政府相关部门、旅游企业以及游客提供决策参考。大数据背景下的智慧旅游，主要是运用互联网和物联网等各项技术，帮助政府相关部门及旅游企业在进行旅游管理时，根据旅游信息框架，开展基础设施建设，做出科学决策，构建科学的旅游管理模式。以大数据为基础的智慧旅游平台，主要指将大数据平台作为核心，以云计算为辅助，在与旅游行业融合的过程中，对行业信息进行反馈的一种平台，这个平台可以形成大量的旅游行业数据，对促进游客实现个性化旅游具有重要作用（陆垠杼，2019；程剑，2021）。

图 5–1　旅行前可上网查找相关信息作参考

二、大数据伦理的定义

伦理是指在处理人与人、人与社会相互关系时应遵循的道理和准则，是一系列指导行为的观念，是从概念角度上对道德现象的哲学思考。它不仅包含着对人关系处理中的行为规范，而且也蕴含着依照一定原则来规范行为的深刻道理，即指人际之间符合某种道德标准的行为准则，也指做人的道理，包括人的情感、意志、人生观和价值观等方面。

其中，科技伦理指科学技术创新与运用活动中的道德标准和行为准则，是一种观念与概念上的道德哲学思考。它规定了科学技术共同体应遵守的价值观、行为规范和社会责任范畴。人类科学技术的不断进步，也带来了一些新的科技伦理问题，因此，只有不断丰富科技伦理这一基本概念的内涵，才能有效应对和处理新的伦理问题，提高科学技术行为的合法性和正当性，确保科学技术能够真正做到为人类谋福利。

大数据伦理问题属于科技伦理的范畴，指的是由于大数据技术的产生和使用而引发的社会问题，是集体与个体之间关系的行为准则问题。作为一种新的技术，大数据技术像其他所有技术一样，其本身无所谓好坏，它的“善”与“恶”全在于大数据技术的使用者，看其通过大数据技术要达到怎样的目的。一般而言，使用大数据技术的个人、公司有着不同的目的和动机，由此导致大数据技术的应用会产生出积极影响和消极影响（林子雨，2020）。

第二节　数据素养

数据产生巨大价值，数据驱动创新的时代已经来临。在科学研究、生产制造、国防安全、社会管理等各个领域，数据爆发性增长，社会进入了一个数据类型多样、来源丰富、数量庞大、价值巨大的全新时代，对数据的获取、管理和利用也成为大数据时代人们必备的技能素养之一（郝媛玲，2016）。大数据环境下，个体如何更好地适应新时代发展的要求，成了亟待解决的问题。而数据素养则是个体适应大数据时代发展的重要生存技能。这就要求我们必须充分认识大数据时代对自身数据素养的需求与意义，理解数据素养的深层内涵，树立数据思维和数据意识，丰富数据知识、提升自身数据技能和道德修养，理性地对待数据，综合培养个人的数据素养，以便更好地适应大数据时代发展需要（刁生富，2018）。

一、数据素养的概念及内涵

（一）数据素养的概念

“数据素养”一词最先流行于美国教育界，对于数据素养的概念目前尚没有统一的定义。Stephenson 等人提出“数据素养是一种查找、评价以及高效地、符合伦理道德地使用信息（包括数据资源）的能力”（Stephensone，2007）。Mandinach 等认为“数据素养是理解和使用数据的能力，能够有效地利用信息指导决策制定”（Mandinach，2013）。高淑莲认为，数据素养是公众应具备的基本素质、学者的研究素养以及专业人员的分析技能。它由数据检索、分析、整理、使用等技能组成，是多种有关数据能力的统一体（高淑莲，2015）。项华认为，数据素养是指为满足个体自身需求而获取数据或者信息，或者通过数据挖掘而产生知识的一种素养，也是对科学方法、信息技术和人文精神的整合，其核心是数字环境下的科学思想、方法、习惯和精神（项华，2011）。

综合前人研究结果，可以把数据素养定义为：在大数据背景下，公民运用数据思维收集、分析、使用、传播数据信息的能力以及在此过程中体现出来的数据伦理和数据规范（付超，2018）。

（二）数据素养的内涵

1. 数据态度

数据态度是数据素养的前提。对待数据的态度是主观能动性方面的内容，它直接影响着数据的收集、分析、处理、分享和呈现过程以及最终结果。数据态度还包括对待数据价值和数据伦理方面的内容。如果说数据知识和数据技能可以通过活动来训练，那么对数据的态度则是道德观和价值观的表现，它对在整个数据生命周期中研究者的反应、倾向和行为起决定性作用。再多、再有价值的数据如果没有用到实处，那么只能沦为摆设。同样，在数据展示上，越来越多的人尝试运用数据可视化，但是很多情况是数据关没把好，绚丽的信息图只是流于形式而内容空洞甚至数据相悖，这种对数据本身不够重视而花大部分时间在展示效果上的行为是舍本逐末。大数据环境下，对数据和数据问题积极、正确、严谨的态度，是进行研究工作所必需的，它可以促进海量数据有效地转化成高价值的可见结果。

2. 数据意识

数据意识是数据素养的先决条件。它包含了对数据的敏感度，是对数据和数据问题敏锐的感受力、持久的注意力和对数据价值的洞察力、判断力等，这些决定了捕捉、判断和利用数据的自觉程度。数据意识包括数据主体意识、数据获取意识、数据共享意识、数据更新意识、数据安全意识以及数据人才意识等。同时，数据意识是衡量数据素养的一个重要方面，数据意识的强弱决定了研究者是否能有效地处理和利用数据，是否能在第一时间挖掘有用的数据信息，以及高效地传播和分享数据成果，直接影响科学数据管理的过程和效果。数据态度和数据意识是数据素养的两个方面，数据意识决定了数据态度，同时，数据态度影响着数据意识。

3. 数据知识

数据知识是数据素养的基础。具体包括以下几个方面的内容：数据的特征和类型、数据的效用、数据的传播规范和展示规律、数据格式的转换方式、数据搜索方法等。对于科研人员，数据知识不但可以改变原有的知识构成，还能够激发原有的专业知识，推动文化内涵和专业知识发挥出更大的效用。同时，扎实的数据知识可以帮助科研人员更好地挖掘数据价值。

4. 数据技能

数据技能是数据素养的保证，是数据素养最重要的一个方面。具体包括获取、处理、运用、展示、评价以及再创造数据的能力等。有些数据技能可以通过技术培训来获得，如数据获取能力、处理能力和展示能力；有些技能则需要长期的实践积累来获得，如数据的运用能力、评价能力。善于运用数据挖掘、分析、可视化工具来展现大数据中的价值，可以为人类社会创造巨大的财富。在当前的科学研究领域，传统的数据保存机制和数据管理模式逐渐被淘汰，算法开始失效，缺乏对数据进行科学地分类、管理、分析、挖掘的技能和工具，这将极大地阻碍创造和获取更大的数据价值和科学财富（李芸，2013）。在大数据环境下，数据技能教育日益重要和紧迫，就是要训练研究者在大量无规律的数据中辨别出自己所需的数据，能根据所掌握的知识、技能和工具，迅速有效地获取、利用数据，并创造出新数据。

5. 数据伦理

数据伦理是数据素养的准则，是数据素养中不可缺少的一部分。数据伦理，指在获取和利用数据时，要树立正确的法制观念，增强数据安全意识，提高对数据的判断和评价能力，准确、合理地使用数据资源。在实际研究中，数据的来源渠道通常多种多样，数据类型不尽相同，数据质量也参差不齐，其中很大一部分是关于个人的或者私有的，如果忽视个人隐私和数据安全问题，那么这些数据会被某些个人、数据采集公司甚至一些国家滥用，人们会因此不相信大数据，这对挖掘更大的数据价值是百害而无一利的。因此，数据伦理影响和制约着数据素养中的每一个要素，不容忽视。

图 5-2　数据安全也需要网络安全技术

二、公民数据素养提升所面临的问题

（一）公民数据素养提升的意识与整体规划尚未成形

我国的大数据发展起步较晚，目前国内外数据素养的整体环境还未完全成熟，虽然社会各界初步形成了大数据观念和以数据为核心的发展方向，但主要集中于大数据基础设施、技术、人才等布局上，对大数据之下公民数据素养的培育和提升有待加强。即便是大数据本身，前沿的数据采集、应用还只是掌握在主要的专业人员手里，并未形成可操作的、容易被老百姓接受的应用形式，更不用谈数据素养在意识层面、思维层面的全面规划。从国外看，欧美等主要发达国家开启了对数据素养的研究与规划，如美国在 2007 年发布的“21 世纪技能框架”就包含数据素养培育的内容。

（二）公民数据素养的法律规范与伦理建设不够

大数据对我国公民的影响，在最近几年才全面显示出来，尚缺乏相关的配套制度，比如法律法规制度建设不完善、数据伦理道德体系没有成形、违反数据素养相关规定的成本较低等。突出表现是关于泄露、侵犯公民个人信息的行为，尚缺乏专门的法律法规来约束。在实际立案中，更多依靠《刑法》中关于公民个人信息被侵犯的规定，给予违法人员判处有期徒刑 1~7 年不等并处罚金的惩罚。近些年，关于数据素养违法的案件越来越多，这既需要相关法律法规的顶层设计，也需要形成一定的伦理意识。

（三）公民数据素养提升的机制单一且不够成熟

数据素养的复杂性，要求公民具备数据意识与数据思维。因此，公民数据素养的提升，不仅需要公民自身的学习与领悟，更需要多部门、多学科、多渠道的有机结合，企业、科研人员要有效引导，图书馆、行政服务部门要加强对道德规范的建设与培养。实际工作中，在培育对象上，一般更注重对专业人员的培养，而忽视全社会范围的各类教育对象；在培养内容上，缺乏整体培养框架，偏重于对数据引用的规范性引导；在培养方式上，缺乏专业培育教材，多采用较为单一的传统培养方式。

三、公民数据素养提升的路径

（一）多部门合作形成统一的提升框架

公民数据素养的提升是一项系统工程，要多部门合力，覆盖全社会范围相关人群，在政府发起的基础上，构建整体培养顶层设计，各部门、企业、图书馆等要分层次做好数据素养能力与意识的提升工作，基层单位要做好宣传、伦理道德的建设工作，有关商家要积极设计各类在线或实体产品，如传感器、移动设备、虚拟现实等，让普通人也了解到数据对自身的重要性，并主动去学习和运用数据使用规范，以形成统一的提升体系。

（二）加强企业和公民个人的自律

在数据成为具有商业价值的资源与竞争工具的背景下，公民个人也可以获取一些数据，并加以分析、利用。这些情况使得对数据使用、传播的约束越来越重要，而仅仅依赖法律机关的保护和伦理道德限制，还难以杜绝各类数据违法事件。因此，需要企业与个人加强自律，企业要自觉维护和保护客户信息，通过与学校、图书馆合作，提高管理层与员工的数据素养培训水平，特别是要加强培养和考核直接与数据打交道的关键人员。公民个人则要自觉遵守数据规范与伦理，合理使用、加工、传播数据，形成全社会普遍适用的道德规范。

（三）加强大数据的基础设施与人才建设

公民数据素养的提升离不开整体数据环境的提高与改善，特别是在大数据背景下，要进一步提高数据方面的基础设施建设、人才队伍建设。比如在大数据的使用更多掌握在专业数据分析人员或数据科学家的情况下，普通人还不能够有效利用互联网大数据来改善自身生活，或者作出相关决策。另外，基于缺少更便捷的数据分析评估工具等基础设施的实际情况，各级政府可适当给予更多政策、资金、人才等方面的支持，并鼓励相关机构、企业积极布局大数据建设，以此来提升公民数据素养；要注重培养专业数据人才，推动形成政府、高校、企业的联合培养模式，打造一支专业素养高、多层次的人才中坚力量，为后期的公民数据素养培养打下良好基础。

第三节　数据隐私与安全

随着互联网与各种智能设备的普及，各类数据出现了爆炸性增长，而云存储、云计算等技术正帮助我们存储这些海量信息并从中挖掘出人们需要的东西，我们的时代也被称为大数据时代。大数据技术要求实现数据的自由、开放和共享，我们由此进入了数据共享的时代，但我们同时也时刻被暴露在“第三只眼”的监视之下。因此，大数据技术不仅带来了个人隐私保护的隐忧，也带来了个别组织对数据的滥用或垄断的担心，特别是人的自由可能被侵犯，由此产生了大数据时代人的自由与责任问题并对传统伦理观带来了新挑战。

当前，数据安全上升至国家战略高度。近年来，在持续的政策推动下，网络安全保护达到了新高度。国家安全法、网络安全法、《软件和信息技术服务业发展规划（2016—2020 年）》《网络安全产业高质量发展三年行动计划（2021—2023 年）（征求意见稿）》《数据安全法》等系列文件的出台，为大数据行业发展创造了良好的政策环境。已于 2021 年 9 月 1 日正式施行的《中华人民共和国数据安全法》，是我国数据安全领域的基础性法律，受到各界的广泛关注（宋婧，2021）。

一、大数据时代下隐私伦理问题的表现

（一）直接个人隐私信息的泄露

大数据技术所带来的信息泄露包括个人信息泄露、组织团体信息泄露、国家信息泄露等，其中最令人们关注的还是个人信息泄露。我国庞大的网民基数产生了海量数据，而这些数据又被相关公司存储、收集、整理，从而形成了具有极高商业价值的大数据。斯皮内洛指出“信息已经成为一种商品”（理查德 · A 斯皮内洛，1999）。隐私信息泄露往往是个别别有用心的个人或团体为获取利益盗取而造成。比如 2018 年 8 月，就有黑客入侵了华住酒店的数据库，并在网络上兜售华住酒店旗下的酒店数据，引起网络轰动。隐私权是人应该享有的道德权利，从作为人的权利的角度进一步探究，隐私的道德基础的一个关键问题便是控制有关自己信息的权利（唐凯麟，2016）。

（二）间接个人隐私信息的泄露

大数据自诞生以来，其自身发展异常迅速。随着关系型数据库、模糊算法等理论的发展，人们已经可以利用大数据技术做出一些相关预测，以此获得自己需要的数据。比如电商平台会根据用户的搜索记录、浏览记录、店铺收藏等来推荐相关商品的广告；社交平台会根据用户的聊天记录、个人资料、好友关注等来推荐相关资讯；金融软件会根据用户的资产负债、交易往来、守约记录等来决定是否提高该用户的贷款额度。当然，网上的各类数据信息对商家、企业甚至行政司法部门来说都极具价值，提高了各自的效率，一定程度上也促进了社会的发展。但是，个人是否已经逐步失去了隐私权，隐私是否还能够称之为隐私吗（薛成龙，2021）？

二、旅游大数据中的个人隐私保护

（一）旅游大数据在行业应用中的基本情况

近年来，国内外旅游行业开始重视大数据的应用，线上旅游企业、旅游管理部门、旅游研究机构已经开始关注、应用和研究大数据，以期能解决旅游业发展过程中的一些关键问题。如被称为“旅游发现推荐引擎”的 Hopper，从 TripAdvisor、Expedia 等网站及博客中搜集了超过 10 亿个与旅游相关网页，通过大数据分析，为旅行社等企业或个人提供更专业、更精彩的旅游景点推荐。携程网基于 2.5 亿用户的出行数据和社区点评分享数据，通过大数据分析，发布了“特色旅行口碑榜”，对游客出行极具参考价值。去哪儿、阿里旅行等大型综合线上旅游企业也已经开始尝试利用大数据来寻找旅游热点、改进产品体系，为企业发展提供决策支持。据统计，2014 年阿里旅行“去啊”平台办理签证业务约 350 万本。办理签证是出境游的第一步，平台类线上企业通过分析签证业务数据可以精准获取出境游目标用户，促使用户产生交叉购买，从而将其转化为高客单价用户。景区利用物联网技术获取游客在景区内的行程和在各项目上花费的时间等信息，通过大数据处理甚至可分析出游客的兴趣爱好、年龄段及家庭情况等信息。2015 年 12 月，由中国社科院等多家机构联合发起的“中国旅游大数据联盟”正式宣告成立。该联盟致力于建立旅游大数据库，整合旅游行业资源，为旅游机构和景区提供大数据与新媒体传播服务（汪永旗，2016）。

（二）旅游大数据中个人隐私的特点

大数据应用有利又有弊，旅游业因大数据的使用而获益匪浅，但个人隐私问题也越来越突显，隐私安全时时受到威胁（Viktor，2013）。围绕着旅游六要素展开的一系列旅游活动中，消费者留下了大量的个人信息，如个人基本信息、婚姻情况、家庭成员、健康情况、位置信息、酒店预订信息、旅行目的地偏好等（李凯，2013）。一方面，旅游企业可以利用游客个人信息进行数据挖掘分析，进行有针对性的营销；另一方面，如果这些个人隐私被非法利用，消费者将面临着巨大的风险（Chen，2013）。目前，旅游大数据中个人隐私数据的来源一般分为两种，一种是网络用户主动提供的个人信息，如姓名、职业、联系电话等；另一种是用户在不知情的状况下由网络平台通过技术手段收集的，如浏览记录（网络日志、http cookie、flash cookie、evercookie）、IP 地址等（Kobsa，2007）。

（三）旅游大数据商业化应用中个人隐私保护对策

1. 加强行业自律，提倡第三方认证

国内大数据的商业化应用仍处于起步阶段，为了鼓励互联网、电子商务和大数据行业的发展，增强企业在国际上的竞争力，我国对网络隐私保护采取“不事先立法”的做法。在这样的情形下，行业自律显得尤为重要。对此，可从以下方面着手进行：①建议企业提高用户信息安全意识，在对数据收集、加工过程中加强自律，在显著位置公布隐私保护声明，促进用户对其隐私政策和个人资料处理过程的理解，给用户一定的激励，鼓励用户分享个人数据，并能灵活地控制个人数据的使用。②提倡第三方认证。通过对个人隐私保护能力的第三方认证来规范企业对个人隐私信息收集、储存和处理过程，提高企业个人隐私保护技术水平和管理能力，从而有效提高企业声誉。如 Truste 是一家经营隐私密封方案的公司，为 facebook、microsoft、ebay 等 3500 多家网站提供隐私安全认证，同时提供隐私政策、声誉管理、消费者隐私的争议解决等专业服务。

2. 加快调整隐私保护规则和相关法规

在个人网络隐私保护方面，相比于欧美国家，我国的立法明显滞后。欧盟一直实行严格的立法手段来保护网络隐私的模式，分别于 1995 年、2002 年通过《个人数据保护指令》和《关于电子通信领域个人数据处理和隐私保护的指令》，建立一套完备的网络隐私保护体系，为各成员国政策制定指明了方向。美国则提倡以行业自律为主，但也通过一系列的网络隐私保护法律法规，特别是针对儿童制定了《儿童网上隐私保护法》，2012 年又提出了《网络隐私权利法案》，设定了保护用户隐私的七项原则（孟小峰，2015）。《中华人民共和国个人信息保护法》于 2021 年 11 月 1 日起施行。法律明确不得过度收集个人信息、大数据杀熟，对人脸信息等敏感个人信息的处理作出规制，完善个人信息保护投诉、举报工作机制等，充分回应了社会关切，为破解个

人信息保护中的热点难点问题提供了强有力的法律保障。

3. 旅游监管部门加强监管，推进诚信体系建设

2012 年底，全国人大出台了《关于加强网络信息保护的决定》，明确了企业在收集、使用公民个人电子信息时的义务和使用规则等。2013 年 2 月，《信息安全技术公共及商用服务信息系统个人信息保护指南》正式实施，这是我国首个个人信息保护国家标准，提出了企事业单位在处理个人信息时应遵循以下八项原则：最少够用、目的明确、公开告知、个人同意、安全保障、质量保证、责任明确和诚信履行。为了确保旅游企业履行上述义务，旅游监管部门必须加强下列监督管理：①设立相关监管机构，制定旅游行业具体的实施细则，细化企业对个人数据收集和利用的义务；②建立有效的介入和调查机制，当发生投诉等情况时，监管部门能及时介入调查，对侵犯个人隐私的企业予以处理；③引导构建行业诚信体系，通过建立旅行社、酒店等行业信用平台，引导成立“在线隐私保护联盟”等手段，引导行业诚信体系建设。

4. 进一步提高用户的隐私保护意识

在旅游大数据时代，旅游者既是数据的使用者也是数据的生产者，旅游者在旅游过程中不断地产生各种各样的数据，这些数据为企业或他人提供参考和便利的同时，可能隐私信息也一并泄露。为此，需要做到：①培养安全防范意识。在旅游活动中，很多隐私信息的泄露往往是在不经意中造成的。因此，在大数据时代，加强公民隐私保护意识的宣传教育，提高公民的安全意识显得尤其重要。②养成良好的安全习惯。如密码设置不要太简单，不用生日或电话号码；不轻易安装各种浏览器插件和来历不明的软件；安装和设置防火墙；安装隐私保护软件；安装 Cookie 处理软件，去除使用痕迹；对重要隐私信息进行加密处理；及时更新操作系统补丁等。

【案例 5-1】

美国“棱镜门”事件

2013 年 6 月，美国中央情报局前雇员斯诺登向媒体曝光美国国家安全局和联邦调查局代号为“棱镜”的秘密项目，其直接接入苹果、微软、谷歌、雅虎等九大互联网公司的中心服务器，针对境外非美国人搜集情报，用户的电子邮件、在线聊天、信用卡信息等都无密可保。“棱镜门”的曝光暴露了全球社交网站甚至企业网站时刻都处在严密的监控中，导致企业及个人用户的信息安全受到威胁。

案例点评： 这一案例引发对信息伦理中个性化服务与隐私权之间矛盾的研究，用户期望得到企业的个性化服务，企业期望得到政府的特殊对待，无形中允许了政府以及企业获取隐私信息。人们当然希望企业、政府能一身正气将信息用在便捷工作生活上，但获取的程度却难以界定，由此引起了信息伦理问题的产生。

第四节　数字鸿沟

一、数字鸿沟的概念及内涵

关于数字鸿沟的概念，目前有两种说法：一种说法认为数字鸿沟（Digital Divide）最早是由 Markle 基金会的名誉总裁 Lioyd Morrisett 于 20 世纪 90 年代提出的，意指信息富有地区和信息贫困地区之间所存在的差距；另一种说法认为数字鸿沟最新由美国国家远程通信和信息管理局在名为《在网络中落伍：定义数字鸿沟》的报告中提出，意指当代信息技术领域中存在的差距现象。数字鸿沟又称信息鸿沟，是指在信息化过程中，不同国家、地区、行业、企业、人群之间由于对信息、网络技术的发展、应用程度的不同以及创新能力的差别造成的“信息落差”“知识分隔”“贫富差距”，是人类进入信息时代之后出现的新问题。

数字鸿沟是以互联网为代表的信息网络技术及其应用在世界各国以及一国之内不同地区和不同社会阶层之间的不均衡的发展。它意味着互联网及落后的国家或地区在新的全球“信息革命”中面临着“知识贫困”和“信息贫困”，缺乏参与和发展的能力。数字鸿沟的本质是信息的应用与发展的差异。

根据经合组织的定义，数字鸿沟是指不同社会经济水平的个人、家庭、企业和地区在接触信息通信技术和利用互联网进行各种活动机会的差距。

二、数字鸿沟产生的问题

数字鸿沟经历了三个阶段的发展。第一阶段，数字鸿沟的概念被定义为能不能获得信息通信技术的差别。有的人容易得到电脑、手机等数据终端，也能够连接上互联网，能接触到数字信息服务，而有的人，因为经济技术等条件不足，难以得到数据服务。随着信息技术在人类社会的发展，仅仅取得信息技术已不足以造成差距。第二阶段，数字鸿沟体现在对信息技术使用方式的差距上，人们都能获得数字信息服务，但是在使用这项服务上，不同的人使用能力不同。具体地说，有四个维度上差距，即人们使用信息技术的自主性、相关技能、社会支持以及使用信息技术目的的差距。第三个阶段的数字鸿沟，体现在使用信息技术的结果上。不同的人使用信息技术产生了不同的结果，使用信息技术结果的不同，体现在获得的利益不同（董颢，2021）。

目前，数字鸿沟日益成为信息时代全球性的难题。英国广播公司（BBC）的在线新闻里则直接把数字鸿沟称为“信息富有者和信息贫困者之间的鸿沟”。在信息革命和数字化信息时代，信息资源已成为国家经济实力和国际竞争力的核心战略资源。从国际间看，国家或地区之间由于信息化发展水平差异，造成信息资源获取能力的差距（包括信息生产、传递与利用等方面差距），从而影响其经济实力与国际竞争力；从国家或地区内看，人们因收入、受教育水平、所处地域及种族等方面的差异，造成对信息技术掌握和运用的差异，导致不同群体在社会中面临的机遇不等，出现“信息落差”“知识分隔”“贫富分化”等问题，这些可统称为“数字鸿沟”现象。

三、数字鸿沟对旅游市场的影响

数字鸿沟对旅游市场造成的最直观影响就是信息不对称。信息不对称，是指市场交易的各方所拥有的信息不对等，买卖双方所掌握的商品或服务的价格、质量等信息不相同，即一方比另一方占有较多的相关信息，处于信息优势地位，而另一方则处于信息劣势地位（卢艳茹，2007）。旅游市场信息不对称，是指旅游市场交易过程中交易双方所拥有的信息数量不等，提供旅游服务的供给者即旅游企业往往拥有多方面的旅游信息，而旅游需求者即旅游者获取的旅游信息少（李茹，2003）。

旅游市场信息不对称所带来的危害非常大，如旅游企业利用信息不对称现象，误导旅游消费者作出错误的旅游决策，使旅游者的权益最终受到严重侵害，进而使旅游市场无法实现资源的优化配置，甚至导致市场失灵。在旅游市场上供应方即旅游企业往往会利用信息优势去谋取不正当利益，这些不良现象多表现在以下方面：

（一）旅行社与游客间信息不对称的表现

旅行社是旅游业中的焦点。在旅游活动中，旅行社是连接生产者和消费者的桥梁和纽带，处于信息交流的中枢地位，其信息收集的范围、对象和渠道都比较集中，而旅游者由于从事相对固定的职业和工作，对有关旅游消费的信息及决策会受到专业知识的局限，信息不对称就会产生。对旅游者产生信息不对称的主要是旅行社产品信息、旅行社价格信息、导游及其他信息（张胜生，1999）。

1. 旅行社产品信息

我们将旅行社产品信息分为有形产品信息和无形产品信息来讨论。有形产品信息通常是指用文字图像记载与传递的旅游信息，包括旅游行程及合同内容、宣传海报等。首先，给游客看的旅游行程及合同，上面存在很多的文字游戏，这些是非专业人员或未吃过亏的游客所不容易觉察到的。例如，关于住宿，合同上经常是写“住宿：相当于三星级酒店”，或者“准三星酒店”，初次参团的游客常会在旅游过程中发现所住的酒店没达到三星级，当场找全陪理论或扬言要索赔时，全陪直接让其仔细看合同中的“相当于”和“准”。这种文字游戏并不深奥，但正是它的通俗易懂使得游客不会在这上面较真。但在游客要投诉时，“相当于”和“准”便成了旅行社的挡箭牌。这些合同是由旅行社预先拟好的，旅行社可以有充足的时间和精力去好好地“研制”一份有利于自己一方的合同，而游客在前来问询以及最终签字时大多不会考虑太多或未仔细研读这份合同，除非是此类事务的相关人士或是曾经在这方面吃过亏的人。

另外，合同上的就餐标准“8 菜 1 汤”或“10 菜 2 汤”，有的甚至写的具体一点“3 荤 2 串荤 3 素 1 汤”，其实真正是什么菜什么汤旅游者都不清楚，这样写在合同里，旅游者看起来吃得不错，吃完了才知道，旅游团餐不是一般的难吃，但因为菜量没有减少、餐标没有降低，找旅行社理论会被以各种理由搪塞过去，或者用下一顿餐多加两个菜来解决。于是现在的旅游者都知道团餐难吃，也就不去追究了。

无形产品信息通常指用口头语言进行传递的旅游信息，如旅行社的口头宣传、服务、旅游产品质量等。

旅行社在介绍自己的旅游产品时经常夸大其词地将该产品介绍得非常高品质、非常具有吸引力，优秀导游上团，但实际该旅游地吸引力并没有那么大，于是游客在接受和使用服务项目时，感觉或意识到该产品没有期待中那么优质，游客又有不满了，导游服务质量差，旅游景点没有吸引力等，于是就找组团社、地接社理论，但是这些都属于感觉性的内容，难以进行量化或一致的客观评价，最后双方各退一步了事。但这已经造成旅游者对该旅行社及旅游地的不良印象，不利于旅游业的可持续发展。

2. 旅行社导游信息

合同上都写着派优导上团，但优导究竟是不是优秀呢？在这里，游客与旅行社定义的优秀导游就有差别了。对旅行社而言，语言表达能力强，能带好团，能够处理游览过程中出现的各种问题，会引导游客去大量购物的，这就是优导，这样的优导可以为旅行社带来一些利润。但是在游客眼中，优秀导游是讲解清楚、能带动大家的积极性，可以照顾大多数人，给足充裕的时间游览景点，不在较多购物店停留的导游。导游人员的一言一行、一举一动，乃至导游人员的衣着仪表都会对旅游产品和游客的满意程度产生影响。淡季的时候，旅行社尚且会照顾一下旅游者，起码派个交际能力、语言表达能力较强的导游上团；但在旺季的时候，导游紧缺，能派出个导游就不错了，更别提优秀导游了。在旅游旺季中降低服务标准的事情常常发生。旅行社在推销其旅游产品时，容易出现夸大其词，并有各种优质服务的许诺。但当旅游企业向旅游者提供服务时，却与许诺不相吻合，降低了服务标准且服务态度不能让旅游者满意。

（二）降低旅行社与游客间信息不对称的举措

1. 建立健全旅游行业政策法规，创建良好的法律支持环境

不完全信息下的有限博弈使旅游企业有条件欺诈旅游者，产权制度不合理使旅游企业有动机欺诈旅游者。由于我国的法律体制不健全不完善，法律对企业的约束力不足，普法教育不足且成效有限，法治观念尚未深入人心，大部分消费者不会也不愿拿起法律武器来维护个人的合法权益。

法是一个国家的立国之基，公民的各项行为都需要法律的约束。一个文明有序的发展环境单靠政府提倡是不够的，还必须有完善的法律环境来保证，由参与交易的所有各方来共同监督、执行，要做到有法可依、有法必依、有错必纠。让有理还吃亏者有索赔的法律保障，保障信息对称基础上的交易的顺畅进行，严惩故意隐瞒信息、暗箱操作的交易行为，用法律来促进旅游信息的对称化。《中华人民共和国个人信息保护法》的实施，以严密的制度、严格的标准、严厉的责任，规范了个人信息处理活动，落实了企业、机构等信息处理者的法律义务和责任，不仅给个人信息保护加上了一道法律“安全锁”，对于维护网络空间良好的生态环境也有着重要意义。

2. 政府转换职能，规范市场经济

通过政府规制缓解信息的不对称，一方面是因为政府的公共权力机构性质，具有促进经济发展、维护公平交易、促进公平竞争等职责；另一方面是因为政府具有的公共性、强制性、普遍性和非盈利性。由于政府的特殊地位，政府规制具有市场所不具有的一些优势。在社会主义市场经济体制建立和完

善的过程中，由于市场基础较弱、市场体系不健全以及市场机制作用较弱，更需要充分发挥政府职能以解决信息不对称问题。在市场经济环境中，政府应逐步实现从“运动员”到“裁判员”的角色转换，真正独立地成为规则的制定者和法律的维护者（王晶，2007）。从经济学角度讲，在非价格制度（政策）建设方面，政府必须把握两个原则：一是激励原则，或激励兼容原则，即通过制度（或政策）内含的激励机制使得它所指向的制度（政策）执行者有动力（如不同程度地提高自身的效用水平）贯彻该制度（政策），从而达成该制度（政策）所确定的目标，从而使该制度（政策）具有自我强迫实施的性质；二是信息原则，或称真实信息原则。即制度（政策）要有利于信息搜寻、信号传递和信息甄别，有利于监督管理，有利于显示或揭示真实信息和确保信息的可信性，同时还要有利于减少对信息的搜寻、传递、甄别和监督管理成本，也就是说，信息原则应当包含真实可靠和降低成本两个方面。为此，应当充分发挥政府在市场经济中的职能，通过制度的创新和机制的建立和完善，规范市场经济的规则和秩序，保证传递和搜寻信息的渠道充分畅通。

3. 加强旅游行业管理部门的监管职能，完善信息披露制度

首先，旅游行政管理部门应当加强对旅行社及其工作人员的具体业务行为的信息监督管理职能。如对旅行社的各种销售、宣传材料进行监管，保证其游程安排、接待标准、报价等内容的准确性和真实性，严格查处黑团、虚假旅游广告及其他违法旅游推销活动。这样能够阻止虚假错误信息的流动，防止旅游者接受不真实信息。此外，旅游行业管理部门应建立质量认证和质量公告制度。行政管理部门可以从实力、信誉、质量等方面制订标准、划分等级，负责各旅行社的质量等级的评定工作，并定期发布各旅行社质量信息公告，使旅游者可以对旅行社的服务质量进行直观而简单的识别，减少其评判的困难性。信息披露是解决信息不对称的有效方法。我们应逐步建立起公平的社会公用信息网络，及时更新披露信息，以便交易各方能获取有效的信用信息，减少交易风险和交易成本，增加市场透明度，提高市场效率。

4. 旅行社加强行业自律，诚信经营

旅行社经营者必须要有健康、长远的经营意识，要在销售旅游产品时向游客说清旅游过程中的情况，充分尊重与保证游客作为消费者应有的知情权，不能趋利避害专捡好听的说，而把不利于产品销售但又应该事先让游客知情的信息藏着、掖着，避而不谈，或者为了促进交易而在游客问起这类问题时还“王顾左右而言他”，避而不谈。旅行社可以通过开发新的旅游产品、开拓新的旅游市场等措施来吸引旅游者，正当竞争，诚信经营，而不是通过虚假宣传、低价促销等来诱骗旅游者。

5. 加强旅行社信息化，促进旅游信息公众化

为了提高旅游者对旅行社的信任度，促进旅行社行业的正常发展，各旅行社也应采取一系列相应有效的方法来加强对旅游者的信息支持。

一方面旅行社同旅游者签订旅游合同时，应将具体旅游活动的日程安排、旅游接待标准、旅游景点安排、旅游报价的具体构成等条目全部分解细化后交给旅游者，并且应当标注导游的服务内容和旅游者在旅游过程中应享有的各种权益，提示旅游者一旦发生导游违反旅游合同的行为时应向旅行社提出投诉，告知其投诉的方法和接受投诉旅行社管理者的姓名、联系电话、地址等。

另一方面，应充分运用科技创新，来创建旅行社和游客之间的信息沟通平台，使交易双方都掌握应掌握的信息，在信息对等的基础上进行交易。

第五节　数据伦理问题应对

一、大数据时代的伦理危机

随着大数据时代的来临，数据成了一种独立的客观存在，成了物质世界、精神世界之外一种新的信息世界。此外，数据还成了区别于土地、资本、能源等传统资源的一种新资源，这种新资源已成为新时代的标志，也成为煤炭、石油之后的新宝藏。因此，数据的所有权、知情权、采集权、保存权、使用权以及隐私权等，就成了每个公民在大数据时代的新权益，这些权益的滥用也必然引发新的伦理危机。

我们个人使用智能设备（如智能手机、Google 眼镜、智能手表等）所产生的各种数据，访问网页产生的访问记录，使用 QQ、微信等网络社交工具产生的交往数据以及在微博、推特等发表的各种言论，这些数据都被相关公司储存和记录，并汇集在一起而形成大数据。通过数据挖掘，许多人从这些大数据中可以挖掘出前所未有的信息资源。现在的问题是，与我们如影相随的数据足迹作为一种新资源，是否有所有权的问题？这些数据应该归属于谁？这些数据是否该属于我们个人？他人使用，包括那些记录、存储数据的公司是否有权存储和使用这些数据？传统的资源，其产权相对来说比较明晰，而由我们的数据足迹形成的大数据，其所有权归属就没有那么分明。如果说属于我们个人，那么他人使用就必须要得到授权，否则就是侵权。但事实上，大数据由于涉及海量主体，又不可能得到所有个体的授权。

政府是数据的最大拥有者，它通过各种途径收集了全国人口、经济、环境、个人等各类数据，其中许多数据本身就涉及我们大众的工作、生活和其他各方面的信息，这些通过纳税人的钱所收集的数据，我们是否有权力知晓和使用呢？从传统来看，各国政府往往以涉及国家安全为由拒绝公开政府数据。如今不少国家通过制定相关法律，逐渐公开各种数据，只要不是涉及国家安全的数据，都向公众公开。政府数据的公开让政府的一切行为都曝光在阳光下，更加体现了公开、公平、公正的原则，让政府的行为随时处于大众的监督之中，因此，大数据带来了公民的自由与公正。

大数据带来的最大伦理危机是个人隐私权问题。我们的个人信息，例如出身、年龄、健康状况、收入水平、家庭成员、教育程度……只要是我们不愿意公布的，都可以看作个人隐私。在小数据时代，纸质媒体相对来说比较难于传播这些隐私，而且即使传播，其传播的速度、范围和查询的便捷性都受到一定的限制。此外，小数据时代，有两条措施可保证个人隐私的安全：一是模糊化，二是匿名化。然而，在大数据时代，这些举措不再有效，那些限制条件也不再存在，因此对隐私保护形成了巨大的挑战：

首先，是数据采集中的伦理问题。以往的数据采集皆由人工进行，被采集人一般都会被告知，而如今的大数据时代，数据采集都由智能设备自动采集，而且被采集对象往往并不知情。例如我们每天上网所产生的各种浏览记录，在网上的聊天记录，我们手机的通话和短信记录，我们出入公共场合的监控记录，如此等等，都是在我们不知情的情况下被记录和储存下来的。

其次，是数据使用中的隐私问题。小数据时代，人们采集的数据基本上都是“一数一用”，采集时通过模糊和隐匿，可以防止在数据使用或再使用中隐私被泄露的问题。此外，数据与数据之间相对来说比较难建立起联系，因此难于发现隐藏在其中的秘密。但是，在大数据时代，各种数据都被永久性地保存着，这些数据汇集在一起形成大数据，这些大数据又可以被反反复复永久使用。从单个数据来说，经过模糊化或匿名化，隐私信息可以被屏蔽，但将各种信息汇聚在一起而形成的大数据，可以将原来没有联系的小数据联系起来。大数据挖掘可以将各种信息片段进行交叉、重组、关联等操作，这样就可能将原来模糊和匿名的信息重新挖掘出来，所以对大数据技术来说，传统的模糊化、匿名化这两种保护隐私的方式基本上处于失效。

最后，是数据取舍中的伦理问题。在小数据时代，遗忘是常态。但是，由于网络技术和云技术的发展，信息一旦被上传网络，则立即被永久性地保存下来，就像白纸染上墨迹一样，很难彻底清除。于是，在大数据时代，记忆成了新常态，而遗忘则成了例外。例如，由于不小心而没有及时偿还银行信用卡的透支，这不良信用可能会跟随一辈子，成为当事人的噩梦。有些人做过某种错事，大数据将此事永远存储下来，时不时又被人翻起而成为一个永远的伤疤。这种永久存储的技术让不少人失去了重新做人的机会，给当事人带来永远的灾难。因此，当事人是否有权要求删除自己的相关信息呢？在大数据时代，究竟由谁来决定数据的取舍？

此外，大数据还存在安全问题，稍不注意就可能外泄而伤及许多人。大数据的自由、公开、共享，很容易将一些隐私或隐秘数据上传网络，有时候也是无意之中造成数据外泄。这种外泄事件往往会伤及许许多多的相关人员，甚至造成躺枪事件。例如近年来某酒店不慎泄漏了多年来的酒店开房信息，给诸多人造成了意外的麻烦，甚至造成了不少家庭的破裂或恋人的分手。

大数据只是放大了原本就存在的或明或暗的人类本性，因此对大数据的规制最终还是要归结到对人本身的规制。

大数据技术是信息技术的延续，信息社会刚刚提出并兴起之时，人们也曾担心害怕，一如当下的大数据革命。任何技术都是一把双刃剑，这把剑是利是害，完全取决于持剑之人。大数据技术只是放大了人类原本就存在的或明或暗的人类本性，所以对大数据的规制其实还是对我们人本身的规制。

二、数据伦理危机的应对策略

学术界普遍认为，应针对大数据技术引发的伦理问题，确立以下相应的伦理原则：一是无害性原则，即大数据技术发展应坚持以人为本，服务于人类社会健康发展和人民生活质量提高。二是权责统一原则，即谁搜集谁负责、谁使用谁负责。三是尊重自主原则，即数据的存储、删除、使用、知情等权利应充分赋予数据产生者。现实生活中，除了遵循这些伦理原则外，还应采取必要措施，消除大数据异化引起的伦理风险。

（一）加强技术创新和技术控制

对于大数据技术带来的伦理问题，最有效的解决之道就是推动技术进步。解决隐私保护和信息安全问题，需要加强事中、事后监管，但从根本上看要靠技术事前保护。应鼓励以技术进步消除大数据技术的负面效应，从技术层面提高数据安全管理水平。例如，对个人身份信息、敏感信息等采取数据加密升级和认证保护技术；将隐私保护和信息安全纳入技术开发程序，作为技术原则和标准。

（二）建立健全监管机制

加强顶层设计，进一步完善大数据发展战略，明确规定大数据产业生态环境建设、大数据技术发展目标以及大数据核心技术突破等内容。同时，逐步完善数据信息分类保护的法律规范，明确数据挖掘、存储、传输、发布以及二次利用等环节的权责关系，特别是强化个人隐私保护。加强行业自律，注重对从业人员数据伦理准则和道德责任的教育培训，规范大数据技术应用的标准、流程和方法。

（三）培育开放共享理念

进入大数据时代，人们的隐私观念正悄然发生变化，如通过各种“晒”将自己的数据信息置于公共空间，一些方面的隐私意识逐渐淡化。这种淡化就是基于对大数据开放共享价值的认同。应适时调整传统隐私观念和隐私领域认知，培育开放共享的大数据时代精神，使人们的价值理念更契合大数据技术发展的文化环境，实现更加有效的隐私保护。在此过程中，不断提高广大人民群众的网络素养，逐步消弭数据鸿沟。

思考与练习

一、简答题

1. 结合自身谈一谈大学生应该具备怎样的数据素养。

2. 举例说明数字鸿沟对旅游市场带来的影响。

二、实训题

查找相关的数据隐私与安全泄露的案例，谈一谈在日常生活中应如何做好个人隐私保护。

参考文献

[1] 张凌云，乔向杰，黄晓波 . 智慧旅游理论与实践［M］. 天津：南开大学出版社，2017.

[2] 李云鹏，晁夕，沈华玉 . 智慧旅游：从旅游信息化到旅游智慧化［M］. 北京：中国旅游出版社，2013.

[3] 姚志国 鹿晓龙 . 智慧旅游——旅游信息化大趋势［M］. 北京：旅游教育出版社，2013.

[4] 张建春 . 智慧旅游导论［M］. 杭州：浙江工商大学出版社，2015.

[5] 李云鹏 . 智慧旅游规划与行业实践［M］. 北京：旅游教育出版社，2014.

[6] 党安荣，张丹明，陈杨 . 智慧景区的内涵与总体框架研究［J］. 中国园林，2011，27（09）：15–21.

[7] 党安荣，张丹明，马琦伟，等 . 大数据时代的智慧景区管理与服务探讨［J］. 西部人居环境学刊，2016，31（04）：8–13.

[8] 惠林彬 . 大数据时代龙门石窟智慧景区管理与服务研究［J］. 商业经济，2019（02）：41–42.

[9] 陈贤悦，彭森 . 大数据视域下的智慧酒店管理研究［J］. 西部旅游，2021（05）：58–59.

[10] 李岩，高妍 . 西安市智慧会展的发展现状及突破路径研究［J］. 大众标准化，2021（11）：107–109.

[11] 田华 . 智慧会展视角下的中国会展业发展趋势［J］. 中小企业管理与科技（下旬刊），2020（10）：58–59.

[12] 张警予，童琦 . 智慧会展技术在会展活动中的应用研究——以杭州国际动漫节为例［J］. 时代金融，2018（09）：233–234.

[13] 梅宏 . 大数据发展现状与未来趋势［J］. 交通运输研究，2019，5（05）：1–11.

[14] 梅宏 . 大数据导论［M］. 北京：高等教育出版社，2018.

［15］孟小峰，慈祥．大数据管理：概念、技术与挑战［J］．计算机研究与发展，2013，50（01）：146–169.

［16］林子雨．大数据技术原理与应用：概念、存储、处理、分析与应用［M］．2 版．北京：人民邮电出版社，2017.

［17］林子雨．大数据导论——数据思维、数据能力和数据伦理（通识课版）［M］．北京：高等教育出版社，2020.

［18］Tansley S，Tolle K M. The fourth paradigm：data–intensive scientific discovery［M］. Redmond，WA：Microsoft research，2009.

［19］维克托·迈尔 – 舍恩伯格，肯尼思·库克耶，等．大数据时代：生活、工作与思维的大变革［M］．杭州：浙江人民出版社，2013.

［20］中国信息通信研究院．中国大数据与实体经济融合发展白皮书（2019 年）［R］，2019.

［21］中国信息通信研究院．大数据白皮书（2020 年）［R］，2020.

［22］中国大数据产业生态联盟．2021 中国大数据产业发展白皮书［R］，2021.

［23］吴晓波．云上的中国：激荡的数智化未来［M］.北京：中信出版社，2021.

［24］中国支付清算协会金融大数据应用研究组．大数据在金融领域的典型应用研究［R］，2018.

［25］Li J，Xu L，Tang L，et al. Big data in tourism research：A literature review［J］. Tourism Management，2018，68：301–323.

［26］孙立伟，何国辉，吴礼发．网络爬虫技术的研究［J］．电脑知识与技术，2010（15）：4112–4115

［27］方深．网络出版行政监管中智能化系统的研究［D］．厦门：厦门大学，2007.

［28］姜灵敏，马于涛．信息资源聚合与数据挖掘．［M］．广州：华南理工大学出版社，2007.

［29］周立柱，林玲．聚焦爬虫技术研究综述［J］．计算机应用，2005（09）：1001–9081.

［30］俞芸.WEB 风险深度扫描的研究与应用［D］.北京：北京工业大学，2009.

［31］汪龙飞．面向高校教育新闻的聚焦爬虫设计［J］．中国新通信，2015（23）：107–108.

［32］石凤贵．中文文本分词及其可视化技术研究［J］．现代计算机，

2020（12）：131–138，148.

［33］潘晓英，陈柳，余慧敏等 . 主题爬虫技术研究综述［J］. 计算机应用研究，2020（04）：961–965+972.

［34］程学旗，兰艳艳 . 网络大数据的文本内容分析［J］. 大数据，2015（25）：1–10.

［35］史伟，付月 . 考虑语境的微博短文本挖掘：情感分析的方法［J］. 计算机科学，2021（06）：158–164.

［36］张国民 . 浅谈文档类电子文件格式及其特点［J］. 兰台世界，2012（2）：9–10.

［37］汤凌燕，熊聪聪，王嫄等 . 基于深度学习的短文本情感倾向分析综述［J］. 计算机科学与探索，2021，15（05）：794–811.

［38］李岩 . 基于深度学习的短文本分析与计算方法研究［D］. 北京：北京科技大学，2016.

［39］吴共庆，胡骏，李莉等 . 基于标签路径特征融合的在线 Web 新闻内容抽取［J］. 软件学报，2016（03）：714–735.

［40］周涛 . 基于 Hadoop 的网络文本分析技术研究与实现［D］. 武汉：华中师范大学，2014.

［41］叶星鑫，徐杨，罗梦诗 . 基于 ALBERT–AFSFN 的中文短文本情感分析［J］. 计算机工程与应用，2021（03）.

［42］范昊，李鹏飞 . 基于 FastText 字向量与双向 GRU 循环神经网络的短文本情感分析研究——以微博评论文本为例［J］. 情报科学，2021（04）：15–22.

［43］Jacob Schreiber.pomegranate：fast and flexible probabilistic modeling in python. 27 Feb 2018.

［44］张良均，王路，谭立云等 . Python 数据分析于挖掘实战［M］. 北京：机械工业出版社，2017.

［45］陈封能，迈克尔 · 斯坦巴赫，等 . 数据挖掘导论［M］. 段磊，张天庆，等译 . 北京：机械工业出版社，2019.

［46］塞巴斯蒂安 · 拉施卡，瓦希德 · 米尔贾利利 . Python 机器学习［M］. 北京：机械工业出版社，2021.

［47］弗朗索瓦 · 肖莱 . Python 深度学习［M］. 北京：人民邮电出版社，2018.

［48］刘金岭，钱升华 . 文本数据挖掘与 Python 应用［M］. 北京：清华大学出版社，2021.

［49］方小敏 . Python 数据挖掘实战［M］. 北京：电子工业出版社，2021.

［50］肖睿，陈磊 . Python 网络爬虫：Scrapy 框架［M］. 北京：人民邮电出版社，2020.

［51］魏伟一，李晓红 . Python 数据分析与可视化［M］. 北京：清华大学出版社，2020.

［52］邓力国 . Python 大数据分析算法与实例［M］. 北京：清华大学出版社，2020.

［53］肖文博 . 统计信息化 Excel 与 SPSS 应用［M］. 北京：北京理工大学出版社 . 2017.

［54］林祥都编著 . 经济计量学：理论与方法［M］. 西安：西安电子科技大学出版社 .

［55］Keras 框架官方中文文档手册 https://keras.io/zh.

［56］后羿采集器官网 . https://www.houyicaiji.com/［EB/OL］. 2021-10-01.

［57］王大伟 . ECharts 数据可视化：入门、实战与进阶［M］. 北京：机械工业出版社，2020.

［58］Pyecharts 中 文 官 网 . https://pyecharts.org/#/zh-cn/intro［EB/OL］. 2021-10-01.

［59］Pandas 官网 . https://pandas.pydata.org/［EB/OL］. 2021-10-01.

［60］Selenium 官网 . http://www.selenium.org.cn/. 2021-10-08.

［61］卿淳俊，邓强 . Python 爬虫开发实战教程（微课版）［M］. 北京：人民邮电出版社，2020.

［62］Jackson R，Wang P，Petrison L. Strategic Database Marketing［J］. Butterworth-Heinmann Oxford April，1994.

［63］黄红梅，张良均 . Python 数据分析与应用［M］. 北京 . 人民邮电出版社，2018.

［64］Online Retail 数 据 集 . https://archive.ics.uci.edu/ml/datasets/Online+Retail［EB/OL］. 2021-10.

［65］Online Retail 数据集 . https://www.kaggle.com/jihyeseo/online-retail-data-set-from-uci-ml-repo［EB/OL］. 2021-10.

［66］Online Retail II 数 据 . https://www.kaggle.com/mathchi/online-retail-ii-data-set-from-ml-repository［EB/OL］. 2021-10.

［67］RFM 用 户 细 分 . https://github.com/optiflow/rfm-customersegmentation［EB/OL］. 2021–10.

［68］Scikit–learns 官 网 . https://scikit–learn.org/stable/index.html［EB/OL］. 2021–10.

［69］吴晓雪 . 基于 RFM 改进模型的互联网金融平台用户细分研究［D］. 北京：北京交通大学，2016.

［70］锡南・厄兹代米尔，迪夫娅・苏萨拉 . 特征工程入门与实践［M］. 庄嘉盛译 . 北京：人民邮电出版社，2019.

［71］陈封能，斯坦巴赫，库玛尔 . 数据挖掘导论［M］. 范明等译 . 北京：人民邮电出版社，2014.

［72］Chen D，Sain S L，Guo K. Data mining for the online retail industry：A case study of RFM model–based customer segmentation using data mining［J］. Journal of Database Marketing & Customer Strategy Management，2012，19（03）：197–208.

［73］Chen D，Guo K，Ubakanma G. Predicting customer profitability over time based on RFM time series［J］. International Journal of Business Forecasting and Marketing Intelligence，2015，2（01）：1–18.

［74］毕然，孙高峰，周湘阳等 . 零基础实践深度学习［M］. 北京：清华大学出版社，2020.

［75］AI Studio 官 网 . https://aistudio.baidu.com/aistudio/index［EB/OL］. 2021–10.

［76］EasyDL 官网 . https://ai.baidu.com/easydl/［EB/OL］. 2021–10.

［77］刘兵 . 情感分析：挖掘观点、情感和情绪［M］. 北京：机械工业出版社，2017.

［78］车万翔，郭江，崔一鸣 . 自然语言处理：基于预训练模型的方法［M］. 北京：电子工业出版社，2021.

［79］于乐，张峰，张弘扬，等 . 大数据安全与隐私实现指南国际标准提案研究［J］. 信息技术与标准化，2021（08）：29–32.

［80］陆垠杼 . 大数据背景下智慧旅游管理模式研究［J］. 当代旅游，2019（11）：283–284.

［81］程剑，宋云，冷秀娟 . 大数据背景下智慧旅游管理模式研究［J］. 西部旅游，2021（05）：81–82.

［82］林子雨 . 大数据导论［M］. 北京：人民邮电出版社，2020.

［83］郝媛玲，沈婷婷 . 数据素养及其培养机制的构建与策略思考［J］. 情报理论与实践，2016，39（01）：58–63.

［84］刁生富，姚志颖．大数据时代个人数据素养论［J］．南阳师范学院学报，2018，17（05）：1–4.

［85］Stephensone，Caracello P S.Incorporating data literacy into undergraduate information literacy programs in the social sciences：Apilot project［J］.Reference Service Review，2007，35（04）：525–540.

［86］Mandinach E B，Gummer E S.A systematic view of implementing data literacy in educator preparation［J］. Educational Researcher，2013，42（01）：30–37.

［87］高淑莲．大数据背景下国外数据素养教育及启示［J］．图书馆研究，2015（06）：108–111.

［88］项华．论物理教育中数据素养的培养［J］．中国现代教育装备，2011（04）：84–85.

［89］付超．大数据背景下公民数据素养提升策略探析［J］．图书馆理论与实践，2018（08）：7–11.

［90］李芸．浅论大数据时代的数据素养培养策略［J］．电脑知识与技术，2013，9（36）：8199–8200.

［91］宋婧．《数据安全法》9 月 1 日起正式实施　数据安全服务商机会何在？［N］．中国电子报，2021–08–20（005）.

［92］理查德·A. 斯皮内洛．世纪道德：信息技术的伦理方面［M］. 北京：中央编译出版社，1999.

［93］唐凯麟，李诗悦．大数据隐私伦理问题研究［J］．伦理学研究，2016（06）：102–106.

［94］薛成龙．大数据时代下隐私问题的伦理探析［J］．大众文艺，2021（04）：215–216.

［95］Viktor Mayer–Schonberger，Kenneth Cukier. Big Data：A Revolution that Will Transform How We Live，Work and Think［M］.Boston：Houghton Mifflin Harcourt，2013.

［96］李凯，王晓文．隐私关注对旅游网站个性化服务的影响机制研究［J］．旅游学刊，2011，26（06）：80–86.

［97］Chen M Y，Yang C C. Privacy protection data access control［J］. International Journal of Network Security，2013，15（06）：391–398.

［98］Kobsa A. Privacy–enhanced personalization［J］.Communications of the ACM，2007，50（08）：24–33.

［99］孟小峰，张啸剑．大数据隐私管理［J］．计算机研究与发展，2015，

52（02）：265–281.

［100］汪永旗．旅游大数据商业化应用中的个人隐私保护［J］．中南林业科技大学学报（社会科学版），2016，10（02）：44–49.

［101］董颢．互联网金融下的服务营销探讨——跨越数字鸿沟［J］．现代商贸工业，2021，42（25）：45–46.

［102］卢艳茹．浅谈信息不对称视角下的农村小额信贷［J］．企业家天地，2007（07）：217.

［103］李茹．对旅游市场信息不对称现象的思考［J］．河北职业技术师范学院学报，2003（03）：86.

［104］张胜生．旅游信息管理［M］．大连：东北财经大学出版社，1999.

［105］王晶．旅游市场信息不对称的研究进展［J］．科技信息（学术研究），2007（12）：8–9.

［106］欧阳日辉．从“+互联网”到“互联网+”——技术革命如何孕育新型经济社会形态［J］．人民论坛·学术前沿，2015（10）：25–38.

［107］王德刚．互联网对旅游业创新能力提升的促进作用［J］．旅游学刊，2016，31（05）：7–8.

［108］孙坚．“互联网+”时代：旅游酒店业发展的新思考［J］．旅游学刊，2015，30（07）：11–13.

［109］伍静，孙可晴，陈玮宁．后疫情时代“云旅游”高质量发展模式与路径探究［J］．现代商业，2021（20）：44–48.

［110］蔡自兴等．人工智能及其应用［M］．6版．北京：清华大学出版社，2020.

［111］王万良．人工智能导论［M］．6版．北京：高等教育出版社，2020.

［112］刘翠．人工智能在旅游活动中的应用研究［J］．西部旅游，2021（06）：77–78.

［113］邓捷．智慧旅游体系构建中人工智能技术的运用探究［J］．旅游纵览（下半月），2020（04）：17–18.

［114］Ulrike GRETZEL，向征．人工智能时代的旅游［J］．旅游学刊，2020，35（01）：1–3.

［115］于萍．移动互联环境下的场景营销：研究述评与展望［J］．外国经济与管理，2019，41（05）：3–16.

［116］田志奇．文旅融合下旅游目的地互联网思维的产品营销及创新［J］．旅游学刊，2019，34（08）：8–10.

［117］饶晓娟．场景营销：移动互联时代的营销新趋势［J］．哈尔滨学院

学报，2018，39（11）：66–68.

［118］李云鹏．旅游场景驱动的大数据应用［J］．旅游学刊，2017，32（09）：4–6.

［119］曹刚．基于大数据的精准营销策略研究［D］．北京：北京邮电大学，2019.

［120］王晶．延安市旅游超级 IP 探索［D］．北京：北京大学，2018.

［121］夏蜀．旅游 IP 概念探微：范式转换与信息产品［J］．人民论坛·学术前沿，2019（11）：102–111.

［122］罗伯特·斯考伯，谢尔·伊斯雷尔．即将到来的场景时代［M］．北京：北京联合出版公司，2014.

［123］洪清华．旅游，得 IP 者得天下［M］．北京：中国旅游出版社，2018.

［124］邓宁，曲玉洁．我国旅游大数据的产业实践：现状、问题及未来［J］．旅游导刊，2021，5（04）：1–15.